컴퓨팅
사고를 위한
파이선 입문

파이선(Python) 입문자를 위한 최고의 선택

컴퓨팅 사고를 위한 파이선 입문

책 속의 책
Jupyter Notebook으로
예제와 실습
따라하기

한옥영 지음

성균관대학교
출 판 부

| 머리말 |

4차 산업혁명으로 인하여 세상이 급변하고 있으며 전 세계가 소프트웨어 교육에 많은 투자와 노력을 하고 있습니다. 이러한 현상은 소프트웨어 중심 사회로 세상의 패러다임이 변화되며 나타나는 다양한 과정이라 할 수 있겠죠. 우리나라도 소프트웨어 관련 과목이 초등학교부터 필수 과정으로 지정되고 있으며 대학에서도 교양 필수로 지정되고 있는 상황입니다.

이제 소프트웨어에 대한 이해는 선택이 아닌 필수에 해당합니다. 모든 직장에서의 업무는 소프트웨어 활용으로 진행되는 방식으로 변화하고 있으며, 심지어 많은 일자리가 소프트웨어로 인해 사라지게 될 것이라 많은 미래학자들이 예측하고 있습니다.

소프트웨어를 만들기 위해서는 프로그래밍 언어를 사용해야 합니다. 세상에는 다양한 프로그래밍 언어가 있으나, 최근 가장 각광받고 있으며 많은 개발자들에게 사랑받고 있는 언어는 단연코 파이선(Python)이라 할 수 있습니다. 이 책은 파이선을 이용하여 소프트웨어를 작성해 보고자 하는 경우, 쉽고 간단하게 실생활 문제와 연계하여 학습할 수 있도록 했습니다. 모든 프로그램 입문자들에게 작은 도움이 되기를 희망하며 한 장 한 장 구성해 보았습니다.

더 나아가 소프트웨어를 개발하는 것은 단순히 프로그래밍 언어의 문법을 익히는 것이 아니라 사고 과정을 훈련하는 것입니다. 즉, 소프트웨어를 활용하여 문제를 해결하기 위해서는 어떤 방식으로 문제 해결 과정을 제시해야 하는지 근본적인 문제 해결을 위한 사고력이 필요합니다. 이러한 사고력을 '컴퓨팅 사고'라고 부릅니다. 이 책은 각 문제를 해결하기 위하여 적용되는 컴퓨팅 사고에 대하여 언급하

컴퓨팅 사고를 위한 파이선 입문

므로 학습을 통하여 본인이 강화시키고 있는 사고력이 무슨 사고력에 해당하는지 확인할 수 있도록 도와주고 있습니다.

컴퓨팅 사고와 파이선을 학습하는 것만으로도 변화하는 4차 산업혁명 시대에 주인공이 될 수 있는 준비 과정은 완성된 것입니다. 이 책을 학습하는 모든 사람들이 파이선의 기본을 충분히 익혀서 더 높은 수준의 다양한 소프트웨어를 개발할 수 있기를 소망해 봅니다. 또한 컴퓨팅 사고를 향상 시켜서 문제 해결을 논리적으로 이루어내어, 어떤 상황에서도 빛이 나는 문제 해결 방법을 알고 있는 인재로 성장할 수 있기를 바랍니다.

2020년 2월
누구라도 쉽게 이해할 수 있는 파이선 교육을 꿈꾸며

책의 구성

파이선을 처음 접하는 프로그램 입문자를 위한 책으로, 컴퓨팅 사고를 향상시키고 컴퓨팅 사고에 대한 이해를 원하는 학습자를 위해 구성했다. 책은 총 14장으로, 각 장의 주요 내용은 다음과 같다.

Chapter	내용
Chapter 1. 파이선 소개	파이선 설치 및 파이선 이해
Chapter 2. 입력과 출력	표준 입출력 함수를 사용한 입출력 방법
Chapter 3. 변수와 기본 자료형	변수의 개념 및 파이선의 기본 자료형 사용법
Chapter 4. 문자열 자료	파이선의 문자열 자료 사용법
Chapter 5. 컬렉션 자료형	리스트, 튜플, 딕셔너리 자료형 활용법
Chapter 6. 연산자	산술연산자, 관계연산자, 논리연산자 사용법
Chapter 7. 제어문	프로그래밍을 위한 기본 제어문 구성
Chapter 8. if문	선택문의 개념 및 다양한 if문 사용법
Chapter 9. for문	반복문 활용을 위한 for문 사용법
Chapter 10. while문	반복문 활용을 위한 while문 사용법
Chapter 11. 함수	함수의 정의 및 사용법
Chapter 12. 모듈 활용	모듈 및 패키지 이해 및 활용법
Chapter 13. GUI를 위한 tkinter	GUI 화면 구성을 위한 활용법
Chapter 14. 파일 입출력	파일을 활용한 자료 입출력 방법
책 속의 책	Jupyter Notebook으로 예제와 실습 무작정 따라하기

컴퓨팅 사고를 위한 파이선 입문

다양한 예제를 중심으로 설명했으며, 예제를 통해 스스로 파이썬 코딩 방법을 익힐 수 있도록 구성하였다. 실습문제를 통하여 사고력을 키울 수 있도록 각각에 적용되는 사고력에 대하여 구체적으로 언급하였다. 이 책을 공부하는 것만으로도 사고력을 향상시킬 수 있도록 하였다.

결과물을 확인하면서 학습할 수 있도록 제시된 예제 및 실습 코드의 결과물을 포함하여 내용의 이해도를 높이고자 노력하였다. 파이썬은 각각의 용도에 따라 서로 다른 색을 적용하므로 본인 스스로 사용된 내용이 무슨 용도의 내용인지 판단할 수 있도록 색의 표현을 중요하게 다루었다.

프로그램의 절차와 흐름을 한눈에 파악할 수 있도록 spyder 프로그램을 사용하여 코딩의 내용을 표시하였으므로, 라인 번호가 적용된 내용을 학습하면서 알고리즘적 사고력을 키울 수 있도록 노력하였다.

단순 예제를 위한 예제가 아닌 실생활에 연관된 예제 및 실습 문제를 작성하고자 했으며, 단순히 코딩 공부가 아닌 실생활에 적용할 수 있는 프로그래밍 능력을 키울 수 있도록 구성하였다.

각 단원에 연습문제를 추가하여 창의적 문제 해결 능력을 키울 수 있도록 하였다.

함께 프로젝트를 진행하는 환경 및 즉각적인 프로그램 실행 결과를 확인할 수 있는 jupyter notebook 활용을 위하여 '책 속의 책'을 구성하여 jupyter notebook으로 무작정 따라하며 파이썬을 학습할 수 있도록 제시하였다.

| 차례 |

1장

파이선 소개

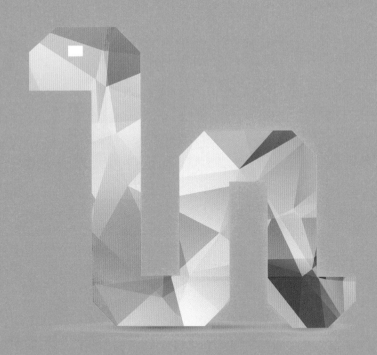

파이선(Python)은 프로그래밍 언어에 해당한다. 프로그래밍이란 계산식이나 컴퓨터로 처리할 작업 등을 컴퓨터가 올바르게 처리할 수 있도록 정리하여 순서를 정한 뒤, 컴퓨터가 이해할 수 있는 명령 코드로 작성하는 과정을 뜻하며, 컴퓨터의 명령 코드를 작성하는 작업을 코딩(coding)이라고 한다. 이러한 프로그래밍을 위한 언어 중 하나에 해당하는 것이 파이선이다.

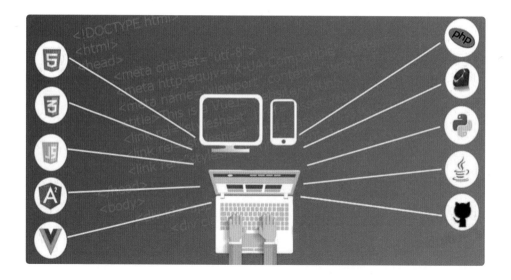

현재까지 공개된 프로그래밍 언어는 300개가 넘으며, 컴퓨터 프로그램 개발자들은 수많은 언어 가운데 자신에게 익숙하며 빠르게 개발할 수 있는 언어를 선택하여 사용한다. 수많은 프로그래밍 언어 가운데 요즘 프로그래머들에게 가장 많은 관심을 받고 있는 프로그래밍 언어는 파이선이다.

파이선은 1990년 암스테르담의 귀도 반 로섬(Guido Van Rossum)이 개발한 인터프

리터 언어이다. 귀도는 파이선이라는 이름을 자신이 좋아하는 코미디 쇼인 "몬티 파이선의 날아다니는 서커스(Monty Python's Flying Circus)"에서 따왔다고 한다. 파이선의 사전적인 의미는 고대 신화에 나오는 파르나소스산의 동굴에 살던 큰 뱀을 뜻하며, 아폴로 신이 델파이에서 파이선을 퇴치했다는 이야기가 전해지고 있다. 대부분의 파이선 책 표지와 아이콘이 뱀 모양으로 그려져 있는 이유가 바로 이것이다.

파이선은 문법이 매우 쉬워서 초보자들이 처음 프로그래밍을 배울 때 추천되는 언어이다. 실제로도 미국 공과 대학교에서 컴퓨터 프로그래밍 입문 수업으로 파이선을 많이 사용하고 있다. 구글에서 만들어진 소프트웨어의 50% 이상이 파이선으로 만들어졌으며, 파이선은 실제 사용률이 높으며 동시에 생산성도 높은 강력한 언어에 해당한다.

오픈 소스인 파이선은 무료이다. 사용료 걱정 없이 언제 어디서든 다운로드하여 사용할 수 있다. 또한 파이선은 다른 언어로 만든 프로그램을 파이선 프로그램에 포함시킬 수 있도록 지원하여 언어가 가지고 있는 한계를 넘어설 수 있도록 지원한다.

파이선 공식 홈페이지(http://www.python.org)에서 다운로드 페이지(http://www.python.org/downloads)를 선택하여 윈도우용 또는 맥용 중 본인의 컴퓨터 환경에 맞는 파이선 프로그램을 다운로드하여 설치한다.

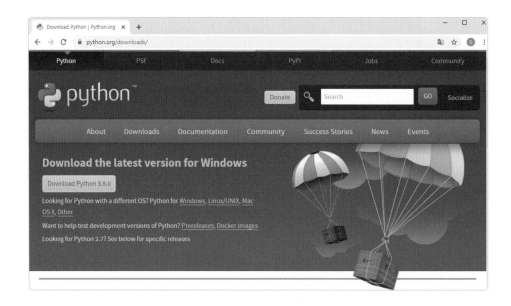

파이선은 3.x 계열과 2.7? 계열이 서로 다른 문법으로 구성되어 있으므로 구별하여 설치해야 한다. 일반적으로 새롭게 파이선을 설치하는 경우라면 3.x 계열의 파이선을 설치하면 된다. 설치를 실행할 때는 파이선이 어느 곳에서든지 실행될 수 있도록 "Add Python 3.8 to PATH" 옵션을 선택하는 것이 좋다. 설치가 완료되면 자신의 컴퓨터 프로그램 메뉴에서 확인하여 실행한다.

파이선이 올바르게 설치되었다면, 아래와 같이 설치된 프로그램에 포함된 것을 확인할 수 있다.

이제 파이선을 사용할 준비가 완료되었다.

IDLE 창

파이선을 실행하기 위하여 IDLE를 선택해보기로 한다. IDLE는 Integrated Development and Learning Environment의 약자이며, 파이선 프로그램 작성을 도와주는 통합 개발환경에 해당한다. IDLE는 파이선 설치 시 기본으로 설치되는 프로그램이다. IDLE를 가지고 전문적인 파이선 프로그램을 만들기는 부족하지만, 파이선 공부를 위한 좋은 도구이다. IDLE는 크게 두 가지 창으로 구성된다.

- 쉘 창(Shell Window) - 파이선 쉘(Python Shell)이 실행되는 창
- 에디터 창(Editor Window) - 파이선 에디터(Editor)가 실행되는 창

IDLE 실행 시 가장 먼저 나타나는 창은 쉘 창이다. 이곳에서 파이선 명령들을 수행하고 테스트를 해 볼 수 있다. 쉘 창에서의 실행 예는 다음과 같이 이루어진다.

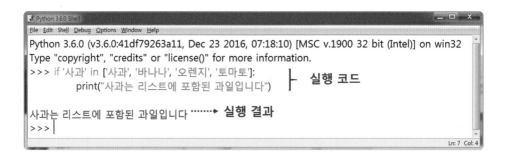

명령어 준비 상태인 프롬프트(prompt) 상태(>>>)에서 명령어를 입력한 후 [enter] 키를 치면 그 다음 줄에 명령어의 실행 결과를 보여준다. 앞선 실행 내용을 파이선

을 전혀 모르는 사람이 읽는다고 하여도 실행 코드의 문장을 보면 직관적으로 무엇을 뜻하는지 알 수 있을 것이다.

> 만약 사과가 사과, 바나나, 오렌지, 토마토에 포함되어 있으면
> "사과는 리스트에 포함된 과일입니다"를 출력하라.

IDLE 에디터(Editor) 실행은 쉘 창 메뉴에서 [File -> New File]을 선택하면 된다. 선택을 하면 다음과 같은 IDLE 에디터 창이 표시된다.

프로그램 내용을 IDLE 에디터에 직접 입력하여 프로그램을 작성한다. 작성한 프로그램을 실행하기 위하여 메뉴에서 [Run -> Run Module]을 선택한다.(단축키: F5) 실행하면 파일을 먼저 저장하라는 메시지가 표시된다.

"확인"을 선택하고 원하는 위치를 선택하여 적절한 파일이름으로 저장하면, 실행 결과의 내용이 자동으로 쉘 창에 표시된다.

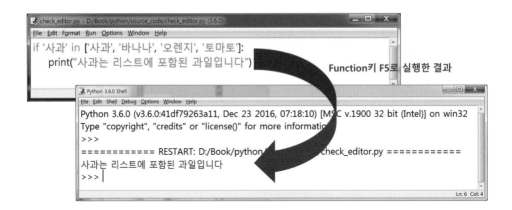

위의 코드는 check_editor라는 파일명으로 저장된 내용이며, 파일이름을 입력할 때 .py는 입력하지 않으며, 자동 생성되는 내용이다. IDLE 에디터 창 및 쉘 창의 종료는 File 메뉴에서 Exit(Ctrl+Q)를 선택하여 이루어진다.

들여쓰기

앞의 내용을 직접 실행해 보면, if문 맨 끝의 :(콜론)을 입력한 후 엔터키를 치면 줄 바꿈과 함께 들여쓰기가 이루어지는 것을 확인할 수 있다. 파이선을 사용하여 프로그램을 작성할 때는 파이선만의 특징에 해당하는 들여쓰기에 주의해야 한다. 들여쓰기는 특정 조건에 속한 문장들의 집합을 표시하기 위하여 사용되며, 앞에 경우에는 if의 조건에 만족하는 경우 실행할 내용들을 들여쓰기 하여 코드를 작성하면 된다. 앞에 경우에는 조건이 만족할 때 실행할 내용이 하나의 내용만 포함된 경우이다.

아래와 같이 서로 다른 블록에 한 번은 4칸의 들여쓰기를 적용하고 그 다음에는 2칸의 들여쓰기를 적용한 경우 오류가 발생하지 않는다.

컴퓨팅 사고를 위한 파이선 입문

```
>>> if True :
        print ( 'True' )     # 자동 들여쓰기 (4칸 들여쓰기)
else :
  print ( 'False' )     # 임의로 2칸 들여쓰기
True
>>>
```

그러나 한 블록 안에서 서로 다른 들여쓰기를 적용하는 경우에는 다음의 예와 같이 오류가 발생하게 되는 것에 유의해야 한다.

```
>>> if True :
        print ( 'True' )     # 자동 들여쓰기 (4칸 들여쓰기)
else :
  print ( 'False' )     # 임의로 2칸 들여쓰기
   print ( 'check it out' )   # 임의로 3칸 들여쓰기

SyntaxError: unexpected indent
>>>
```

파이선에서 같은 수의 공백으로 들여쓰는 모든 연속된 줄바꿈의 제어문은 하나의 블록을 형성하는 것을 기억하자.

들여쓰기가 적용되는 상황에서 파이선이 자동으로 적용하므로 신경 쓰지 않아도 되지만, 때에 따라 직접 들여쓰기를 적용해야 하는 경우라면 4개의 빈칸을 입력하면 된다. 즉, 새로운 들여쓰기를 할 때마다 띄어쓰기를 4번씩 추가해서 사용하는 것이 일반적인 관례이다. Tab키를 사용한 들여쓰기는 띄어쓰기를 사용한 것과 다르기 때문에 주의가 필요하다. 눈으로 보기에는 동일하게 보일 수 있지만 파이선 번역기에게는 다르다. 띄어쓰기 4번은 4개의 문자로 취급되지만, 하나의 tab은 하나의 문자로 취급되기 때문이다. 들여쓰기를 끝내고 싶은 경우는 단순히

backspace를 입력하면 된다.

주석 처리

프로그램 내용에 대한 설명을 명시하기 위하여 주석 처리를 할 수 있어야 한다. 주석의 내용은 코드의 의미, 목적, 필요 내용 등 다양하다. 주석의 표시는 "#"(파운드 기호 또는 해시 기호)로 시작하며 줄의 끝까지 확장하여 적용하며, 파이선 번역기에서는 무시된다. 주석은 한 줄 전체 또는 한 줄의 일부를 사용할 수 있다. 만약 여러 줄의 내용을 주석으로 표시하고 싶다면 각 줄 앞에 # 표시를 하는 방법 또는 "(또는 ')을 3개 연속하여 입력한 후 주석을 여러 줄 작성하고 맨 마지막 줄에 "(또는 ')을 다시 3개 연속하여 입력하여 처리한다.

04 파이선 문법

파이선 식별자(Identifiers)

파이선 식별자는 프로그래머가 생성하는 변수, 함수, 클래스, 모듈 또는 기타 식별하는데 사용되는 이름에 해당한다. 식별자는 문자 A부터 Z 또는 a에서 z 또는 밑줄(_)로 시작하며, 0개 이상의 문자, 밑줄 및 숫자(0 - 9) 등으로 구성된다. 파이선은 @, $, %와 같은 구두점 문자를 식별자 내에서 사용할 수 없으며, 대소문자를 구분하는 프로그래밍 언어이므로, 'Dog'과 'dog'은 두 개의 다른 식별자에 해당한다. 다음은 Python 식별자에 대한 일반적 명명 규칙이다.

- 클래스 이름은 대문자로 시작하며, 다른 모든 식별자는 소문자 알파벳으로 시작
- 하나의 밑줄(_)로 식별자가 시작되면 식별자를 비공개 목적으로 사용(private identifier)
- 두 개의 밑줄(_)로 식별자가 시작되면 식별자를 완벽한 비공개 사용(strong private identifier)

파이선 예약어(Reserved Words)

파이선 키워드는 다음과 같다. 예약어이므로 변수 또는 상수명으로 사용할 수 없음에 유의해야 한다. True, False 와 None을 제외한 모든 예약어는 소문자를 사용하며, 대소문자를 구분하여 약속된 형식대로 사용해야 한다. 파이선은 색으로 역할을 구분하며, 예약어는 주홍색으로 표시된다.

False	class	finally	is	return
None	continue	for	lambda	try
True	def	from	nonlocal	while
and	del	global	not	with
as	elif	if	or	yield
assert	else	import	pass	
break	except	in	raise	

키워드의 내용을 쉘 창에서 확인하는 경우는 아래와 같다.

```
>>> import keyword

>>> print(keyword.kwlist)

['False', 'None', 'True', 'and', 'as', 'assert', 'break', 'class',
'continue', 'def', 'del', 'elif', 'else', 'except', 'finally', 'for',
'from', 'global', 'if', 'import', 'in', 'is', 'lambda', 'nonlocal',
'not', 'or', 'pass', 'raise', 'return', 'try', 'while', 'with',
'yield']
```

복수 줄(multi-line)의 문장

파이선의 문장은 일반적으로 줄바꿈(새로운 라인)으로 끝난다. 그러나 줄을 여러 줄로 구성하여 하나의 문장을 표현하고자 한다면, 줄의 맨 끝에 backslash문자 (\)를 표시하면 된다.

한글 키보드를 사용하는 경우에는 아래와 같이 \ 대신에 ₩ 문자가 표시된다.

```
>>> total = item_1 + ₩
        item_2 + ₩
        item_3
```

위의 내용은 아래와 동일한 문장에 해당한다.

```
>>> total = item_1 +item_1 + item_2 + item_3
```

[ ], { } 또는 ( ) 안에 포함된 문은 backslash 문자를 사용하지 않고 연속한 줄에 문장을 나타낼 수 있다.

```
>>> days = ['Sunday', 'Monday', 'Tuesday', 'Wednesday',
    'Thursday', 'Friday', 'Saturday']

>>> print(days)
['Sunday', 'Monday', 'Tuesday', 'Wednesday', 'Thursday', 'Friday',
'Saturday']
```

반대로 복수 문장을 한 줄에 표시하고자 할 때는 세미콜론(;)을 사용하여 명령문
을 연결하면 가능하다.

```
>>> x = 5; y = 3; z = x + y; print(z)
8
```

파이선 프로그램은 크게 세 부분으로 구성되어 있으며, 구성의 내용은 아래와 같다.

```python
# -*- coding: utf-8 -*-
"""
파이선 입문

1장 파이선 프로그램 구조
"""

import turtle          # 재사용 선언

def up():
    t.forward(50)           #앞으로 50픽셀 나가며 그리기

def turn_right():
    t.right(90)             #오른쪽으로 90도 돌기

def turn_left():
    t.left(90)              #왼쪽으로 90도 돌기

t=turtle.Pen() #그리기
turtle.onkeypress(up, 'Up')       # up 방향키를 누른 경우
turtle.onkeypress(turn_right, 'Right') #오른쪽 방향키 누름
turtle.onkeypress(turn_left, 'Left')   #왼쪽 방향키 누름
turtle.listen() # 키보드 감지하기
```

python_struct.py 파일에서:
- **재사용 선언** → 8행 `import turtle`
- **함수 정의** → 10~17행
- **main program** → 19~23행

재사용 선언

위 예제 코드의 맨 윗부분은 import 문이다. import 문은 프로그램 안에서 재사용될 코드들이 포함된 파이선 모듈을 사용할 수 있게 해준다. 즉, turtle이라는 모듈을 사용하기 위해서는 import 키워드를 사용하며, turtle에 포함된 모든 함수들

을 사용할 수 있게 된다. 위의 예제에서는 turtle 모듈이 정의하고 있는 forward(), right(), left(), Pen(), onkeypress(), listen()이 사용되었다.

import문이 중요한 이유는 그 어떤 큰 파이선 프로그램 중 이전에 개발된 파이선 코드를 재사용하지 않는 프로그램은 없기 때문이다. 사실상, 대부분의 애플리케이션은 많은 양의 코드를 재사용한다. 코드의 재사용은 새로운 애플리케이션 개발의 비용을 줄일 뿐만 아니라, 재사용된 코드는 이전에 사용된 적이 있어 프로그래밍 오류가 미리 제거되어 있을 확률도 높다. 파이선 개발자 그룹은 많은 모듈들을 재사용할 수 있게 만들어 놓았으며, 앞선 개발자들의 노력으로 많은 프로그래머들이 프로그램 개발에 드는 노력을 줄일 수 있게 되었다. 물론 재사용할 내용이 없는 경우는 생략 가능하다.

함수 정의

작성하고 있는 프로그램 안에서 사용할 함수를 선언하는 부분이다. def 키워드를 사용하여 함수를 선언할 수 있으며, 함수를 사용하지 않는 프로그램에서는 적용되지 않는 부분이다.

def 부분에서는 함수를 선언만 하는 것이며, 실제적으로 실행은 되지 않는다. 실행은 main program에서 정의된 함수를 사용할 때 비로소 이루어진다. 함수에 대한 자세한 내용은 함수 관련 부분에서 공부하기로 한다.

main program

프로그램의 핵심 부분에 해당한다. 재사용 선언 부분이나 함수 정의 부분과 다르게 프로그램 작성 시 반드시 포함되어야 하는 내용이다. 프로그램을 통하여 처리하고 싶은 내용을 작성하는 부분에 해당한다. 앞의 예제에서는 본문의 내용에서 그리기를 할 Pen을 선언한 후, 사용자가 방향키를 선택할 때 함수 정의 부분에서 선언한 내용을 기반으로 상응하는 내용이 실행하게 된다. 각 코드의 실행 내용은 #를 표시하여 주석으로 설명하였다.

위의 프로그램은 에디터 창이 아닌 Spyder 프로그램을 사용하여 소스코드를 작성하였다. 독자들의 편의를 위하여 소스코드의 line number를 확인할 수 있도록 사용하였으며, 에디터 창에서 입력하는 경우 줄 번호는 입력해서는 안 된다. 에디터 창에서는 파이선 키워드에 해당하는 import 또는 def가 주홍색 글씨로 나타나지만 Spyder 프로그램에서는 파란색으로 표시되고 있음을 유의해야 한다.

06 파이선의 능력

파이선으로 할 수 있는 일은 아주 많다. 대부분의 프로그래밍 언어가 하는 일을 파이선은 쉽고 깔끔하게 처리한다. 파이선으로 할 수 있는 일들을 나열하자면 끝도 없겠지만 대표적인 몇 가지 예를 들어보자.

GUI 프로그래밍

GUI(Graphic User Interface) 프로그래밍이란 쉽게 말해 윈도우 창처럼 화면을 보며 마우스나 키보드로 조작할 수 있는 프로그램을 만드는 것이다. 파이선으로 GUI 프로그램을 만드는 것은 다른 언어를 이용해 만드는 것보다 간편하다. 대표적인 예로 파이선 프로그램을 설치할 때 함께 설치되는 기본 모듈인 tkinter(티케이인터)

를 이용해 만드는 GUI 프로그램이 있다.

웹 프로그래밍

익스플로러나 크롬, 파이어 폭스와 같은 브라우저를 이용해 인터넷을 사용하면
서 게시판이나 방명록을 쓸 수 있도록 지원하는 것을 웹 프로그램이라고 한다.
파이선은 웹 프로그램을 만들기에 적합한 도구이며 실제로 파이선으로 제작된
웹사이트는 많다.

수치 연산 프로그래밍

파이선은 Numeric Python(numpy)이라는 수치 연산 모듈이 제공된다. 이 모듈을
사용하여 파이선에서도 빠른 수치 연산을 할 수 있다.

데이터베이스 프로그래밍

파이선은 사이베이스(Sybase), 인포믹스(Infomix), 오라클(Oracle), 마이에스큐엘
(MySQL)과 같은 데이터베이스에 접근할 수 있게 해주는 도구들을 제공한다. 또한
피클(pickle)이라는 모듈을 이용하여 사용되는 자료들을 변형 없이 그대로 파일에
저장하고 불러오는 일들이 가능하다.

데이터 분석

빅데이터 분석을 위하여 파이선을 사용하는 경우가 증가하고 있다. 분석뿐만 아니
라 분석 후 다양한 그래프로 분석 결과를 시각적으로 보여줄 수 있다.

1. 파이선을 설치한 후 쉘 창을 이용하여 다음의 결과가 무엇인지 확인해 보세요.

   ① print (10 + 20)

   ② print ("10 + 20")

   ③ print ("10" + "20")

   ④ print ("반갑다! 파이선~" * 3)

   ⑤ print ("10 + 20" * 5)

2. 다음의 상황에 대하여 설명해 보세요.

```
>>> scores = [ 91, 80, 72, 63, 58, 69, 79, 64, 90, 83, 41, 100]
>>> pass = [x for x in scores if x > 70]
SyntaxError: invalid syntax
>>> Pass=[x for x in scores if x > 70]
>>> Pass
[91, 80, 72, 79, 90, 83, 100]
>>>
```

3. 에디터 창을 이용하여 다음의 내용을 출력하는 프로그램을 작성해 보세요.

   반갑다 파이선!

   열심히 잘 해보기로 하자!

   화이팅

입력과 출력

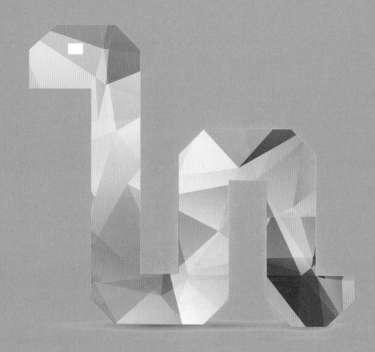

컴퓨터 프로그램을 작성하는 것은 자료를 입력 받아서 적절한 처리를 한 후 처리의 결과를 출력하는 과정을 프로그래밍 언어로 코딩하는 것이다. 즉, 컴퓨터 프로그램을 작성하여 문제를 해결하기 위해서는 3단계가 필요하다.

- 입력 처리 (INPUT)
- 데이터 처리 (PROCESSING)
- 출력 처리 (OUTPUT)

컴퓨터 프로그래밍을 하는 것 즉, 코딩은 이 3단계에 대하여 정의하여 코드로 작성하는 것이다. 어떠한 입력 데이터를 받아야 하며, 받은 내용을 어떻게 처리할 것이며, 그 결과로 무엇을 제시할 것이지 문제 해결하는 과정이 바로 코딩에 해당한다.

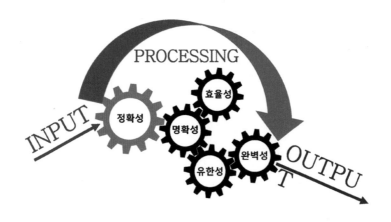

입력 자료를 받은 후 사용자가 원하는 결과를 제시하기 위하여 처리하는 과정에서는 5가지의 조건을 만족하여야 한다. 원하는 결과를 위하여 정확하게 프로그램 명령어를 작성해야 하며, 각각의 명령어는 모호성 없이 명확해야 한다. 또한 무한 반복 없이 반드시 유한성을 유지해야 하며, 사용자가 원하는 모든 내용들을 모두 포함하여 완벽성을 만족해야 한다. 이 모든 것 위에 효율성을 적용하여 작성된 코드들이 효율적으로 구성되었는지 검토해야 한다.

컴퓨터 프로그램의 첫 번째 구성 요소인 입력 처리를 위하여 파이썬은 표준 입력 함수 input()을 제공하고 있다. input( ) 함수의 사용법은 다음과 같다.

```
input ( " 화면에 표시할 문구 " )
```

위의 명령문을 실행하면 " 화면에 표시할 문구 " 의 내용을 표시하고 사용자의 키보드 입력을 기다린다. 사용자가 문자열을 입력하고 엔터키를 치면 입력된 내용을 입력 데이터로 저장한다. 화면에 표시되는 문구는 생략 가능하다. 쉘 창에서 input()의 사용 예는 다음과 같다.

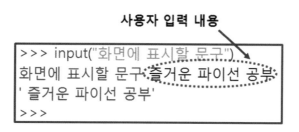

사용자가 입력 문자열을 입력하고 엔터키를 친 후 다음 줄에 사용자가 입력한 내용을 그대로 확인해 주고 있다. 여기서 주의해야 할 점은 입력 받은 자료를 문자열로 인식하여 ' ' 로 내용을 묶어 놓은 것이다. 즉, input() 함수를 사용하여 입력을 받는 경우 입력 받은 자료를 문자열로 저장하는 것이다. 앞의 예에서는 사용자가 입력한 자료를 저장하지 않고 단순히 입력만 받은 경우이다. 일반적으로 입력을 받는 것은 저장하여 처리 과정에 반영하는 경우이므로, 입력 받은 문자열을 저장해야 한다. 어떤 데이터를 저장하기 위해서는 변수명을 생성해야 하며, 변수에 대한 자세한 설명은 변수 관련 챕터를 참고하면 된다. 쉘 창에서 입력 받은 데이터를 저장하여 활용하는 예는 다음과 같다.

```
>>> name = input( '이름 : ' )
이름 : 파이선
>>> print(name)
'파이선'
```

name이라는 변수에 저장된 내용을 출력하면 파이선이라고 확인해주며, 단순히 name이 무엇인지 물어보면 '파이선' 이라고 확인하며 자료의 타입이 문자열임을 알려준다.

형변환

만약 입력 받은 자료를 숫자 데이터 즉, 정수로 처리해야 하는 경우에는 int() 라는 함수를 활용하여 형변환을 하면 되고, 입력 받은 자료를 실수 자료로 처리해야 하는 경우에는 float()라는 함수를 활용하면 된다. 반지름과 원주율을 입력 받아 원의 넓이를 구하는 과정을 통하여 형변환에 대한 내용을 확인해 보자.

```
>>> radius = int (input( '반지름 값을 입력하세요 : ' ))
반지름 값을 입력하세요 : 5
>>> pi = float (input( '원주율 값을 입력하세요 : ' ))
원주율 값을 입력하세요 : 3.14
>>> area = pi * radius**2
>>> print(area)
78.5
```

만약 형변환 없이 위의 내용을 실행하면 다음과 같다.

```
>>> radius = input( '반지름 값을 입력하세요 : ' )
반지름 값을 입력하세요 : 5
>>> pi = input( '원주율 값을 입력하세요 : ' )
원주율 값을 입력하세요 : 3.14
>>> area = pi * radius**2
Traceback (most recent call last):
  File "<pyshell#15>", line 1, in <module>
    area = pi * radius **2
TypeError: unsupported operand type(s) for ** or pow(): 'str' and
'int'
```

위와 같이 빨간색의 글씨로 오류가 발생되었음을 표시한다. 수식에서 사용되는 연산자 중 * 연산은 문자열인 경우에도 반복하여 적용하는 작업을 실행할 수 있으므로 오류 처리에 해당하지 않으나, 제곱승을 연산하는 ** 연산자의 경우 문자열의 경우 실행할 수 없는 경우이므로 오류가 발생된 것이다. 파이선 코드를 실행하는 과정에서 위와 같이 빨간색 글씨가 나타나면 오류가 발생된 것이므로 오류 발생의 원인을 분석하여 수정해야 한다. 이 모든 과정도 문제 해결 과정에 포함된다. 위의 예는 쉘 창에서의 실행에 해당하여 에디터 창에서 실행하면 다음과 같다.

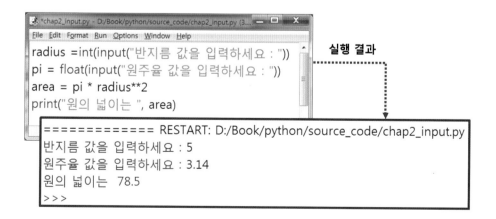

위와 같이 에디터 창에서 프로그램을 작성하는 경우 모든 처리 단계를 명시한 이후 한 번에 실행한다. 즉, function키 F5를 통하여 실행되기 전까지 입력 값을 제공 받지 못하는 것을 기억하자.

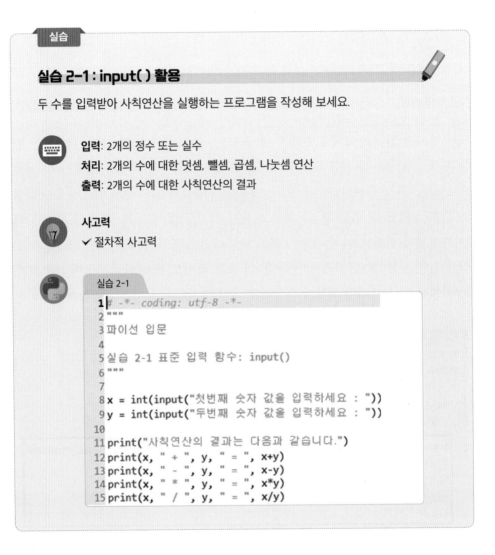

실습

실습 2-1 : input( ) 활용

두 수를 입력받아 사칙연산을 실행하는 프로그램을 작성해 보세요.

입력: 2개의 정수 또는 실수
처리: 2개의 수에 대한 덧셈, 뺄셈, 곱셈, 나눗셈 연산
출력: 2개의 수에 대한 사칙연산의 결과

사고력
✔ 절차적 사고력

실습 2-1

```
1 # -*- coding: utf-8 -*-
2 """
3 파이선 입문
4
5 실습 2-1 표준 입력 함수: input()
6 """
7
8 x = int(input("첫번째 숫자 값을 입력하세요 : "))
9 y = int(input("두번째 숫자 값을 입력하세요 : "))
10
11 print("사칙연산의 결과는 다음과 같습니다.")
12 print(x, " + ", y, " = ", x+y)
13 print(x, " - ", y, " = ", x-y)
14 print(x, " * ", y, " = ", x*y)
15 print(x, " / ", y, " = ", x/y)
```

컴퓨팅 사고를 위한 파이선 입문

표준 입력 함수 input()을 통하여 입력 받은 자료를 처리한 후 그 결과를 표시하기 위하여 print() 함수를 사용할 수 있다. print() 함수의 문법 구성은 다음과 같다.

```
print ( value, ...,  sep=' ', end='\n', file=sys.stdout, flush=False )
```

- **value**: print() 함수에서 반드시 요구되는 값이다. value는 출력할 내용에 해당하며, 하나의 값으로 구성할 수 있으며, 여러 개의 복수 자료를 나열할 수 있다.
- **sep**: value에 여러 개의 값이 적용되는 경우 구분자에 해당하며, 기본 값은 ' ' 에 해당하는 하나의 빈칸이다. 기본 값을 그대로 사용하는 경우 생략하면 된다.
- **end**: 출력 내용이 끝나고 표시할 마지막 내용에 해당하며, 기본 값은 줄바꿈을 표시하는 \n이다. backslash는 \로 표시되는 것을 유념하자. 기본 값을 적용하는 경우 생략한다.
- **file**: 기본적으로 프린트할 대상을 의미하며, 기본은 모니터 화면으로 출력을 내보낸다. 기본 값에 해당하는 화면 출력을 원하는 경우 생략한다.
- **flush**: 일반적으로 적용하지 않는 조건에 해당하며, True의 값을 지정하면 작성된 print 문의 내용을 출력 처리한 후 강제적으로 삭제한다. 기본 값은 False이다.

문자열 포맷 코드 %

print() 함수에서 출력할 내용이 복합적인 경우 콤마(,)로 나열하여 출력하는 방법 이외에 하나의 문자열로 구성하여 출력하는 방법이 있다. 이때 이미 저장된 자료들을 문자열 안에 포함시키기 위하여 %s, %d, %f 등이 사용된다. 먼저 콤마로 여러 개의 자료를 나열한 아래의 예를 살펴보자.

```
>>> x = 5
>>> operator = '나누기'
>>> y = 5/2
>>> print(x, operator, '2 = ', y)
5 나누기 2 = 2.5
```

위의 내용을 %를 활용하여 같은 결과를 나타낸 것을 다음과 같다.

```
>>> x = 5
>>> operator = '나누기'
>>> y = 5/2
>>> print("%d %s 2 = %f"%(x, operator, y))
5 나누기 2 = 2.500000
>>>
```

하나의 " " 안에 표시할 모든 내용을 포함시켜 작성한 방법이며, 따옴표 뒤에 바로 % 표시를 하여 앞에 적용할 문자열 포맷 코드에 해당하는 값들을 표시하는 방식이다. 즉, 문자열 안에서 사용한 %에 적용될 값들을 나열하는 방식이다. 적용 값이 하나인 경우에는 괄호()를 생략 가능하나 복수개의 값을 적용하는 경우 괄호를 사용하여 전체를 묶어 준다. 앞의 예제의 경우 5/2의 값을 2.500000으로 표기한 것을 볼 수 있다. 만약 소수점 이하 2자리까지만 적용하려면 다음과 같이 수정하면 된다.

```
>>> print("%d %s 2 = %.2f"%(x, operator, y))
5 나누기 2 = 2.50
>>>
```

컴퓨팅 사고를 위한 파이선 입문

%f 대신 %.2f를 적용하여 소수점 이하 2자리를 표시하라고 명령한 것이다.
print() 함수에서 사용할 수 있는 포맷 코드는 다음과 같다.

코드	설명
%s	문자열 (string)
%c	문자 1개 (character)
%d	정수 (integer)
%f	실수 (float)
%o	8진수 (octal)
%x	16진수 (hexadecimal)
%%	문자 % (percent sign)

input()과 print()의 포맷 코드 활용을 조금 더 살펴보기로 하자.

```
>>> name = input( '가장 친한 친구의 이름은? ' )
가장 친한 친구의 이름은? 박나래
>>> print( '베프의 이름은 %s' % name )
베프의 이름은 박나래
```

input()으로 받은 데이터는 기본적으로 문자열로 저장되기 때문에 %s를 사용하여
처리한 것을 확인할 수 있다. %s를 사용하지 않고 바로 변수명을 적용하여 같은
결과를 얻을 수도 있다.

```
>>> print( '베프의 이름은', name )
베프의 이름은 박나래
```

다음은 문자열이 아닌 정수에 대한 print() 함수 사용 예이다.

```
>>> x = 28
>>> y = 30
>>> print('%d X %d = %d' % ( x, y, x*y ))
28 X 30 = 840
```

위의 코드는 포맷 코드를 적용한 예이며, 아래의 코드는 자료들을 나열하여 print()문을 구성한 예이다.

```
>>> print( x, 'X', y, '=', x*y )
28 X 30 = 840
```

마지막으로 실수에 대한 포맷 코드를 검토해보자. 우선 콤마를 사용하여 자료들을 나열하는 형식을 적용한 예는 다음과 같다.

```
>>> print('10을 3으로 나눈 결과는', 10/3)
10을 3으로 나눈 결과는 3.3333333333333335
```

결과 값이 매우 이상하게 표시된 것을 확인할 수 있다. 실수인 경우는 포맷 코드 사용을 적극 권장한다. 포맷 코드를 사용하면 아래와 같다.

```
>>> print('10을 3으로 나눈 결과는 %4.2f'%(10/3))
10을 3으로 나눈 결과는 3.33
>>> print('10을 3으로 나눈 결과는 %.3f'%(10/3))
10을 3으로 나눈 결과는 3.333
```

앞에서 .3f에 대해서는 소수점 이하 3자리라고 설명하였다. 4.2f는 전체 표시 자리

수를 4자리로 지정하고 소수점 이하는 2자리로 표시하라는 명령이다.

format( ) 함수 활용

print() 문에서 문자열을 구성할 때 format을 활용할 수 있다. 문자열 안에 중괄호 { }를 표시하여 자료를 지정하고, 문자열 뒤에 점(.)을 입력한 후 format을 입력하고 괄호() 안에 { }에 대응하는 자료를 지정하면 된다. format()안에 정의되는 자료는 인덱스 번호로 문자열 안의 {}에 적용되며, 인덱스 번호는 0부터 시작되는 것을 유의해야 한다. 아래의 예문을 통하여 format 활용을 이해해 보기로 하자.

```
>>> x = 28; y = 30
>>> print( '{0} X {1} = {2}'.format( x, y, x*y ))
28 X 30 = 840
```

{0}은 format()안의 가장 앞에 있는 x의 값을 적용하고, {1}에는 두 번째 자료인 y의 값을 적용하고, {2}에는 세 번째 자료로 명시된 x*y의 값을 적용하여 출력한다. 자료를 순서대로 적용하여 출력하는 경우는 다음과 같이 인덱스 번호를 생략하고 코딩하여도 같은 결과를 얻을 수 있다.

```
>>> x = 28; y = 30
>>> print( '{} X {} = {}'.format( x, y, x*y ))
28 X 30 = 840
```

문자열 { } 안의 번호는 꼭 순서대로 지정되지 않아도 된다. 다음과 같이 format() 안에서의 번호만 올바르게 적용하면 된다.

```
>>> print( '{1} 수도는 {0}이다'.format( '서울', '대한민국' ))
대한민국 수도는 서울이다.
```

format() 안에 정의된 자료는 문자열 안에서 여러 번 사용될 수 있다. 아래의 예를 통하여 이를 확인할 수 있다.

```
>>> print( '{0} {0} {1} {2}'.format( '반짝', '작은', '별' ))
반짝 반짝 작은 별
```

아래의 경우는 문자열을 작성할 때 { } 안에 인덱스 번호가 아닌 변수명을 사용한 경우이다.

```
>>> print( '{nation}의 수도는 {capital}이다'.format ₩
    ( nation = '대한민국', capital = '서울' ))
대한민국의 수도는 서울이다
```

줄 구분자

print() 문을 작성할 때 end를 사용하여 기본으로 지정된 줄바꿈 대신 다른 구분자를 사용할 수 있다. 아래의 경우는 줄바꿈을 적용한 경우와 한 칸 띄기를 적용한 경우이다.

컴퓨팅 사고를 위한 파이선 입문

```
>>> print( 'a' ); print( 'b' ); print( 'c' )
a
b
c
>>> print( 'a', end=' ' ); print( 'b', end=' ' ); print( 'c' )
a b c
```

구분자는 빈칸뿐 아니라 사용자가 원하는 어떤 문자열이든 적용 가능하다. 다음의
예는 '그리고'를 줄바꿈 구분자로 적용한 예이다.

```
>>> print( '100', end='그리고' ); print( '200', end='그리고' ); print(
'300' )
100 그리고 200 그리고 300
```

1장에서 설명하였듯이 복수개의 명령문은 세미콜론(;)으로 연결하여 하나의 명령
줄로 구성한 예제이다.

실습 2-2 : input( ) 활용

고백하는 문장을 파이선으로 출력하는 프로그램을 작성해 보세요.

입력: 대상 표현어, 고백 대상, 대상에 대한 감정
처리: 입력 받은 자료를 기반으로 문장 구성
출력: 고백의 문장 출력

사고력

✓ 입력을 위한 문장 구성력, 변수명 생성을 위한 추상화
✓ 데이터 처리를 위한 절차적 사고력

실습 2-2

```python
1 # -*- coding: utf-8 -*-
2 """
3 파이선 입문
4
5 실습 2-2 표준 출력 함수: print()
6 """
7
8 target = input("고백하고 싶은 대상은 누구입니까? ")
9 expression = input("대상을 한마디로 표현한다면? ")
10 feeling = input("대상에 대한 감정을 무엇인가요? ")
11
12 print("="*25)
13 print("*"*10, " 나의 비밀스런 고백 ","*"*7)
14 print("나의 %s %s님!"%(expression, target))
15 print("나의 {0}하는 마음을 받아주세요!".format(feeling))
16 print("="*25)
```

03 turtle 입출력 처리

turtle은 파이선의 기본 모듈이므로 파이선만 설치하면 바로 사용 가능하다. 단, 사용을 위해서는 제공되는 모듈을 재사용하기 위하여 1장에서 설명한 재사용 선언에 해당하는 import를 선언해야 한다. turtle은 꼬리에 잉크가 묻은 거북이를 종이에 올려놓고 리모컨으로 조작하는 것같이 작동하며 그림을 그린다. turtle은 다른 파이선 프로그램처럼 쉘 창에서 실행되지 않고 별도의 윈도우 창을 띄워서 그림을 그린다.

입력 처리를 쉘 창을 사용하지 않고 turtle에 속한 함수를 사용하여 처리하는 경우의 예는 다음과 같다.

예제 2-3

```
 1 # -*- coding: utf-8 -*-
 2 """
 3 파이선 입문
 4
 5 예제 2-3단원   turtle 입력 함수: textinput()
 6 """
 7
 8 import turtle    #모듈 재사용
 9
10 answer = turtle.textinput("선택", "삼각형을 그리시겠습니까? (Y/N)")
11 if answer == "Y":    #삼각형 그리기를 원하는 경우
12     for i in range(3):    #3번을 그리기 위한 반복
13         turtle.forward(100)    #한변의 길이 100 픽셀만큼 전진
14         turtle.right(120)    #360을 3으로 나눈 각도 만큼 회전
15 else:    #그리기를 원하지 않는 경우
16     turtle.bye()    #turtle 창 닫기
```

앞의 예에서 10줄에 있는 turtle.textinput()은 turtle모듈에 속한 메소드 textinput()을 사용하여 입력 데이터를 처리하는 것이고, 2개의 값을 제공해야 한다. 첫 번째 값은 입력 데이터를 위하여 새로 생성된 윈도우 창의 타이틀을 뜻하

며, 두 번째 값은 실제로 윈도우 창에 표시할 문구를 뜻한다. turtle이 입력 처리를 위하여 생성한 창의 내용은 다음과 같다.

선택이라고 명명된 창에서 Y 또는 N을 입력한 후 OK 버튼을 누르면 사용자의 선택에 따른 처리가 이루어진다. Y를 선택한 경우는 11줄이 True에 해당하여 12~14줄에 작성된 코드가 실행되고, 그렇지 않은 경우에는 15줄에 해당하여 16줄과 같이 turtle이 띄운 창을 닫으며 프로그램을 종료한다. 12줄은 반복문에 해당하며, 13과 14줄을 3번 반복하라는 의미이다. 반복문에 대한 자세한 내용은 반복문 단원에서 자세히 공부하기로 한다. 13줄은 turtle에서 제공하는 메소드에 해당하며, 진행 방향으로 100픽셀만큼 앞으로 이동하라는 명령어이다. 꼬리에 잉크가 묻은 거북이가 이동하였으므로 그림이 화면에 표시된다고 이해하면 된다. 14줄은 진행 방향을 바꾸어 연결된 다른 변의 선을 그리는 것에 해당하며, 회전 각도는 360을 3으로 나눈 값에 해당하는 120도로 지정한다. 앞의 예제의 결과로 그려진 그림은 다음과 같다.

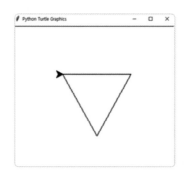

컴퓨팅 사고를 위한 파이선 입문

표준 입력 함수인 input()은 입력 받은 내용을 숫자 값으로 이용하려면 형변환을
위하여 int() 또는 float()를 사용해야 하지만, turtle에서는 numinput() 메소드를
사용하면 입력 받는 자료를 형변환 없이 숫자로 처리할 수 있다.

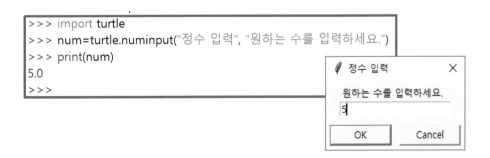

turtle의 출력 메소드는 write()가 있다. turtle이 띄운 윈도우 창에 문자열을 출력
하는 기능을 제공한다. 그러나 turtle의 출력 목적은 선 그리기에 해당하므로 자세
한 설명은 생략하기로 한다.

실습 2-3 : turtle 입력 메소드 textinput( )

사용자가 원하는 도형을 그리는 프로그램을 작성해 보세요.

입력: 도형의 선색, 색 채우기 여부, 몇 각형의 도형
처리: 입력 받은 자료를 기반으로 도형 속성 정하기
출력: 도형 그리기

사고력

✔ 입력 처리를 위한 추상화

✔ 도형을 그리기 위한 반복적 사고력

✔ 도형 구성을 위한 절차적 사고력

결과 화면

[입력 자료 값 : red → Y → 5]

실습 2-3

```python
1 # -*- coding: utf-8 -*-
2 """
3 파이썬 입문
4
5 실습 2-3 turtle 입력 메소드 : textinput()
6 """
7
8 import turtle
9 color = turtle.textinput("Color", "도형의 선색을 입력하세요.(영어)")
10 fill = turtle.textinput("색채우기", "도형에 색 채우기를 할까요?(Y/N)")
11 shape = int(turtle.textinput("도형", "몇각형 도형을 원합니까?"))
12
13 if color:       #선색을 지정한 경우
14     turtle.pencolor(color)   # 사용자가 원하는 색으로 선색 지정
15 else:           #선색을 지정하지 않은 경우
16     turtle.pencolor("black")  # 검은색으로 선색 설정
17
18 if fill == "Y":      #색 채우기를 원하는 경우
19     turtle.fillcolor(color)      #사용자 지정색으로 도형 색채우기
20 else:
21     turtle.fillcolor('white')   #색채우기를 원하지 않는 경우 흰색
22
23 turtle.begin_fill() # 색 채우기 적용 시작
24 for i in range(shape):
25     turtle.forward(100)          #선그리기
26     turtle.right(360/shape)    #방향 전환
27 turtle.end_fill()  # 색 채우기 끝
```

1. 2개의 실수 데이터를 입력 받아 사칙연산 결과를 출력하는 프로그램을 구현해 보세요.

   [조건] 소수점 이하 2자리까지 포함

2. print() 함수를 사용하여 다음의 내용을 화면에 표시해 보세요.

   ```
   *
   * *
   * * *
   * * * *
   * * * * *
   * * * *
   * * *
   * *
   *
   ```

3. turtle 모듈을 사용하여 아래의 그림을 출력하세요.

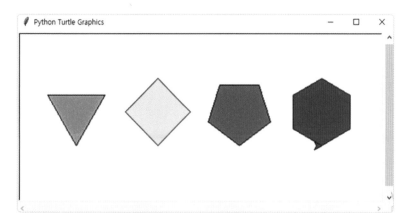

4. 문자열과 반복 횟수를 입력 받아 문자열을 입력된 횟수만큼 반복하여 출력하는 프로그램을 작성해 보세요. 구분자는 ' / ' 를 적용하여 출력하세요.

[예] 입력 문자열: 신나는 파이선 공부

반복 횟수: 5

출력 결과: 신나는 파이선 공부 / 신나는 파이선 공부 / 신나는 파이선 공부 / 신나는 파이선 공부 / 신나는 파이선 공부

변수와 기본 자료형

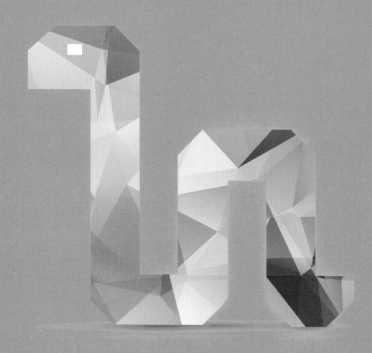

01 변수 이해하기

변수(variable)란 프로그램에서 일시적으로 자료를 저장하는 공간에 해당한다. 자료가 생성되면 어딘가에 저장해야만 다음에 사용할 수 있기 때문에 코딩에서 꼭 필요한 내용이다. 변수는 주기억장치에 생성되며, 사용자는 변수명을 지정하여 저장된 자료를 사용할 수 있다. 파이선에서 변수명을 생성할 때는 다음의 사항을 유념해야 한다.

- 의미 있는 이름을 사용
- 소문자와 대문자는 서로 다르게 취급
- 변수의 이름은 영문자와 숫자, 밑줄(_)로 작성
- 단어 구분을 위하여 밑줄(_: underscore) 사용
- 변수의 이름 중간에 공백이 들어갈 수 없음
- 숫자로 변수명을 시작할 수 없음
- #, $, &와 같은 특수 문자를 사용할 수 없음

파이선에서 명령문을 다음과 같이 구성하여 변수를 생성하면,

```
num = 100
```

아래와 같이 변수의 개념이 적용 가능하다.

컴퓨팅 사고를 위한 파이선 입문

num은 변수명에 해당하고, 자료는 100의 값을 갖는다. 이때 저장된 자료의 값은 언제든지 수정 가능하며, 자료형도 변경 가능하다. 일반적 프로그래밍 언어에서는 변수의 자료형이 무엇인지도 함께 정의하지만, 파이선의 경우는 예외이다. 아래의 경우는 num에 100의 정수 값 대신에 number라는 문자열을 새롭게 저장한 예이다.

```
num = " number "
```

실습 3-1 : 변수 선언

10개의 수를 입력받아 sum(합)과 avg(평균) 변수를 만들어서 출력하는 프로그램을 작성해 보세요.

입력: 10개의 정수
처리: 입력 받은 10개의 값에 대한 합과 평균 계산
출력: 합과 평균 값 출력

사고력
✔ 프로그램을 이해하는 추상화
✔ 산술 처리에 대한 경험적 추론 사고력
✔ 앞에서 학습한 '반복하여 값을 입력받는 코드'에 대한 변환적 사고력
✔ sum과 avg라는 변수에 대한 조정적 사고력
✔ 연산을 올바르게 적용하는 수학적 사고력
✔ 입력과 sum을 병행해서 처리하는 병렬적 사고력
✔ 올바른 구성을 완성하는 절차적 사고력

결과 화면

```
=============== RESTART: D:/Book/python/source
1번째 값을 입력하세요: 1
2번째 값을 입력하세요: 2
3번째 값을 입력하세요: 3
4번째 값을 입력하세요: 4
5번째 값을 입력하세요: 5
6번째 값을 입력하세요: 6
7번째 값을 입력하세요: 7
8번째 값을 입력하세요: 8
9번째 값을 입력하세요: 9
10번째 값을 입력하세요: 10
=====
입력받은 10개 값의 합은 55 이며 평균은 5.50입니다.
=====
>>>
```

실습 3-1

```python
1 # -*- coding: utf-8 -*-
2 """
3 파이선 입문
4
5 실습 3-1 변수 이해하기
6 """
7 sum=0
8 count=10     #반복횟수
9
10 for i in range(1,11):      #반복문 (1~10까지 반복)
11     msg=str(i)+"번째 값을 입력하세요: "
12     x=int(input(msg))
13     sum=sum+x      #합 계산
14 avg=sum/count      #평균 계산
15
16 print("=====\n입력받은 10개 값의 합은 %d 이며 \
17 평균은 %.2f입니다.\n====="%(sum, avg))
```

컴퓨팅 사고를 위한 파이선 입문

파이선에서 사용하는 기본 자료형은 다음의 4가지가 있다.

파이선에서는 변수의 자료형(data type)이 사용자가 원하는 대로 변경이 가능하다. 파이선에서 자료형을 확인하기 위해 type()이라는 함수를 사용한다. 변수를 생성한 후 자료형을 확인한 예는 다음과 같다.

```
>>> word = "pitcher"
>>> type( word )
<class 'str'>
>>> x = 124
>>> type( x )
<class 'int'>
>>> pi = 3.14
>>> type( pi )
<class 'float'>
>>> flag = True
>>> type( flag )
<class 'bool'>
```

위에서 자료형을 확인할 때 class라는 것을 명시하고 있다. 이는 파이선이 각각의 자료를 어떤 자료형으로 분류한 것인지 나타내는 것이다. 즉, word가 가지고 있는 자료 'pitcher'의 자료형은 문자열로 분류되는 것을 뜻한다.

자료형 변환

문자열을 숫자 값으로 변환하는 것은 학습하였다. 정수의 표현을 다른 진법으로 변환하는 것을 살펴보자. 컴퓨터는 10진법뿐만 아니라 16진법, 8진법, 그리고 2진법을 처리할 수 있다. 변환하는 문법은 다음과 같다.

```
int ('number_expression', base )
```

특이한 사항은 숫자 값에 ' ' 를 표시하는 것이다. 사용한 예는 다음과 같다.

```
>>> int( '0x80', 16 )
128
>>> int( '0o200', 8 )
128
>>> int( '0b10000000', 2 )
128
```

16진법의 값을 표현하는 방식은 숫자 0으로 시작하여 수의 값임을 나타내고 x는 hexadecimal 즉, 16진수임을 뜻하며, 뒤의 80이 16진법의 값에 해당한다. int()함수의 앞의 수의 표현은 뒤에 명시된 base 즉, 진수에 해당하는 올바른 값이 와야 된다. 만약 base를 2진법이라고 명시하고 2진수 표현이 아닌 값을 주면 다음과 같은 오류 상황이 발생한다.

```
>>> int( '128', 2 )
Traceback (most recent call last):
  File "<pyshell#41>", line 1, in <module>
    int('128', 2)
ValueError: invalid literal for int() with base 2: '128'
```

만약 base를 기반으로 해당 진법의 값을 확인하고 싶은 경우는 다음의 예제를 참고하면 된다.

```
>>> bin( 15 )
'0b1111'
>>> oct( 15 )
'0o17'
>>> hex( 15 )
'0xf'
```

10진법의 15는 2진법으로 1111이며, 8진법으로 17 즉, 8+7이고, 16진법으로 f에 해당한다. 16진법은 10_{10}은 A로 표현하고, 11_{10}은 B, 12_{10}는 C, 13_{10}은 D, 14_{10}는 E, 15_{10}는 F로 표시한다. 만약 26을 16진법으로 표현하면 1A 즉, 16+10으로 이해하면 된다.

실수의 지수 표현

실수를 표현하는 방법 중에 1.23e5라는 것이 있다. 그 내용은 다음과 같이 확인할 수 있다.

```
>>> x = 1.23e5
>>> type( x )
<class 'float'>
>>> print( x )
123000.0
```

문자에 해당하는 e를 포함하고 있으나 자료형을 확인하면 실수임을 알려준다. 위의
예문에서 1.23e5의 값은 123000.0임을 확인할 수 있다. e는 exponential(지수)에
해당하며 e5의 의미는 10^5를 뜻한다. 결과적으로 1.23e5는 1.23 x 10^5에 해당하여
123000.0에 해당한다. e는 실수 값에만 적용되며 다음과 같이 − 표시도 가능하다.

```
>>> x = 1.23e-5
>>> print( '%.7f'%x )
0.0000123
```

앞의 예문에서 1.23e-5는 1.23 x 10^{-5}에 해당한다. 즉, 1.23 x 0.00001을 뜻한다.

불(bool) 자료형

문자열과 정수 및 실수 이외에 파이선은 불형을 가지고 있다. 불형은 참(True)이
나 거짓(False)만 저장할 수 있다. 불형은 단독으로 사용하기보다는 if 조건문 또는
while 반복문 등과 함께 사용된다. 다음의 상황에서 변수 x는 불형에 해당한다.

```
>>> x = ( 100 == 200 )
>>> print( x )
False
```

컴퓨팅 사고를 위한 파이선 입문

위의 예문에서 사용된 ==은 값이 같다는 비교연산자에 해당하며, 자세한 내용은 연산자 부분에서 학습하기로 한다. 예문에서 x는 "100과 200이 같다"의 결과를 변수의 값으로 가지며, 100과 200은 같지 않으므로 거짓(False)을 변수의 값으로 가지게 된다. 불형에서 특이한 사항으로 다음의 예를 살펴보자.

```
>>> buffer=''
>>> type(buffer)
<class 'str'>
>>> if buffer:
        print("문자열 존재함")
else:
        print("내용 없음")

내용 없음
>>>
```

if 조건으로 불형 자료를 사용할 수 있다. 위의 예문에서는 buffer의 자료형은 문자열이다. 그런데 if의 조건으로 적용하였으며, 조건의 값은 False에 해당하여 else에 종속된 명령문이 실행되었음을 확인할 수 있다. 즉, 문자열로 선언하였어도, 그 내용이 존재하지 않는 경우 파이선은 거짓으로 처리하는 것을 알 수 있다.

실습 3-2:

정수 값에 대하여 어떠한 진법으로 값을 입력하는지 확인하고 해당 진법의 값을 입력받은 후, 그 값에 대한 2진법, 8진법, 10진법, 16진법 값을 출력하는 프로그램을 작성해 보세요.

입력: 진법과 진법으로 표현한 값
처리: 진법에 해당하는 값의 십진법 값을 계산한 후 다양한 진법으로 변환
출력: 4가지의 진법으로 입력된 값을 출력

사고력

✔ 진법을 이해하는 추상화 사고력

✔ 하나의 값을 다양하게 표현하는 변환적 사고력

✔ 코드를 이해하는 코드적 사고력

✔ 순차적으로 명령문을 구성하는 절차적 사고력

결과 화면

```
=============== RESTART: D:/Book/python/source
무슨 진법의 수를 입력하십니까? (2/8/16/10) 16
진법에 해당하는 수를 입력하세요 : AA
=====
입력한 16진법의 수 AA
16진법 표현은  0xaa
10진법 표현은  170
8진법 표현은  0o252
2진법 표현은  0b10101010
>>>
```

실습 3-2

```python
1 # -*- coding: utf-8 -*-
2 """
3 파이선 입문
4
5 실습 3-2 파이선 기본 자료형: 진법 변환
6 """
7
8 number_system = int(input("무슨 진법의 수를 입력하십니까? (2/8/16/10) "))
9 number = input("진법에 해당하는 수를 입력하세요 : ")
10
11 if number_system == 16:    #16진법에 해당
12     number_10 = int(number, 16)    #16진법 number를 10진법으로 변환
13 if number_system == 10:    #10진법에 해당
14     number_10 = int(number)    #10진법의 정수로 변환
15 if number_system == 8:    #8진법에 해당
16     number_10 = int(number, 8)    #8진법 number를 10진법으로 변환
17 if number_system == 2:    #16진법에 해당
18     number_10 = int(number, 2)    #2진법 number를 10진법으로 변환
19
20 print("=====\n입력한 %d진법의 수 %s"%(number_system, number))
21 print("16진법 표현은 ", hex(number_10))
22 print("10진법 표현은 ", number_10)
23 print("8진법 표현은 ", oct(number_10))
24 print("2진법 표현은 ", bin(number_10))
```

03 변수 생성 및 삭제

변수에 값을 부여하는 방법은 여러 가지가 있다. 다양한 방법의 예는 다음과 같다.

예제 3-3

```
 1 # -*- coding: utf-8 -*-
 2 """
 3 파이썬 입문
 4
 5 예제 3-3 변수값 생성
 6 """
 7
 8 variable1 = 100          #직접 값을 지정
 9 variable2 = variable1    #다른 변수명을 대입하여 생성
10 variable3 = 100 + 200    #값에 대한 계산 결과로 생성
11 variable4 = variable1 + variable3    #변수에 대한 계산 결과로 생성
12 variable5 = variable4 + 300    #변수와 값을 계산하여 생성
13
14 print(variable1)
15 print(variable2)
16 print(variable3)
17 print(variable4)
18 print(variable5)
```

어떠한 방법으로 변수의 값을 생성하는가는 프로그램의 내용에 따라 적용할 수 있다. 기억해야 하는 몇 가지 사항은 이미 사용된 변수명을 다시 사용하는 경우 기존의 값은 삭제되고 새로 생성된 값으로 저장되는 것이고, 변수명의 오른쪽에 해당하는 변수의 값은 반드시 이미 알고 있는 값이어야 한다.

앞의 예제에서 8줄의 경우 100은 정수이므로 알고 있는 값에 해당한다. 9줄에 오른쪽에는 variable1이 적용되었는데, variable1의 값은 8줄에서 선언하였으므로 역시 이미 알고 있는 값에 해당한다. 10줄의 내용은 계산이고, 계산을 실행하여 결과를 알 수 있으므로 오른쪽에 위치한 값은 알 수 있는 값에 해당한다. 11줄도 변수명의 오른쪽에 위치한 변수들은 이미 값이 선언된 변수이므로 알고 있는 값으

로 구성하였으며, 12줄에 내용도 알고 있는 변수의 값에 대한 연산으로 확인되지 않는 값은 포함하고 있지 않다.

연속 대입

파이선은 다음과 같이 연속하여 선언하는 것이 가능하며, 가장 오른쪽 값을 먼저 대입한 후 차례대로 그 앞에 있는 내용에 값을 대입한다.

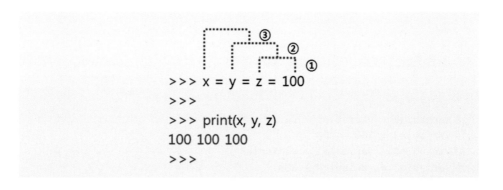

맨 오른쪽 값은 반드시 알고 있는 값이어야 하며, 앞에서 설명한 대로 이미 값을 가지고 있는 변수명에 다른 값을 새로이 저장하면 기존 값은 삭제됨을 기억해야 한다.

여러 개의 변수명에 대한 값을 생성할 때 서로 다른 값을 갖는 경우는 아래와 같이 적용할 수 있다.

```
>>> x, y, z = 10, 20, 30
>>> print( x, y, z )
10 20 30
```

구분자 콤마(,)를 이용하여 여러 개의 변수 값을 한 줄에서 생성한 것이다. 이때 주의해야 하는 것은 왼쪽에 있는 변수명의 개수만큼 오른쪽에 값을 제공해야 한다.

서로 개수가 일치하지 않는 경우는 아래와 같이 오류가 발생한다.

```
>>> a, b, c = 1, 2, 3, 4
Traceback (most recent call last):
  File "<pyshell#42>", line 1, in <module>
    a, b, c = 1, 2, 3, 4
ValueError: too many values to unpack (expected 3)
>>> a, b, c, d = 1, 2, 3
Traceback (most recent call last):
  File "<pyshell#43>", line 1, in <module>
    a, b, c, d = 1, 2, 3
ValueError: not enough values to unpack (expected 4, got 3)
```

이와 같이 파이선은 여러 개의 변수 값을 하나의 명령문에서 연속하여 생성할 수 있다.

변수 값 교환

일반적으로 x와 y의 값을 서로 바꾸려고 할 때 아래와 같은 swap 과정을 거친다.

```
temp = x
x = y
y = temp
```

그러나 파이선은 다음과 같이 간단하게 변수의 값으로 서로 교환할 수 있다.

```
>>> x = 10
>>> y = 100
>>> x, y = y, x
>>> print( "x = %d, y = %d" % ( x, y ) )
x = 100, y = 10
```

변수 삭제

사용하던 변수를 삭제하고 싶은 경우 del을 사용할 수 있다. del은 키워드에 해당
하여 주홍색으로 나타난다. 사용법은 다음과 같다.

```
del 변수명 [, 변수명, ...]
del ( 변수명 )
```

콤마를 적용하여 복수개의 변수를 한 번에 삭제할 수 있다. 변수명을 ( ) 안에 명시
할 수 있으며, 괄호 없이 사용해도 무관하다. del의 사용 예는 다음과 같다.

```
>>> x = 10
>>> del x
>>> print( x )
Traceback (most recent call last):
  File "<pyshell#2>", line 1, in <module>
    print(x)
NameError: name 'x' is not defined
```

위와 같이 del을 사용하여 변수명을 삭제하면 파이선은 더 이상 해당 변수명을 메
모리 영역에 가지고 있지 않는다. 복수개의 변수를 삭제하는 예는 다음과 같다.

컴퓨팅 사고를 위한 파이선 입문

```
>>> x = 10 ; y = 100
>>> del x, y
>>> print( x )
Traceback (most recent call last):
  File "<pyshell#7>", line 1, in <module>
    print(x)
NameError: name 'x' is not defined
>>> print( y )
Traceback (most recent call last):
  File "<pyshell#8>", line 1, in <module>
    print(y)
NameError: name 'y' is not defined
```

x와 y 모두 삭제되었음을 알 수 있다.

실습

실습 3-3:

turtle 모듈을 이용하여 막대그래프를 그리는 프로그램을 작성해 보세요. 펜의 색과 그래프 색을 입력받은 후 변수에 저장하여 반영하고, 막대그래프의 값을 반복하여 입력받아 변수에 저장하면서 그리는 방법으로 작성하세요.

입력: 펜의 색, 막대그래프의 색, 그래프의 값, 반복 여부
처리: 입력 받은 자료를 기반으로 막대그래프를 반복하여 그리기
출력: 막대그래프 및 그래프의 값

사고력
✔ 도형을 그리기 위한 공간 지각 사고력
✔ 반복하여 처리하기 위한 반복적 사고력
✔ 이전에 학습하였던 색칠하기 내용에 대한 경험적 추론 사고력
✔ 학습한 변수를 올바르게 적용하기 위한 변환적 사고력

결과 화면

[입력 자료 값 : purple → blue → 100 → y → 250 → y → 200 → y → 150 → y → 300 → N]

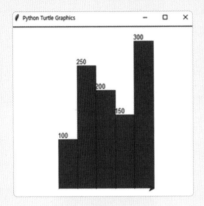

실습 3-3

```
1 # -*- coding: utf-8 -*-
2 """
3 파이선 입문
4
5 실습 3-3 변수값
6 """
7
8 import turtle
9 t=turtle.Pen()
10 color=turtle.textinput("펜색", "Pen의 색을 입력하세요(영문) : ")
11 t.color(color)
12 gp_color=turtle.textinput("그래프색", "그래프의 색을 입력하세요(영문) : ")
13 t.fillcolor(gp_color)
14 i=1
15 while True:      # 반복시작
16     msg=str(i)+"번째 그래프의 값은?"
17     value=turtle.textinput("그래프값",msg)
18     t.begin_fill()       #그래프 색 채우기 시작
19     t.left(90)           #왼쪽방향으로 90도 회전하여 위로 선 긋기 준비
20     t.forward(int(value))     #입력된 수 만큼 위로 선 긋기
21     t.write(value)       #값 쓰기
22     t.right(90)          #오른쪽으로 90도 돌아서 옆선 긋기 준비
23     t.forward(40)        #그래프 폭만큼 선긋기
24     t.right(90)          #오른쪽으로 90도 돌아서 아래 방향으로 회전
25     t.forward(int(value))     #입력된 수 만큼 아래로 선 긋기
26     t.left(90)           #다음 막대그래프 그리기 준비
27     t.end_fill()         #색칠하기 끝
28     more=turtle.textinput("다음 값","계속 그리기 원합니까?(Y/N)")
29     if more=='Y' or more == 'y':
30         i=i+1
31         continue     #계속 그리기
32     else:
33         break        #종료
```

컴퓨팅 사고를 위한 파이선 입문

1. 아래의 코드에서 오류에 해당하는 부분을 모두 수정하여 올바른 코드를 작성해 보세요.

연습문제 3-1

```python
1 # -*- coding: utf-8 -*-
2 """
3 파이선 입문
4
5 연습문제 3-1 변수 활용
6 """
7
8 x = 10, y = 20
9
10 age = input("만 나이를 입력하세요: ")
11 retire = 65 - age
12 print("정년까지", Retire, '남았습니다!')
13
14 value = int(10101, 2)    #2진수의 10진수 값 전환
15 print('2진법 10101의 10진법 값은 %d 이다.', %value)
16
17 real_num = 2.42-e4    #0.000242의 표현
```

2. 이름을 입력 받아서 처음 사람은 변수 first, 두 번째 사람은 변수 second, 세 번째 사람은 변수 third에 이름을 저장합니다. 원래 저장되어 있던 값을 하나씩 뒤로 변경하여 저장하고, 변수 first의 값에 자신을 입력하세요. 마지막 third 값은 변수 fourth값에 저장하면 됩니다. 이와 같이 변수의 값을 수정하는 프로그램을 작성해 보세요.

3. 자료형을 확인하는 함수는 type()입니다. 아래의 변수에 대하여 각각 자료형을 확인해 주는 문구를 프로그램으로 작성해 보세요.

• 명령어 형식은 다음과 같이 적용할 수 있다.

> if **type**(변수명) is 자료형

• 자료형은 str, int, float, bool 등이 있다.

[변수 선언] a = 230

b = 1.55

c = 9.03e10

d = " 200 "

e = d * 5

f = " 파이선 좋아요! "

g = False

h = " True "

i = f + h

컴퓨팅 사고를 위한 파이선 입문

## 4장

문자열 자료

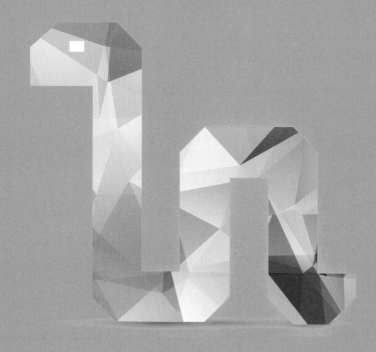

01 문자열 자료형

3장에서 학습한 파이선의 기본 자료형 중에서 문자열 자료에 대하여 자세히 알아보기로 한다.

문자열 생성

문자열은 따옴표로 묶여 있음을 앞장에서 설명하였다. 문자열을 생성할 수 있는 다양한 방법은 다음과 같다.

① 큰따옴표로 양쪽 둘러싸기
② 작은따옴표로 양쪽 둘러싸기
③ 큰따옴표 3개를 연속으로 써서 양쪽 둘러싸기
④ 작은따옴표 3개를 연속으로 써서 양쪽 둘러싸기

```
>>> "반갑다 파이선"  ◀··············· ①
'반갑다 파이선'
>>> '파이선 재미있군'  ◀··············· ②
'파이선 재미있군'
>>> """파이선으로 코딩 완전 정복"""  ◀········ ③
'파이선으로 코딩 완전 정복'
>>> '''내 친구 파이선'''  ◀··············· ④
'내 친구 파이선'
>>>
```

위의 예문에서 보듯이 문자열을 다양하게 생성할 수 있으나 파이선은 입력 후 확인 출력 시 작은따옴표로 표시한다.

컴퓨팅 사고를 위한 파이선 입문

만약 문자열 안에 작은따옴표(')가 포함되는 경우는 문자열을 큰따옴표(")로 둘러싸면 된다. 큰따옴표 안에 들어 있는 작은따옴표는 문자열을 나타내기 위한 기호로 인식되지 않는다.

```
>>> "Han's Python Class"
```

위의 내용을 입력하며 파이선이 확인하는 문자열은 다음과 같이 표시된다.

```
"Han's Python Class"
```

앞의 예에서는 파이선이 확인하는 문자열을 작은따옴표로 표시하였으나 작은따옴표를 문자열 안에 포함하고 있는 경우는 큰따옴표로 확인 문자열을 나타낸다.

문자열에 큰따옴표를 포함시키는 방법은 작은따옴표로 문자열을 묶는 것이다. 앞의 경우와 마찬가지로 작은따옴표 안에 있는 큰따옴표는 문자열을 마감하는 기호로 인식하지 않기 때문이다.

```
>>> ' "파이선은 정말 재미있네!"라고 말하였다.'
' "파이선은 정말 재미있네!"라고 말하였다.'
```

만약 큰따옴표와 작은따옴표 모두가 문자열 안에 포함되는 경우는 \ (백슬래시: 한글 키보드의 ₩)를 이용하여 문자열을 생성할 수 있다. 백슬래시를 작은따옴표(')나 큰따옴표(") 앞에 삽입하면 백슬래시 뒤의 작은따옴표 또는 큰따옴표는 문자열을 둘러싸는 기호의 의미가 아니라 문자 ' 또는 " 그 자체를 뜻하게 된다.

```
>>> my_str = " Han's Class의 외침! ₩"파이선 짱!₩" "
>>> print( my_str )
 Han's Class의 외침! "파이선 짱!"
>>> my_str
' Han₩'s Class의 외침! "파이선 짱!" '
```

위의 예에서 변수 my_str은 문자열을 값으로 가지고 있으며, 문자열의 내용은 작은따옴표와 큰따옴표 모두를 포함하고 있다. print()의 결과를 보면 알 수 있다. 입력할 때는 \ 대신 ₩로 표시되는 것은 기억하자. 만약 변수 my_str을 확인하는 경우 문자열임을 나타내기 위하여 작은따옴표로 시작하기 때문에 문자열 안에 작은따옴표를 포함하기 위하여 \(₩)가 포함된 문자열을 보여주는 것을 알 수 있다.

따옴표 3개를 연속하여 적용하는 경우는 일반적으로 여러 줄을 하나의 문자열로 생성할 때이다. 다음의 경우를 살펴보자.

```
>>> message = '''안녕하세요?
제 이름은 파이선입니다.
친하게 지내요!'''
>>> print( message )
안녕하세요?
제 이름은 파이선입니다.
친하게 지내요!
```

3개의 연속 따옴표로 문자열을 생성하는 경우 같은 종류의 3개 연속 따옴표가 입력될 때까지 계속 문자열의 내용으로 인식한다. 문자열을 시작할 때 작은따옴표 3개로 시작하였다면, 반드시 작은따옴표로 마쳐야 한다. 다음과 같은 방법으로도 앞의 예문과 동일한 문자열을 생성 가능하다.

```
>>> message='안녕하세요?\n제 이름은 파이선입니다.\n친하게 지내요!'
>>> print( message )
안녕하세요?
제 이름은 파이선입니다.
친하게 지내요!
```

위의 예문은 이스케이프 코드를 적용하여 줄바꿈을 적용한 것이다. 연속 따옴표보다 복잡해 보이므로 여러 줄의 문자열을 생성하는 경우에는 가급적 연속 따옴표를 쓰는 것이 바람직하다. 여기서 잠깐 이스케이프 코드에 대하여 알아보자. 이스케이프 코드란 프로그래밍 할 때 사용할 수 있도록 미리 정의해 둔 "문자 조합"이다. 주로 출력물을 보기 좋게 정렬하는 용도로 이용된다. 이스케이프 코드 정리 내용은 다음과 같다.

코드	내용
\n	new line: 줄바꿈
\t	tab: 수평 탭
\\	문자 " \ "
\'	작은따옴표
\"	큰따옴표

문자 생성에 연산을 적용할 수 있다. 존재하는 문자열을 활용하여 덧셈과 곱셈을 할 수 있다. 사용법은 다음과 같다.

○ 문자열 더해서 연결하기(Concatenation)

```
>>> head = '친구야~'
>>> tail = ' 반갑다!'
>>> head + tail
'친구야~ 반갑다!'
```

위 예문은 "친구야~"라는 head 변수와 " 반갑다!"라는 tail 변수를 연결한 것이다. 결과는 '친구야~ 반갑다!'이다. 즉, head와 tail 변수가 +에 의해 연결된 것이다.

○ 문자열 곱하기

```
>>> msg = ' 축하해! '
>>> msg * 3
' 축하해!  축하해!  축하해! '
```

위의 예문에서 *의 의미는 우리가 일반적으로 사용하는 숫자 곱하기의 의미와는 다르다. 위 예문에서 msg * 3라는 문장은 msg를 세 번 반복하라는 뜻이다. 즉, *는 문자열의 반복을 뜻하는 의미로 사용되었다. 글자를 반복하여 문자를 생성할 때 *는 매우 유용하다.

```
>>> print( '='*22, '\n \t My Program\n', '='*22 )
======================
     My Program
 ======================
```

실습 4-1 : 문자열 생성

시간과 할 일을 입력 받아 schedule이라는 문자형 자료를 생성하는 프로그램을 작성
해 보세요. 이때 시간과 할 일은 제한 없이 반복하여 입력 받아 처리 가능해야 합니다.

입력: 시간, 할 일, 반복 여부
처리: 시간과 할 일을 연결하여 하나의 문자열을 생성하고, 추가되는 내용을 모
두 하나로 연결
출력: 생성된 문자열 출력

사고력

✔ 스케줄 관리의 개념을 이해하는 추상화 사고력

✔ 문자를 연결하여 새로운 문자를 생성하는 논리적 사고력

✔ 기존의 문자를 계속 확대하는 경험적 추론 사고력

✔ 반복하여 처리할 수 있는 반복적 사고력

✔ 순차적으로 명령문을 구성하는 절차적 사고력

결과 화면

```
============== RESTART: D:/Book/python/source_
========== 스케줄 입력 ==============
시간을 입력하세요. (예-19:30) 7:00
해야할 일을 입력하세요. (한줄로 작성) 기상
스케줄을 더 추가하십니까? (Y/N)Y
시간을 입력하세요. (예-19:30) 8:00
해야할 일을 입력하세요. (한줄로 작성) 아침 운동
스케줄을 더 추가하십니까? (Y/N)Y
시간을 입력하세요. (예-19:30) 10:00
해야할 일을 입력하세요. (한줄로 작성) study group 미팅
스케줄을 더 추가하십니까? (Y/N)Y
시간을 입력하세요. (예-19:30) 13:00
해야할 일을 입력하세요. (한줄로 작성) 점심 약속
스케줄을 더 추가하십니까? (Y/N)N
========== 오늘의 스케줄 ==============
7:00      기상
8:00      아침 운동
10:00     study group 미팅
13:00     점심 약속
```

```
 1 # -*- coding: utf-8 -*-
 2 """
 3 파이선 입문
 4
 5 실습 4-1 문자열 생성
 6 """
 7
 8 print("="*10,"스케줄 입력", "="*15)
 9 schedule = ""        #문자열로 스케줄 작성
10 while True:          #반복문
11     time = input("시간을 입력하세요. (예-19:30) ")
12     to_do = input("해야할 일을 입력하세요. (한줄로 작성) ")
13     text = time + "\t" + to_do + "\n"
14     schedule = schedule + text
15     more = input("스케줄을 더 추가하십니까? (Y/N)")
16     if more == "Y" or more == "y":        #스케줄 추가 입력
17         continue
18     else:
19         print("="*10,"오늘의 스케줄", "="*15)
20         print(schedule)    #전체 스케줄 출력
21         break
```

02 인덱싱과 슬라이싱

인덱싱(Indexing)이란 무엇인가를 "가리킨다"는 의미이고, 슬라이싱(Slicing)은 무엇인가를 "잘라낸다"는 의미이다. 문자열이 생성되면 문자열은 일련의 번호가 부여되며, 일련번호에 따라 각각의 문자를 관리한다. 다음의 예를 살펴보자.

```
>>> title = "Han's Python Class"
```

위와 같은 문자열이 생성되면, 아래와 같이 일련번호가 부여된다.

번호	0	1	2	3	4	5	6	7	8	9	10	11	12	13	14	15	16	17
문자	H	a	n	'	s		P	y	t	h	o	n		C	l	a	s	s

위의 예문에서 인덱싱을 사용하면 일련번호를 적용하는 것이고, 그 예는 다음과 같다.

```
>>> title = "Han's Python Class"
>>> title[4]
's'
```

title[4]가 뜻하는 것은 title이라는 문자열의 다섯 번째 문자인 s를 말한다. 여기서 꼭 기억해야 하는 것은 파이선은 0부터 일련번호를 시작한다는 것이다.

문자열 인덱싱

```
>>> title = "Han's Python Class"
```

인덱싱에 대하여 조금 더 알아보자. 0~17까지의 일련번호는 확인하였으나 파이선은 음수의 인덱스 번호를 사용할 수 있다. 그 예는 아래와 같다.

```
>>> title[0]
'H'
>>> title[17]
's'
>>> title[-1]
's'
>>> title[-3]
'a'
>>> title[-0]
'H'
```

인덱스 번호 −1은 문자열을 뒤에서부터 읽기 위한 것이다. 즉 title[−1]은 뒤에서
부터 첫 번째 되는 문자를 가리키므로 가장 마지막인 title[17]과 동일한 문자를
가리킨다. 0과 −0은 똑같은 것이기 때문에 title[−0]은 title[0]과 똑같은 값을 보여
준다.

문자열 슬라이싱

문자열에서 범위를 지정하여 일부를 잘라낼 수 있으며, 이러한 작업을 슬라이싱이
라고 한다. 슬라이싱의 예는 다음과 같다.

```
>>> title = "Han's Python Class"
>>> title[0:3]
'Han'
```

슬라이싱 사용법은 다음과 같다.

```
문자_변수명 [ 시작 번호 : 끝 번호]
```

컴퓨팅 사고를 위한 파이선 입문

여기서 번호는 문자열의 일련번호에 해당하며, 끝 번호에 해당하는 문자는 포함되지 않는 것을 주의해야 한다. 예문의 경우 title[0:3]을 수식으로 나타내면 0 <= index < 3과 같다. 즉, 일련번호 0, 1, 2까지의 문자를 잘라낸 것이며, 그 내용은 'Han'인 것이다. 예문에서 슬라이싱 내용을 인덱스 번호를 활용하여 표현한 방법은 다음과 같다.

```
>>> title[0] + title[1] + title[2]
'Han'
```

인덱싱을 적용하는 것보다 슬라이싱을 적용하는 것이 훨씬 간편함을 알 수 있다.

슬라이싱의 시작번호는 생략 가능하며, 생략된 경우는 0을 기본 값으로 적용한다. 끝번호도 생략 가능하며, 생략된 경우는 끝까지 포함하라는 것을 뜻한다. 만약 시작과 끝 모두가 생략되었다면 문자열 전체를 의미한다.

```
>>> title = "Han's Python Class"
>>> title[:5]      # 시작번호 생략
"Han's"
>>> title[6:]      # 끝번호 생략
'Python Class'
>>> title[:]       # 시작과 끝번호 생략
"Han's Python Class"
```

슬라이싱에서도 음수 표현을 사용할 수 있다. 인덱싱과 마찬가지로 끝에서부터 번호를 적용한다.

```
>>> title = "Han's Python Class"
>>> title[6:-6]
'Python'
```

문자열의 일부를 슬라이싱하여 또 다른 문자열을 생성할 수 있다. 다음의 예를 살펴보자.

```
>>> string = "20220401172311"
>>> year = string[:4]
>>> month = string[4:6]
>>> day = string[6:8]
>>> hour = string[8:10]
>>> minute = string[10:12]
>>> temperature = string[12:]
>>> print( '%s년 %s월 %s일 %s시 %s분의 온도 : %s' ₩
    %(year, month, day, hour, minute, temperature ))
2022년 04월 01일 17시 23분의 온도 : 11
```

앞의 예문에서 string = ' 20190401172311 ' 의 의미를 이해하기 힘들다. 그러나 입력의 양식이 YYYYMMDDhhmmTT의 구성이고, Y는 year, M은 month, D는 day, h는 hour, m은 minute, t는 temperature를 의미하는 것을 알고 있다면, string을 양식에 맞게 슬라이싱하여 의미있는 자료를 생성할 수 있다.

컴퓨팅 사고를 위한 파이선 입문

실습 4-2 :

인덱스 번호가 홀수에 해당하면 무의미한 문자를 포함하여 홀수 문자를 제외한 문자만 뽑아서 문자열의 내용을 확인할 수 있는 프로그램을 작성해 보세요.

입력: 홀수 인덱스 번호에 해당하는 문자가 무의미한 문자열
처리: 홀수 인덱스를 제외한 문자열 추출
출력: 추출한 문자들로 재구성된 문자열 출력

사고력

✔ 각 문자를 코드로 이해하는 코드적 사고력
✔ 처리해야 하는 문자열을 이해하는 논리적 사고력
✔ 의미 있는 문자만을 추출하는 추상화 사고력
✔ 순차적으로 명령문을 구성하는 절차적 사고력

결과 화면

```
====== RESTART: C:/Users/Han/Desktop/
>>>
추출한 문자열은 '3일시청앞정오' 입니다.
>>>
```

실습 4-2

```python
1 # -*- coding: utf-8 -*-
2 """
3 파이선 입문
4
5 실습 4-2 문자열 인덱싱
6 """
7
8 string = "3봄일이시오청나앞보정네오요"   #암호 문자열
9
10 message = ''      #문자열 변수명 생성
11
12 for i in range(len(string)):    #문자열의 길이 만큼 반복
13      if (i%2)==0:    #문자열 인덱스 번호가 짝수인 경우
14          message = message + string[i]
15      else:           #무의미한 문자
16          pass        #아무 처리 안함
17
18 print("추출한 문자열은 '%s' 입니다."%message)
```

03 문자열 수정

문자열의 내용을 수정하는 방법에 대하여 검토해 보기로 하자. 인덱싱을 학습하였으므로 인덱스 번호를 지정하여 수정이 가능할 것이라 예상할 수 있다. 그러나 다음의 내용은 인덱스 번호를 사용한 수정이 지원되지 않음을 알 수 있다.

```
>>> string = "Pithon"
>>> string[1] = 'y'
Traceback (most recent call last):
  File "<pyshell#21>", line 1, in <module>
    string[1] = 'y'
TypeError: 'str' object does not support item assignment
```

위와 같이 문자열의 요소 값은 수정이 불가능하다. 인덱싱 개념 대신에 슬라이싱을 적용하여 문자를 수정할 수 있다. 다음의 예를 통하여 확인 가능하다.

```
>>> string = "Pithon"
>>> fix_string = string[:1] + 'y' + string[2:]
>>> print( fix_string )
Python
```

위와 같이 수정이 발생되는 위치의 문자를 제외시키기 위하여 슬라이싱으로 잘라내서 새로운 문자를 추가하여 문자열을 수정할 수 있다.

컴퓨팅 사고를 위한 파이선 입문

실습 4-3 :

주어진 문자열에서 이름 부분을 수정하여 새로운 문구를 생성하는 프로그램을 작성해 보세요. 단, 이름의 슬라이싱 범위는 입력 받아 처리하세요.

입력: 원본 문자열, 대치할 이름 문자열
처리: 원본 문자열에서 이름 부분에 해당하는 부분을 대치할 이름 문자열로 수정
출력: 수정된 문자열 출력

사고력

✔ 문자열의 슬라이싱 개념을 이해하는 논리적 사고력
✔ 문자 내용을 인덱스 번호로 반영하는 코드적 사고력
✔ 이름 부분과 메시지 부분을 구분하는 분해적 사고력
✔ 명령어를 순서에 맞게 구성하는 알고리즘적 사고력

결과 화면

```
====== RESTART: C:/Users/Han/Desktop/python교재/source
원본 문자열 : 파이선을 사랑하는 한옥영님! 힘내세요!
이름의 시작 인덱스 번호를 입력하세요 (0부터 시작) : 10
이름의 마지막 인덱스 번호를 입력하세요 (0부터 시작) : 12
새롭게 작성될 문자열에 넣을 이름을 입력하세요 : 홍길동
========== 파이선을 사랑하는 홍길동님! 힘내세요!
>>>
```

실습 4-3

```python
1 # -*- coding: utf-8 -*-
2 """
3 파이선 입문
4
5 실습 4-3 문자열 수정
6 """
7
8 string = "파이선을 사랑하는 한옥영님! 힘내세요!" #원본 문자열
9 print("원본 문자열 : %s"%string)
10
11 start = int(input("이름의 시작 인덱스 번호를 입력하세요 (0부터 시작) : "))
12 finish = int(input("이름의 마지막 인덱스 번호를 입력하세요 (0부터 시작) : "))
13
14 name = input("새롭게 작성될 문자열에 넣을 이름을 입력하세요 : ")
15
16 new_string = string[:start] + name + string[finish+1:]
17 print("="*10,new_string)
```

04 문자열 포맷팅

문자열에서 중요한 작업 중 하나가 문자열 포맷팅(Formatting)이다.

"파이선을 사랑하는 한옥영님! 힘내세요!"

4-3 실습에서 사용한 문자열에서, '한옥영'이라는 이름에 다른 사람의 이름을 적용하여 문장을 수정할 수 있어야 한다. 문자열 내의 특정한 값을 바꿔야 할 경우에 슬라이싱과 문자 연결 방법을 활용하지 않고 가능하게 해주는 것이 바로 문자열 포맷팅 기법이다. 문자열 포맷팅이란 쉽게 말해 문자열 내에 어떤 값을 간단하게 삽입하는 방법이다.

문자열 대입

문자열 내에 '한옥영'이라는 문자열을 삽입하는 방법은 다음과 같다.

```
>>> string = "파이선을 사랑하는 %s님! 힘내세요!"%"한옥영"
>>> print( string )
파이선을 사랑하는 한옥영님! 힘내세요!
```

문자열 안에서 문자열 넣고 싶은 자리에 %s라는 문자를 넣어 주고, 삽입할 숫자인 '한옥영'은 가장 뒤에 있는 % 문자 다음에 써넣으면 된다. 여기서 %s는 앞의 출력 부분에서 학습한 문자열 포맷 코드에 해당한다.

변수로 대입

아래와 같이 문자열을 생성할 때 변수명을 사용하여 변수에 저장된 문자열을 포함할 수 있다.

```
>>> name = "홍길동"
>>> string = "파이선을 사랑하는 %s님! 힘내세요!"%name
>>> print( string )
파이선을 사랑하는 홍길동님! 힘내세요!
```

숫자 대입

문자뿐만 아니라 숫자를 포함하여 문자열을 생성할 수 있다. 숫자를 직접 적용할 수 있으며, 또한 숫자가 저장된 변수를 사용하여 생성할 수 있다.

```
>>> string = "파이선 공부 시작한지 %d개월 되었습니다"%3
>>> print( string )
파이선 공부 시작한지 3개월 되었습니다
>>> month = 8
>>> string = "파이선 공부 시작한지 %d개월 되었습니다"%month
>>> print( string )
파이선 공부 시작한지 8개월 되었습니다
```

복수개의 포맷 코드

문자열 안에 2개 이상의 포맷 코드를 사용하는 것도 가능하다. %에 적용할 값이 복수개가 되므로 괄호로 묶어서 콤마(,)로 연결하면 된다.

```
>>> string = "%s님은 파이선 공부를 시작한지 %d개월 되었습니다!"₩
        %("한옥영", 36)
>>> print( string )
한옥영님은 파이선 공부를 시작한지 36개월 되었습니다!
>>> name = "홍길동" ; month = 6
>>> string = "%s님은 파이선 공부를 시작한지 %d개월 되었습니다!"₩
        %( name, month )
>>> print( string )
홍길동님은 파이선 공부를 시작한지 6개월 되었습니다!
```

너비 지정 포맷팅

포맷팅을 사용하여 문자열을 생성할 때 너비를 지정할 수 있다. 문자 포맷을 10칸에 걸쳐서 대입하려면 '%10s'라고 표기하면 된다.

```
>>> string = "즐거운 %10s 경험"%'파이선'      #오른쪽 정렬
>>> print(string)
즐거운        파이선 경험
>>> string = '즐거운 %-10s 경험'%'파이선'      #왼쪽 정렬
>>> print(string)
즐거운 파이선        경험
>>> string = '즐거운 %10s 경험'%'파이선'.center(10)   #가운데 정렬
>>> print(string)
즐거운     파이선     경험
```

위와 같이 %-10s라고 적용하면 10칸에 왼쪽 정렬로 문자열을 생성하라는 명령이고, %10s라고 적용한 후 %문자.center(10)이라고 명령하면 10칸에서 가운데 정렬로 문자를 위치시키라는 것이다. 문자만 가능한 것이 아니고 정수를 위하여 %d, 실수를 위하여 %f도 활용할 수 있다.

컴퓨팅 사고를 위한 파이선 입문

format 활용

출력 부분에서 학습하였듯이 format을 사용하여 포맷코드의 내용을 실행할 수 있다.

```
>>> string = "즐거운 {0:>10} 경험".format('파이선')    #오른쪽 정렬
>>> print(string)
즐거운        파이선 경험
>>> string = '즐거운 {0:<10} 경험'.format('파이선')    #왼쪽 정렬
>>> print(string)
즐거운 파이선        경험
>>> string = '즐거운 {0:^10} 경험'.format('파이선')    #가운데 정렬
>>> print(string)
즐거운     파이선     경험
```

format에서는 지정 문자로 공백을 채우는 기능이 추가적으로 제공된다. '='를 빈 칸을 채우면서 문자열을 생성한 예는 다음과 같다.

```
>>> string = "즐거운 {0:=^10} 경험".format('파이선')    #가운데 정렬
>>> print(string)
즐거운 ===파이선==== 경험
```

실습 4-4 :

생일 축하 메시지를 생성하는 프로그램을 작성해 보세요. 생일을 맞이한 사람의 이름, 몇 번째 생일, 보내는 사람 이름을 입력 받아서 문장을 생성하세요.

입력: 생일 맞이한 사람 이름, 몇 번째 생일, 보내는 사람 이름
처리: 입력 받을 자료로 생일 축하 노래 및 축하 메시지 작성
출력: 생성된 문자열 출력

사고력
✔ 문자열 구성을 최소화하는 단순화 사고력
✔ 문자열 내용을 작성하는 코드적 사고력
✔ 학습한 포맷코드를 적용하는 경험적 추론 사고력
✔ 출력물을 올바르게 제시하는 절차적 사고력

결과 화면

```
====== RESTART: C:/Users/Han/Desktop/python교재/source_code/chap4
생일을 맞이한 사람의 이름은? 홍길동
몇 번째 생일인가요? 240
보내는 사람의 이름을 입력하세요? 한옥영
생일 축하 합니다!생일 축하 합니다! 사랑하는 홍길동님 생일 축하 합니다!
==================================
홍길동님의 240번째 생일을 진심으로 축하합니다!
한옥영 보냄
>>>
```

실습 4-4

```python
1 # -*- coding: utf-8 -*-
2 """
3 파이썬 입문
4
5 실습 4-4 문자열 포맷팅
6 """
7
8 receiver = input("생일을 맞이한 사람의 이름은? ")
9 old = input("몇 번째 생일인가요? ")
10 sender = input("보내는 사람의 이름을 입력하세요: ")
11
12 text = "생일 축하 합니다!"
13 song = "%s 사랑하는 %s님 %s" % (text*2, receiver, text)
14 print(song, '\n', '='*30)
15 message = "%s님의 %s번째 생일을 진심으로 축하합니다!\n%s 보냄"\
16         %(receiver, old, sender)
17
18 print(message)
```

1. 문자열을 입력 받은 후, 받은 문자열을 거꾸로 출력하는 프로그램을 작성해 보세요.

   [힌트] 인덱스 번호 활용

   ```
   >>> for i in range(len(string)-1, -1, -1):
   ```

2. 문자열을 입력 받은 후, 홀수 인덱스 번호에 해당하는 문자를 임의로 적용하여 받은 문자열을 암호화하는 프로그램을 작성해 보세요. 실습 4-2에서 사용하는 입력 자료를 생성하는 프로그램입니다.

3. 나라 이름과 수도를 반복하여 입력받아 출력하는 프로그램을 작성해 보세요.

   [출력 예시]

   ```
   ===== RESTART: C:/Users/Han/Desktop/python
   나라 명을 입력하세요: (Q for quit) 대한민국
   대한민국의 수도를 입력하세요: 서울
   대한민국의 수도는 서울입니다.
   ====================
   나라 명을 입력하세요: (Q for quit) 베트남
   베트남의 수도를 입력하세요: 하노이
   베트남의 수도는 하노이입니다.
   ====================
   나라 명을 입력하세요: (Q for quit) 독일
   독일의 수도를 입력하세요: 베를린
   독일의 수도는 베를린입니다.
   ====================
   나라 명을 입력하세요: (Q for quit) Q
   >>>
   ```

4. format을 사용하여 다음의 노래 가사를 문자열로 처리하는 프로그램을 작성해 보세요. 최대한 문자열을 짧게 구성해 보세요.

> 무엇이 무엇이 똑같은가?
> 젓가락 두 짝이 똑같아요!
> 무엇이 무엇이 똑같은가?
> 윷가락 네 짝이 똑같아요.

컬렉션 자료형

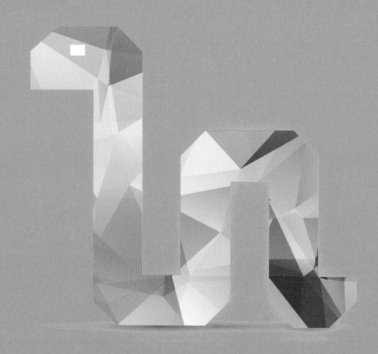

01 리스트

여러 개의 데이터를 하나로 묶어서 사용할 수 있는 자료형에 리스트가 있다. 리스트는 파이선에서 가장 유용한 자료형에 속한다. 리스트의 기본 문법은 다음과 같다.

```
리스트_변수명 = [ 요소1, 요소2, ... , 요소n ]
```

리스트는 위와 같이 대괄호([ ])로 감싸 주고 각 요소 값들은 쉼표(,)로 구분해 준다. 요소는 다양한 자료형이 적용 가능하며, 여러 자료형을 혼합하여 선언해도 된다. 다양한 리스트의 예는 다음과 같다.

```
1 list_1 = [ ]        #변수명 선언 empty list
2 list_2 = [1, 2, 3, 4]      #수 값으로 구성된 리스트
3 list_3 = ['파이선', '자바', '엔트리']      #문자열로 구성된 리스트
4 list_4 = [1, '파이선', 3.14, '프로그래밍 언어']    #다양한 자료형
5 list_5 = [1, '파이선', [2, '코딩', 3] ]
```

1줄의 예는 선언만 한 상태로 아직 요소 값을 가지고 있지 않은 상태이며, 다음과 같이 list() 함수를 이용하여 생성할 수 있다.

```
>>> list_1 = list()
>>> type( list_1 )
<class 'list'>
```

2줄과 3줄은 동일한 자료형으로 구성된 리스트 예에 해당한다. 반면 4줄은 정수, 실수, 문자열 등 다양한 기본 자료형으로 구성된 리스트이며, 5줄은 리스트의 요소로 리스트를 포함하고 있는 예에 해당한다.

컴퓨팅 사고를 위한 파이선 입문

리스트 값 추가

리스트에 값을 추가할 때 append()를 사용할 수 있다. append는 리스트의 가장 마지막에 값을 추가한다. append의 사용 문법을 다음과 같다.

```
list명.append(추가할 값)
```

append를 사용하기 위해서는 list명은 반드시 사용 이전에 리스트 자료형으로 선언되었어야 한다. 위의 명령문은 '생성된 list명을 대상으로 추가할 값을 append'하라는 의미에 해당한다. append의 사용 예를 살펴보자.

```
>>> mylist = [ ]
>>> mylist.append('가')
>>> print(mylist)
['가']
```

만약 리스트를 append 하는 경우는 다음과 같다.

```
>>> mylist = [ '가', '나', '다', '라' ]
>>> mylist.append( [ '마', '바', '사' ] )
>>> print(mylist)
['가', '나', '다', '라', ['마', '바', '사']]
```

리스트의 인덱싱

mylist라는 변수가 다음과 같은 요소를 포함한 경우에 각각의 요소에 접근하는 방법을 살펴보자.

```
>>> mylist = [ '가', '나', '다', '라' ]
```

인덱스 번호를 사용하여, 각각의 요소 값을 사용할 수 있으며, 인덱싱과 함께 연산을 실행할 수도 있다.

```
>>> mylist[0]
'가'
>>> mylist[1] * 3
'나나나'
>>> mylist[2] + mylist[3]
'다라'
```

문자열 자료형에서 학습한 것처럼 음수의 인덱스 번호도 사용 가능하다.

```
>>> mylist[-1]
'라'
>>> mylist[-2] * 3
'다다다'
>>> mylist[-3] + mylist[-4]
'나가'
```

리스트의 요소에 리스트가 포함된 경우를 살펴보기로 하자.

```
>>> mylist = [ '가', '나', [ 'A', 'B' , [ 1, 2, 3 ] ] ]
```

위의 예문의 요소 구성은 다음과 같다.

컴퓨팅 사고를 위한 파이선 입문

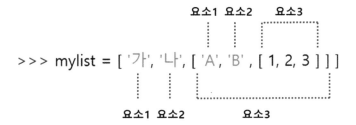

인덱스 번호는 0부터 시작하므로, 요소1의 인덱스 번호는 0에 해당한다. 인덱스 번호를 통하여 요소3의 내용을 접근하는 방법을 살펴보자.

```
>>> mylist = [ '가', '나', [ 'A', 'B' , [ 1, 2, 3 ] ] ]
>>> mylist[2]
['A', 'B', [1, 2, 3]]
>>> mylist[2][0]
'A'
>>> mylist[2][2]
[1, 2, 3]
>>> mylist[2][2][2]
3
```

데이터 값 3은 mylist의 3번째에 속한 요소의 3번째 요소 중 3번째 데이터에 해당하는 3중 중첩 리스트이며, 요소1의 인덱스 번호는 0에 해당하여 요소3은 인덱스 번호 2에 해당하므로, [2][2][2]라는 인덱싱을 적용하여 접근할 수 있다. 이것이 복잡한 경우 데이터 값 3은 가장 마지막 요소에 해당하므로, 다음과 같이 표현하여도 같은 결과를 얻을 수 있다.

```
>>> mylist[-1][-1][-1]
```

리스트의 슬라이싱

슬라이싱을 적용하여 리스트 자료 중의 일부를 선택할 수 있다. 문자열 슬라이싱과 동일한 방법으로 사용한다. 사용의 예는 다음과 같다.

```
>>> mylist = [ '가', '나', '다', [ 'A', 'B', 'C', 'D' ], '라', '마' ]
>>> mylist[2:5]     #범위는 2 <= index < 5
['다', ['A', 'B', 'C', 'D'], '라']
>>> mylist[3][1:]   #인덱스 번호 3은 리스트이며, index >= 1
['B', 'C', 'D']
>>> mylist[:4]      #범위는 0 <= index < 4
['가', '나', '다', ['A', 'B', 'C', 'D']]
```

리스트 연산자

리스트 2개를 연결하기 위하여 +를 사용할 수 있으며, *는 리스트 요소들을 반복하여 나타낼 수 있다. +을 사용하여 2개의 리스트를 연결하는 예제를 살펴보자.

```
>>> mylist1 = [ '가', '나', '다' ]
>>> mylist2 = [ 'A', 'B', 'C' ]
>>> mylist1 + mylist2
['가', '나', '다', 'A', 'B', 'C']
```

위와 같이 +를 적용할 때 유의해야 하는 것은 +의 대상은 서로 같은 자료형이어야 한다. 다음의 상황을 살펴보자.

컴퓨팅 사고를 위한 파이선 입문

```
>>> mylist = [ '가', '나', '다' ]
>>> text = '한글 공부'
>>> text + mylist
Traceback (most recent call last):
  File "<pyshell#32>", line 1, in <module>
    text + mylist
TypeError: must be str, not list
```

위의 경우 text가 문자열이므로 뒤에 오는 자료형 또한 문자열인 경우 올바르게 명령문을 수행할 수 있다. 그러나 뒤에 연결하고자 하는 자료형이 리스트인 관계로 오류가 발생되었다. 이번에는 리스트 자료형을 앞에 지정하고 뒤에 문자열을 연결하는 예제를 살펴보자.

```
>>> mylist = [ '가', '나', '다' ]
>>> text = '한글 공부'
>>> mylist + text
Traceback (most recent call last):
  File "<pyshell#35>", line 1, in <module>
    mylist + text
TypeError: can only concatenate list (not "str") to list
```

앞의 예제에서 발생하는 오류를 제거하기 위해서 다음의 방법을 적용할 수 있다.

```
>>> mylist = [ '가', '나', '다' ]
>>> text = '한글 공부'
>>> mylist + list( text )
['가', '나', '다', '한', '글', ' ', '공', '부']
```

변수 text를 list로 형변환을 한 이후 +를 적용하여 오류는 발생하지 않았지만, 내용은 원하지 않는 결과가 발생하였다. text 변수 내용을 하나의 요소로 인식하는 대신에 리스트 안에 있는 각각의 문자를 리스트의 요소로 인식하였다. 이때 append를 사용하면 원하는 결과를 얻을 수 있다. 다음의 코드를 통하여 확인해 보기로 하자.

```
>>> mylist = [ '가', '나', '다' ]
>>> text = '한글 공부'
>>> mylist.append( text )
>>> print(mylist)
['가', '나', '다', '한글 공부']
```

여기서 아래의 코드를 비교해 보기로 하자.

```
>>> mylist = [ '가', '나', '다' ]
>>> text = '한글 공부'
>>> mylist[0] + text
'가한글 공부'
```

mylist 전체를 연결하는 것이 아니라 mylist의 요소에 해당하는 문자와 문자열 자료형에 해당하는 text를 연결하는 명령은 오류를 발생하지 않았다. +를 사용하여 자료를 연결하는 경우 연결 대상의 자료형이 동일하면 오류가 발생되지 않는 것을 기억하자.

리스트 수정 및 삭제

리스트의 요소를 수정할 때는 인덱스 번호를 적용하여 수정 가능하다.

```
>>> mylist = [1, 2, 3, 5]
>>> mylist[3] = 4
>>> print(mylist)
[1, 2, 3, 4]
```

하나의 요소를 복수개의 요소를 수정하고 싶은 경우 아래의 경우를 참고하자.

```
>>> mylist = [1, 2, 3, 4]
>>> mylist[1] = [20, 30, 40]
>>> print(mylist)
[1, [20, 30, 40], 3, 4]
```

위의 예제에서는 인덱스 번호 1의 요소가 리스트로 대치되었다. 만약 리스트 안에 리스트로 수정하는 것이 아니라 각각의 요소를 리스트 안에 적용하고자 한다면 어떻게 처리하는지 다음의 예제를 살펴보자.

```
>>> mylist = [1, 2, 3, 4]
>>> mylist[1:2]
[2]
>>> mylist[1:2]= [20, 30, 40]
>>> print(mylist)
[1, 20, 30, 40, 3, 4]
```

슬라이싱 [1:2]는 1 <= I < 2에 해당하므로 결국 인덱스 번호 1과 동일하다. 인덱스 1에 해당하는 요소를 리스트가 아닌 여러 개의 요소 값으로 수정한 것을 확인할 수 있다.

리스트 요소를 삭제할 때 하나의 요소만을 삭제할 때는 인덱스 번호를 사용하고, 연속된 여러 개의 요소를 한 번에 삭제하고자 할 때는 슬라이싱을 적용하면 된다.

```
>>> mylist = [1, 2, 3, 4]
>>> mylist[1:3] = [ ]
>>> print(mylist)
[1, 4]
```

삭제를 위하여 del을 사용할 수 있다. del 사용 문법은 다음과 같다.

```
del 삭제대상
```

del을 파이선 키워드에 해당함을 명령어 색으로 확인할 수 있다. 삭제대상에는 괄호()를 표시하여도 된다. 예문은 다음과 같다.

```
>>> mylist = [1, 2, 3, 4]
>>> del mylist[2]
>>> print(mylist)
[1, 2, 4]
```

물론 삭제 대상은 슬라이싱으로 표현되는 범위도 적용 가능하다.

```
>>> mylist = [1, 2, 3, 4]
>>> del mylist[1:3]
>>> print(mylist)
[1, 4]
```

컴퓨팅 사고를 위한 파이선 입문

실습

실습 5-1 : 리스트

turtle을 사용하여 화면에 원하는 메시지가 회오리 효과를 나타내며 5개의 색으로 출력되는 프로그램을 작성해 보세요.

입력: 화면 배경 색, 5개 문자열 색, 표시할 문자열
처리: 5개의 색을 받아서 리스트 생성, 리스트에서 색의 값을 가져와 반영하기, 회오리 효과를 위한 연산
출력: 입력 받은 문자열을 5가지 색으로 화면에 표시

사고력

✔ turtle 모듈 사용에 대한 경험적 추론 사고력
✔ 프로그램의 요구사항을 이해하는 추상화
✔ 하나의 리스트로 5개의 색을 관리하는 조정적 사고력
✔ 앞에서 학습한 '반복하여 값을 입력받는 코드'에 대한 변환적 사고력
✔ 회전을 위한 연산을 이해하는 수학적 사고력
✔ penup과 pendown을 적절히 적용하는 논리적 사고력
✔ 올바른 구성을 완성하는 절차적 사고력

결과 화면

[입력 자료 값 : green → white → black → blue → yellow → red → 행복합니다!]

실습 5-1

```python
1  # -*- coding: utf-8 -*-
2  """
3  파이썬 입문
4
5  실습 5-1 리스트
6  """
7
8  import turtle                    # turtle 모듈 사용
9  t = turtle.Pen()
10 bgcolor = turtle.textinput("배경색", "배경색을 입력하세요. (영문)")
11 turtle.bgcolor(bgcolor)         # 배경색 지정
12
13 colors = [ ]    # 리스트자료형 선언
14 for i in range(5):
15     msg = "%d/5 색을 입력하세요. (영문)"%(i+1)      # 5개 색 입력받기
16     color = turtle.textinput("색선정", msg)
17     colors.append(color)        # 색을 리스트에 추가
18
19 message = turtle.textinput("출력", "화면 표시 단어를 입력하세요.")
20
21 for x in range(50):
22     t.pencolor(colors[x%5]) # 리스트의 5색을 번갈아 사용
23     t.penup()               # 움직임을 화면 표시 안함
24     t.forward(x*5)          # 화면에서 커서 움직임
25     t.pendown()             # 화면에 쓰기 위하여 pen down
26     t.write(message, font=20) # 화면 표시
27     t.left(74)              # 회오리 효과를 위한 회전 (360/5=72)
```

02 튜플

튜플(tuple)은 몇 가지 점을 제외하곤 리스트와 매우 유사하며 리스트와 다른 점은
다음과 같다.

- ○ 리스트는 [과]으로 묶이지만 튜플은 (과)으로 묶인다.
- ○ 리스트는 그 값의 생성, 삭제, 수정이 가능하지만 튜플은 그 값을 수정할 수 없다. 읽기
  전용의 자료를 저장할 때 튜플을 사용하는 것이 적절하다.

컴퓨팅 사고를 위한 파이선 입문

튜플의 문법은 다음과 같다.

튜플_변수명 = (요소1, 요소2, ... , 요소n)

특이한 사항은 요소가 한 개인 경우 반드시 요소 값 뒤에 콤마(,)를 찍는 것이다. 다양한 튜플 변수 선언은 다음과 같다.

```
1 tuple_1 = ( )       # empty tuple
2 tuple_2 = (1, )       # 한 개의 값만을 가진 튜플
3 tuple_3 = ('파이썬', '자바', '엔트리')      #문자열로 구성된 튜플
4 tuple_4 = '파이썬', '자바', '엔트리'        #괄호를 생략한 튜플 선언
5 tuple_5 = (1, '파이썬', (2, '코딩', 3) )  #튜플의 요소로 튜플 사용
```

2줄에서 보듯이 단지 1개의 요소만을 가질 때는 요소 뒤에 콤마(,)를 반드시 붙여야 한다. 4줄의 경우와 같이 괄호를 생략된 경우에도 파이썬은 튜플로 인식한다. 튜플과 리스트는 비슷한 역할을 하지만 프로그래밍을 할 때 튜플과 리스트는 구분해서 사용하는 것이 유리하다. 튜플과 리스트의 가장 큰 차이는 값을 변화시킬 수 있는가 없는가이다. 즉, 리스트의 요소 값은 수정이 가능하고 튜플의 요소 값은 수정이 불가능하다. 따라서 프로그램이 실행되는 동안 그 값이 항상 변하지 않기를 바란다거나 값이 바뀔까 걱정하고 싶지 않다면 튜플을 사용하는 것이 바람직하다. 이와는 반대로 수시로 그 값을 변화시켜야할 경우라면 리스트를 사용해야 한다. 실제 프로그램에서는 값이 변경되는 형태의 변수가 훨씬 많기 때문에 일반적으로 튜플보다는 리스트를 더 많이 사용하게 된다.

튜플의 요소를 리스트처럼 del로 지우려고 한다면 오류가 발생된다.

```
>>> mytuple = ( '가', '나', '다', '라' )
>>> del mytuple[2]
Traceback (most recent call last):
  File "<pyshell#37>", line 1, in <module>
    del mytuple[2]
TypeError: 'tuple' object doesn't support item deletion
```

튜플 자체를 del로 삭제하는 것은 가능하다.

```
>>> mytuple = ( '가', '나', '다', '라' )
>>> del mytuple
>>>
```

튜플은 요소의 값을 수정하지 않을 때 사용하는 자료형이므로 요소 수정을 시행하는 경우 오류가 발생한 것이다. 만약 튜플 자료형의 요소에 수정이 발생되어야 하는 경우는 다음과 같은 절차에 의하여 수정 가능하다.

```
>>> mytuple = ( '가', '나', '다', '라' )
>>> temp = list ( mytuple )
>>> del temp[2]
>>> mytuple = tuple ( temp )
>>> print ( mytuple )
('가', '나', '라')
```

튜플 자료형을 리스트로 변환하고, 리스트에서 수정을 반영한 후, 다시 튜플로 변환하여 수정하였다. 위의 내용은 엄밀히 말하면 튜플을 같은 변수명을 사용하여 재작성한 내용이며 수정은 아니다. 그러나 튜플에서 수정이 어쩔 수 없이 필요한 경우 위와 같은 방법을 활용할 수 있다.
튜플은 +를 활용하여 두 개의 튜플을 연결하여 하나의 튜플을 생성할 수 있다.

```
>>> mytuple1 = ( '가', '나', '다' )
>>> mytuple2 = ( 'A', 'B', 'C' )
>>> mytuple1 + mytuple2
('가', '나', '다', 'A', 'B', 'C')
```

컴퓨팅 사고를 위한 파이선 입문

리스트 또는 문자열과 같이 *를 사용하는 경우 요소를 반복하여 새로운 튜플을 생성할 수 있다.

```
>>> mytuple = ( '가', '나', '다' )
>>> mytuple * 3
('가', '나', '다', '가', '나', '다', '가', '나', '다')
```

튜플 비교하기

비교 연산자(〈 또는 〉)를 튜플에 사용할 수 있으며, 이때 순서(sequence)가 중요하다. 파이선은 각 순서(sequence)에서 비교를 첫 요소부터 시작한다. 만약 두 요소가 같다면, 다음 요소 비교를 진행하며 서로 다른 요소를 찾을 때까지 계속한다. 후속 요소가 아무리 큰 값이라고 하더라도 비교 고려 대상에서 제외된다.

```
>>> tuple1 = ( 1, 3, 5 )
>>> tuple2 = ( 1, 2, 100 )
>>> tuple1 < tuple2
False
>>> tuple3 = ( 0, 10, 20 )
>>> tuple1 > tuple3
True
```

tuple1의 첫 번째 요소와 tuple2의 첫 번째 요소는 값이 같으므로 두 번째 요소를 비교한다. 이때 tuple1의 요소 값은 3이고, tuple2의 요소 값은 2 이므로 tuple2가 더 작은 튜플에 해당한다. 즉, 100이라는 큰 값을 가지고 있다 하여도 앞에서부터 순서대로 비교하며 값의 관계가 성립되면 뒤의 있는 값은 비교에 관여하지 않는 것이다.

실습 5-2 : 튜플

표준 입력 함수 input()을 사용하여 튜플의 요소 값을 생성하는 프로그램을 작성해 보세요.

입력: 튜플의 요소 값
처리: 수정이 불가능한 튜플 자료형에 새로운 값 추가하기
출력: 생성된 튜플의 내용 출력

사고력

✔ 튜플의 개념을 이해하는 추상화 사고력

✔ 반복하여 추가하는 재귀적 사고력

✔ 변수 선언을 통하여 추가 작업을 준비하는 캐시적(cache) 사고력

✔ 순차적으로 명령문을 구성하는 절차적 사고력

결과 화면

```
====== RESTART: C:/Users/Han/Desktop/python교재
튜플의 요소 값을 입력 하세요 (Q: 끝내기) : 1
튜플의 요소 값을 입력 하세요 (Q: 끝내기) : 2
튜플의 요소 값을 입력 하세요 (Q: 끝내기) : 3
튜플의 요소 값을 입력 하세요 (Q: 끝내기) : 4
튜플의 요소 값을 입력 하세요 (Q: 끝내기) : 5
튜플의 요소 값을 입력 하세요 (Q: 끝내기) : Q
('1', '2', '3', '4', '5')
>>>
```

실습 5-2

```python
1 # -*- coding: utf-8 -*-
2 """
3 파이선 입문
4
5 실습 5-2 튜플
6 """
7
8 mytuple = ( )       # 튜플 자료형 생성
9
10 while True:         #반복
11     value = input("튜플의 요소 값을 입력 하세요 (Q: 끝내기) : ")
12     if value == 'Q':            #끝내기
13         break
14     new_tuple = (value,)     #입력 값으로 튜플 생성
15     mytuple = mytuple + new_tuple     #기존의 튜플에 요소 추가
16
17 print(mytuple)
```

03 딕셔너리

어떠한 자료에 대한 짧은 설명을 작성할 때 "대상"="설명"으로 표현할 수 있다. 파이선에 이런 관계를 표현할 수 있는 자료형이 있다. 요즘 사용하는 대부분의 프로그램 언어들도 이러한 대응 관계를 나타내는 자료형을 갖고 있으며, 이를 연관 배열(Associative array) 또는 해시(Hash)라고 한다.

파이선에서는 이러한 자료형을 딕셔너리(Dictionary)라고 하는데, 단어 그대로 해석하면 사전이라는 뜻이다. 즉, English라는 단어에 "영어", language라는 단어에 "언어"라는 뜻이 부합되듯이 딕셔너리는 Key와 Value라는 것을 한 쌍으로 갖는 자료형이다. 예컨대 Key가 "language"이라면 Value는 "언어"가 되는 것이다.

딕셔너리는 리스트나 튜플처럼 순차적으로(sequential) 해당 요소값을 구하지 않으며 Key를 통해 Value를 얻는다. 이것이 바로 딕셔너리의 가장 큰 특징이다. language라는 단어의 뜻을 찾기 위해 사전의 내용을 순차적으로 모두 검색하는 것이 아니라 language라는 단어가 있는 곳만 펼쳐 보며 연관 설명을 접근하는 것이다.

딕셔너리 생성

딕셔너리 자료형을 생성하는 문법은 다음과 같다.

```
딕셔너리_변수명 = { Key1 : Value1, Key2 : Value2, ... , Keyn : Valuen }
```

Key와 Value의 쌍 여러 개가 { 과 }로 묶여 있다. 각각의 요소는 Key : Value 형태로 이루어져 있고 쉼표(,)로 구분되어 있다. 이때 Key는 숫자와 문자열을 사용하고, Value에는 숫자와 문자열 이외에 리스트를 사용할 수 있다. 아래의 딕셔너리 예를 살펴보자.

```
>>> dic = { 'name' : '길동', 'phone' : '01012345678', 'birth' : '0707' }
```

위에서 Key는 각각 'name', 'phone', 'birth'이고, 각각의 Key에 해당하는 Value 는 '길동', '01012345678', '0707'이 된다. 위의 예제는 Key 값이 문자열인 경우였으며, 다음은 Key 값이 숫자 즉, 정수 자료형인 경우이다.

```
>>> dic = { 1 : '한국어', 2 : '영어', 3 : '중국어' }
```

Key 값으로 리스트 자료형은 사용할 수 없다. 아래의 예를 통하여 확인해 보기로 하자.

```
>>> dic = { [ 'name', 'phone' ] : [ '길동', '01012345678' ] }
Traceback (most recent call last):
  File "<pyshell#38>", line 1, in <module>
    dic = { [ 'name', 'phone' ] : [ '길동', '01012345678' ] }
TypeError: unhashable type: 'list'
```

Value 부분에는 기본 자료형이 사용될 수 있을 뿐 아니라 아래와 같이 컬렉션 자료형에 해당하는 리스트가 사용될 수도 있다.

```
>>> dic = { 'fruit' : [ '사과', '바나나', '딸기', '토마토' ] }
```

딕셔너리의 키 값이 중복으로 사용된 경우에는 Key 값 중 하나의 요소는 무시되

컴퓨팅 사고를 위한 파이선 입문

므로 중복된 Key값을 사용하지 않도록 주의해야 한다. 중복된 Key 값의 사용 예는 다음과 같다.

```
>>> dic = { 1 : '한국어', 1 : '영어' }
>>> dic
{1 : '영어'}
```

요소 추가하기

딕셔너리의 값을 추가할 때는 Key에 대한 Value를 제공해야 하며, 방법은 다음과 같다.

```
딕셔너리_변수명[Key] = Value
```

위와 같이 정의하는 경우 { Key : Value}의 값이 해당하는 딕셔너리 변수명에 추가된다. 사용의 예문을 다음과 같다.

```
>>> dic = { 'fruit' : [ '사과', '바나나', '딸기', '토마토' ] }
>>> dic[ 'vegetable' ] = '오이'
>>> dic
{'fruit': ['사과', '바나나', '딸기', '토마토'], 'vegetable': '오이'}
```

리스트 또는 튜플에서 [ ]는 인덱싱을 위하여 사용되었으나, 딕셔너리에서는 Key 값을 표시할 때 사용됨을 알 수 있다.

요소 삭제하기

딕셔너리에서 요소 삭제를 위한 문법은 다음과 같다.

```
del 딕셔너리_변수명[ Key ]
```

위와 같이 삭제 대상의 Key값을 사용하여 요소를 삭제한다. 딕셔너리의 요소 삭제 예문은 다음과 같다.

```
>>> print( dic )
{'fruit': ['사과', '바나나', '딸기', '토마토'], 'vegetable': '오이'}
>>> del dic[ 'fruit' ]
>>> dic
{'vegetable': '오이'}
```

딕셔너리의 Key 삭제를 통하여 Key : Value 요소가 모두 삭제되었음을 확인할 수 있다.

Value 검색

딕셔너리에서 Key 값을 사용하여 대응하는 Value 값을 검색하는 방법은 다음과 같다.

```
딕셔너리_변수명[ Key ]
```

리스트는 요소 값을 검색할 때 인덱싱이나 슬라이싱 기법 중 하나를 이용했다. 하지만 딕셔너리는 Key 값을 적용해서 Value 값을 검색한다. 예문은 다음과 같다.

```
>>> print( dic )
{'fruit': ['사과', '바나나', '딸기', '토마토'], 'vegetable': '오이'}
>>> dic[ 'fruit' ]
['사과', '바나나', '딸기', '토마토']
>>> dic[ 'vegetable' ]
'오이'
```

Key 리스트 생성

Key 값에 해당하는 내용만을 묶어서 리스트를 생성할 수 있다.

```
>>> dic = { 1 : '한국어', 2 : '영어', 3 : '중국어' }
>>> dic.keys()
dict_keys([1, 2, 3])
>>> for i in dic.keys():
        print(i)

1
2
3
```

만약 Key 값들을 리스트 형태로 저장하고 싶다면 다음과 같이 list() 형변환을 적용하면 된다.

```
>>> dic = { 1 : '한국어', 2 : '영어', 3 : '중국어' }
>>> list( dic.keys() )
[1, 2, 3]
```

Value 리스트 생성

Key를 얻는 것과 마찬가지 방법으로 Value만 얻고 싶다면 values()를 다음과 같이 사용하면 된다.

```
>>> dic = { 1 : '한국어', 2 : '영어', 3 : '중국어' }
>>> dic.values()
dict_values(['한국어', '영어', '중국어'])
```

리스트로 저장하고 싶은 경우 Key와 마찬가지로 list() 형변환을 적용하면 된다.

Key 존재 확인

특정한 값이 딕셔너리 변수에 Key 값으로 존재하는지 확인이 가능하다.

```
Key in 딕셔너리_변수명
```

1이라는 값이 해당 딕셔너리에 Key 값으로 존재하는지 확인하는 예문은 다음과 같다.

```
>>> dic = { 1 : '한국어', 2 : '영어', 3 : '중국어' }
>>> 1 in dic
True
>>> '한국어' in dic
False
```

위의 경우 '한국어'는 Key 값이 아니므로 존재 여부 확인의 결과는 거짓으로 처리된다.

컴퓨팅 사고를 위한 파이선 입문

요소 삭제

딕셔너리를 삭제하는 것은 del을 사용하면 된다. 만일 딕셔너리가 포함한 모든 요소를 삭제하려면, clear( )를 사용할 수 있다.

```
>>> dic = { 1 : '한국어', 2 : '영어', 3 : '중국어' }
>>> dic
{1: '한국어', 2: '영어', 3: '중국어'}
>>> dic.clear()
>>> dic
{}
```

딕셔너리가 포함하고 있는 모든 요소를 삭제하고 새로운 요소로 딕셔너리를 재구성할 수 있다.

실습 5-3 : 딕셔너리

Key 값의 중복 여부를 확인한 후 중복되지 않는 Key 값으로 딕셔너리를 생성하는 프로그램을 작성해 보세요.

입력: Key 값, Key에 대응하는 Value 값, 반복 여부
처리: 입력 받은 Key 값이 이미 존재하는가 확인 후 존재하지 않는 값인 경우 대응하는 Value 값을 입력 받아 딕셔너리를 생성하고, 사용자가 원할 때까지 반복하여 처리
출력: 딕셔너리 내용 (key : value)

사고력
✔ 딕셔너리를 설계하여 적용할 수 있는 추상적 사고력
✔ 반복하여 처리하기 위한 반복적 사고력
✔ 출력 방식을 위하여 딕셔너리의 내용을 리스트로 표현하는 변환적 사고력
✔ 학습한 변수를 올바르게 적용하기 위한 변환적 사고력

```
============== RESTART: D:/Book/python/source
============ 딕셔너리 생성 ============
새로운 key를 입력하셔요 : 다리
다리에 해당하는 value값을 입력하세요 : leg
입력을 계속하기 원하나요? (Y/N) y
============ 딕셔너리 생성 ============
새로운 key를 입력하셔요 : 다리
### 다리: 이미 존재하는 key 값입니다.
============ 딕셔너리 생성 ============
새로운 key를 입력하셔요 : 교각
교각에 해당하는 value값을 입력하세요 : bridge
입력을 계속하기 원하나요? (Y/N) y
============ 딕셔너리 생성 ============
새로운 key를 입력하셔요 : 책상
책상에 해당하는 value값을 입력하세요 : desk
입력을 계속하기 원하나요? (Y/N) n
다리 : leg
교각 : bridge
책상 : desk
>>>
```

실습 5-3

```python
1 # -*- coding: utf-8 -*-
2 """
3 파이선 입문
4
5 실습 5-3 딕셔너리
6 """
7
8 my_dict = { }
9
10 while True:              #반복문
11     print("="*12, "딕셔너리 생성", "="*12)
12     new_key = input("새로운 key를 입력하셔요 : ")
13     if new_key in my_dict:      #이미 사용되는 key 값
14         print("### %s: 이미 존재하는 key 값입니다."%new_key)
15         continue            #다시 묻기
16     message = "%s에 해당하는 value값을 입력하세요 : "%new_key
17     value = input(message)          #key에 해당하는 value 값
18     my_dict[new_key] = value      #딕셔너리에 추가
19     more = input("입력을 계속하기 원하나요? (Y/N) ")
20     if more == 'N' or more == 'n':
21         break
22
23 key_list = list(my_dict.keys())
24 value_list = list(my_dict.values())
25 for i in range(len(key_list)):      #요소의 개수만큼 반복
26     print(key_list[i], ':', value_list[i])
```

컴퓨팅 사고를 위한 파이선 입문

연습문제

1. 다이어트를 위하여 음식을 먹을 때마다 칼로리를 입력하여 하루 총 섭취 칼로리를 계산하는 프로그램을 작성하려고 합니다. 칼로리를 기록하는 자료형은 리스트를 적용하며, 리스트의 모든 요소들의 입력이 완료되면 전체 요소들의 합을 계산하는 프로그램을 구현해 보세요.

2. 다양한 자료형을 입력받아 튜플 자료를 생성한 후 자료형별로 구분하여 튜플을 재구성하는 프로그램을 작성해 보세요.

   [예] 입력 받은 자료가 (1, 'A', True, 'B', 2, 3, False)인 경우

   　(1, 2, 3) ('A', 'B') (True, False) 3개의 튜플 생성

3. 딕셔너리 자료형을 사용하여 나만의 영어사전을 만드는 프로그램을 작성해 보세요. 자료의 입출력은 turtle을 활용하여 구현하세요.

   [실행 과정]

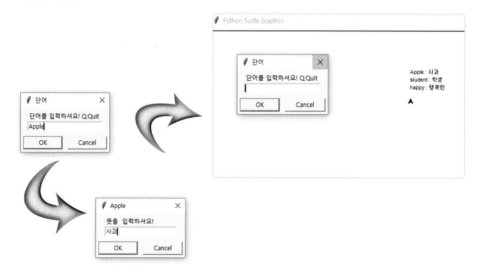

[힌트 1] turtle창에 사전 내용을 표시하기 위하여 위치 이동

```
import turtle
t=turtle.Pen()
t.penup()        # 이동궤적 표기  금지
my_dict={}       # 딕셔너리 생성
t.lt(90)         # 방향을 왼쪽 90도로 지정
t.fd(250)        # 위로 250 이동
```

[힌트 2] 반복하여 자료를 입력 받기

```
while True:
    word=turtle.textinput("단어", "단어를 입력하셔요! Q:Quit ")
    if word == 'Q':
        break        #반복 입력 종료
    meaning=turtle.textinput(word, "뜻을 입력하셔요! ")
```

[힌트 3] 사전의 내용 창에 출력 하기

```
t.write(word + ' : ' + meaning)        # turtle 창에 표시
```

컴퓨팅 사고를 위한 파이선 입문

연산자

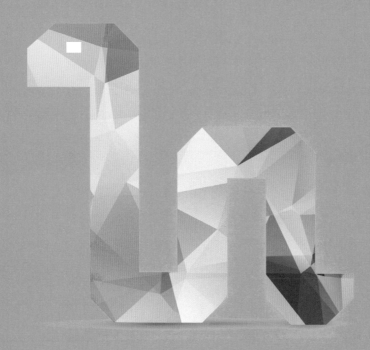

01 산술 연산자

데이터를 처리하기 위하여 다양한 연산자가 필요하다. 연산은 약속된 규칙에 따라 프로그램을 처리하여 결과를 제공한다. 연산에 적용되는 다양한 기호들을 연산자(operator)라고 하며, 연산에 참여하는 변수 또는 값은 피연산자(operand)라고 한다.

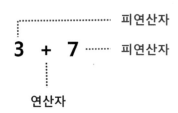

연산자에는 기본적인 사칙연산 및 정수와 실수를 처리하기 위한 산술 연산자, 값을 비교할 수 있는 관계 연산자, 조건을 판단할 수 있도록 불(bool)형을 계산하는 논리 연산자 등이 있다. 각 연산에 적용되는 연산자들의 요약은 다음과 같다.

종류	예
산술 연산자	+, -, *, /, //, %, **
관계 연산자	>, <, ==, !=, >=, <=
논리 연산자	and, or, not

산술 연산자의 결과는 숫자 값으로 나오며, 관계 연산자와 논리 연산자의 결과는 불(bool)형에 해당하는 True 또는 False의 값으로 나온다.

파이선의 산술 연산자는 다음과 같다.

컴퓨팅 사고를 위한 파이선 입문

연산자	기능	사용 예	의미
+	더하기	z = x + y	x와 y를 더한 값을 z에 대입
-	빼기	z = x - y	x에서 y를 뺀 값을 z에 대입
*	곱하기	z = x * y	x와 y를 곱한 값을 z에 대입
/	나누기	z = x / y	x를 y로 나눈 값을 z에 대입
//	나누기 (몫)	z = x // y	x를 y로 나눈 뒤 몫의 값만 z에 대입
%	나머지	z = x % y	x를 y로 나눈 뒤 나머지 값을 z에 대입
**	제곱	z = x ** 3	x의 3제곱을 z에 대입
=	대입 연산자	z = 100	정수 100을 z에 대입

위의 경우에 변수 x와 y의 값은 연산식을 실행하기 이전에 반드시 값이 정해져 있어야 오류가 나지 않는다.

```
>>> z = x + y
Traceback (most recent call last):
  File "<pyshell#65>", line 1, in <module>
    z = x + y
NameError: name 'x' is not define
```

피연산자는 앞의 표와 같이 변수명이 올 수 있으며, 파이썬 기본 자료형에 해당하는 정수 또는 실수가 올 수 있다. 또한 컬렉션 자료형인 리스트의 요소를 피연산자로 적용할 수도 있다.

```
>>> num_list = [ 22, 15, 33, 10, 3, 12, 5, 8 ]
>>> num_list [0] = num_list [0] + 30
>>> num_list [1] = num_list [1] - 8
>>> num_list [2] = num_list [2] * 3
>>> num_list [3] = num_list [3] / 3
>>> num_list [4] = num_list [4] // 2
>>> num_list [5] = num_list [5] % 10
>>> num_list [6] = num_list [6] ** num_list [7]
>>> num_list [7] = 0
>>> print( num_list )
[52, 7, 99, 3.3333333333333335, 1, 2, 390625, 0]
```

대입 연산자 없이 단순 연산을 실행한 경우는 그 변화 값이 반영되지 않는다.

```
>>> num_list = [ 5, 10, 15 ]
>>> print( num_list [1] + 34 )
44
>>> print( num_list )
[5, 10, 15]
```

산술 연산과 대입 연산을 동시에 처리하는 복합 대입 연산자가 존재한다.

복합 대입 연산자	사용 예	설명
+=	x += 5	x = x + 5
- =	x -= 5	x = x - 5
*=	x *= 5	x = x * 5
/=	x /= 5	x = x / 5
//=	x //= 5	x = x // 5
%=	x %= 5	x = x % 5
**=	x **= 5	x = x ** 5

컴퓨팅 사고를 위한 파이선 입문

산술 연산자와 다르게 복합 대입 연산자를 적용하면 원래의 값이 변화된다.

```
>>> num_list = [ 5, 10, 15 ]
>>> num_list [1] += 34
>>> print( num_list )
[5, 44, 15]
```

복수 산술 연산자

하나의 산술 연산자만을 사용하는 계산식이 아닌 복수의 산술 연산자를 사용하는 계산식도 가능하다. 예를 들어 외국에서 화씨로 온도를 알려주는 경우, 섭씨온도를 사용하는 우리는 화씨온도에 대한 정보를 바로 파악하기 힘들다. 이런 경우 여러 개의 산술 연산자로 구성된 계산식을 작성하여 처리하면 된다.

```
>>> F = int( input ("화씨 온도를 입력하세요 : ") )
화씨 온도를 입력하세요 : 24
>>> C = ( F - 32 ) * 5 / 9
>>> print( "화씨 %d도의 섭씨온도는 %d도 입니다." % ( F, C ) )
화씨 24도의 섭씨온도는 -4도 입니다.
```

기타 산술 연산

산술 연산자를 활용하는 방법 이외에 함수를 사용하여 산술 처리를 할 수 있다. 절댓값을 계산하는 abs( ) 함수, 반올림을 계산하는 round( ) 함수 등이 있다.

```
>>> abs ( -128 )
128
>>> round ( 3.5 )
4
```

그 외 산술 연산자로 처리가 불가능한 산술식의 경우에는 산술 연산을 위하여 다양한 기능을 제공하는 math 모듈을 사용할 수 있다. 예를 들어 주어진 산술 연산자만을 가지고 제곱근을 계산할 방법이 없다. 이런 경우 math 모듈에서 제공하는 sqrt( ) 함수를 사용한다. 또한 소숫점 이하의 값에 대한 버림을 연산하는 trunc( ), 팩토리얼을 계산하는 factorial( ) 등을 활용할 수 있다.

```
>>> import math
>>> math.sqrt ( 25 )
5.0
>>> math.trunc ( 3.9 )
3
>>> math.factorial ( 5 )
120
```

컴퓨팅 사고를 위한 파이선 입문

실습 6-1 : 산술 연산자

거스름돈에 대한 금액을 계산하여 최소 개의 지폐 및 동전으로 거슬러 주는 프로그램을 작성해 보세요.

입력: 받아야 할 금액, 받은 금액
처리: 받은 금액이 받아야 할 금액보다 큰가 확인한 이후, 가장 적은 지폐 및 동전으로 거스름돈 구성
출력: 받은 금액에 대한 적절한 메시지를 출력한 후, 거스름돈에 대한 지폐 및 동전 단위 개수 출력

사고력

✔ 거스름돈 처리를 위한 수학적 사고력
✔ 적절한 메시지 출력을 위한 논리적 사고력
✔ 거스름돈을 최소 단위로 구성하기 위한 분해적 사고력
✔ 거스름돈 금액을 동전으로 표현할 수 있는 코드적 사고력
✔ 산술 연산자를 활용할 수 있는 추상적 사고력
✔ 거스름돈에서 계산된 부분을 제외시킨 후 적용하는 재귀적 사고력
✔ 올바르게 프로그램을 작성하는 알고리즘적 사고력

결과 화면

```
=============== RESTART: D:/Book/python
>>>
받아야할 금액을 입력하세요: 47530
지불한 금액을 입력하세요: 100000
==============================
5만원권 : 1 장
1천원권 : 2 장
1백원동전 : 4 개
5십원동전 : 1 개
1십원동전 : 2 개
>>>
```

```python
1 # -*- coding: utf-8 -*-
2 """
3 파이선 입문
4
5 실습 6-1 산술 연산자
6 """
7
8 amount = int (input("받아야할 금액을 입력하세요: ") )
9 paid = int (input("지불한 금액을 입력하세요: ") )
10
11 if paid < amount:       #내야할 돈 보다 적게 지불함
12     print( "돈이 모자릅니다!" )
13 elif paid == amount:       #받아야할 돈과 받은 돈이 같음
14     print( "정확한 액수를 지불하셨습니다!\n감사합니다!" )
15 else:      #거스름돈 발생
16     print( "=" * 30 )
17     change = paid - amount
18
19     c50000 = change // 50000      # 5만원권 거스름
20     if c50000:     # 5만원의 거스름돈이 있는 경우
21         print( "5만원권 : %d 장" % c50000 )
22     change %= 50000             # 5만원 거스름 제외
23
24     c10000 = change // 10000     # 1만원권 거스름
25     if c10000:      # 1만원의 거스름돈이 있는 경우
26         print( "1만원권 : %d 장" % c10000 )
27     change %= 10000             # 1만원 거스름 제외
28
29     c5000 = change // 5000        # 5천원권 거스름
30     if c5000:      # 5천원의 거스름돈이 있는 경우
31         print( "5천원권 : %d 장" % c5000 )
32     change %= 5000              # 5만원 거스름 제외
33
34     c1000 = change // 1000        # 1천원권 거스름
35     if c1000:      # 1천원의 거스름돈이 있는 경우
36         print( "1천원권 : %d 장" % c1000 )
37     change %= 1000              # 1천원 거스름 제외
38
39     c500 = change // 500          # 5백원 동전 거스름
40     if c500:     # 500원의 거스름 동전이 있는 경우
41         print( "5백원동전 : %d 개" % c500 )
42     change %= 500               # 5백원 동전 거스름 제외
43
44     c100 = change // 100          # 1백원 동전 거스름
45     if c100:     # 100원의 거스름 동전이 있는 경우
46         print( "1백원동전 : %d 개" % c100 )
47     change %= 100               # 1백원 동전 거스름 제외
48
49     c50 = change // 50            # 5십원 동전 거스름
50     if c50:     # 50원의 거스름 동전이 있는 경우
51         print( "5십원동전 : %d 개" % c50 )
52     change %= 50                # 5십원 동전 거스름 제외
```

컴퓨팅 사고를 위한 파이선 입문

```
53
54      c10 = change // 10               # 1십원 동전 거스름
55      if c10:    # 10원의 거스름 동전이 있는 경우
56          print( "1십원동전 : %d 개" % c10 )
57      change %= 10                     # 1십원 동전 거스름 제외
58
59      if change:      #지불 안하는 1원 단위 거스름돈
60          print( "지불 안하는 잔돈은 %d원 입니다." % change )
```

02 관계 연산자

관계 연산자는 값을 비교할 때 사용하며, 비교의 결과는 참(True: 1) 또는 거짓 (False: 0)이다. 선택문이나 반복문에서 조건을 확인하는 경우에 사용하며, 관계 연 산자를 적용하는 비교만을 단독으로 사용하지는 않는다.

관계 연산자	사용 예	의미
==	a == b	a와 b는 같은가?
!=	a != b	a와 b는 같지 않은가?
>	a > b	a는 b보다 큰가?
<	a < b	a는 b보다 작은가?
>=	a >= b	a는 b보다 크거나 같은가?
<=	a <= b	a는 b보다 작거나 같은가?

두 개의 값이 주어졌을 때 비교 가능하며, 주어진 관계 연산자를 만족시키면 참을, 만족시키지 않으면 거짓의 값을 갖게 된다.

```
>>> a = 3;  b = 10
>>> a == b
False
>>> a < b
True
```

선택문을 위한 관계 연산자

조건이 만족되었을 경우에 특정 명령문을 실행하고자 할 때 관계 연산자를 활용한다.

예제 6-2

```
 1 # -*- coding: utf-8 -*-
 2 """
 3 파이선 입문
 4
 5 예제 6-2 관계 연산자
 6 """
 7
 8 age = int ( input ("만 나이를 입력하세요: ") )
 9
10 if age >= 19:      # 만 19세 이상이 참인 경우
11     print( "투표하실 수 있습니다!" )
12 else:             # 만 19세 이상이 거짓인 경우
13     print( "%d년 후 부터 투표 가능합니다!" %( 19 - age ) )
```

if문에 제시된 관계 연산자의 결과가 참인 경우에 if문에 종속된 명령문이 실행된다. 반면, if문에서 제시한 관계 연산자의 결과가 거짓인 경우는 else에 종속된 명령문이 실행된다.

```
=============== RESTART
만 나이를 입력하세요: 24
투표하실 수 있습니다!
>>>
```

```
=============== RESTART
만 나이를 입력하세요: 15
4년 후 부터 투표 가능합니다!
>>>
```

컴퓨팅 사고를 위한 파이선 입문

반복문을 위한 관계 연산자

조건이 만족되었을 경우에 특정 명령문을 반복하고자 할 때 관계 연산자를 활용한다.

예제 6-2A

```
 1 # -*- coding: utf-8 -*-
 2 """
 3 파이선 입문
 4
 5 예제 6-2A 관계 연산자 : 반복문
 6 """
 7
 8 time = 0
 9
10 while time < 10:      # 10번을 반복하지 않았다면,
11     time = time + 1
12     print( "%d번 반복했습니다!" % time )
13
14 print( "==== 반복 완료 ====" )
```

10번의 반복을 실행한 후 종료할 수 있는 경우라면, 반복을 계수하는 변수를 사용하면서 반복회수가 10이 안된 경우는 계속하여 반복하도록 명령할 수 있다. 일반적으로 10번의 반복을 실행하는 경우는 for문을 사용하지만, 예제에서는 관계 연산자 활용을 위하여 while문을 적용하였다.

```
============== RESTART
1번 반복했습니다!
2번 반복했습니다!
3번 반복했습니다!
4번 반복했습니다!
5번 반복했습니다!
6번 반복했습니다!
7번 반복했습니다!
8번 반복했습니다!
9번 반복했습니다!
10번 반복했습니다!
==== 반복 완료 ====
>>>
```

```
>>> for i in range(1, 11):   # 1~10까지 반복
        print( "%d번 반복습니다!" % i)

1번 반복했습니다!
2번 반복했습니다!
3번 반복했습니다!
4번 반복했습니다!
5번 반복했습니다!
6번 반복했습니다!
7번 반복했습니다!
8번 반복했습니다!
9번 반복했습니다!
10번 반복했습니다!
>>>
```

실습 6-2 : 관계 연산자

성적이 90 이상이면 A, 80 이상은 B, 70 이상은 C, 60 이상은 D, 60 미만이면 F를 주는
성적 산출 프로그램을 작성해 보세요.

입력: 100점 만점으로 산출한 점수
처리: 점수에 맞는 학점 연산
출력: 점수에 해당하는 학점 출력

사고력

✔ 학점을 이해하는 추상화 사고력

✔ 성적에 알맞은 조건식을 만들기 위한 논리적 사고력

✔ 학습한 관계 연산자를 적용할 수 있는 경험적 추론 사고력

✔ 순차적으로 명령문을 구성하는 절차적 사고력

결과 화면

```
============== RESTART: D:/Book/python
100점 만점으로 계산된 점수를 입력하세요 : 91
91에 대한 학점은 A 입니다.
>>>
============== RESTART: D:/Book/python
100점 만점으로 계산된 점수를 입력하세요 : 75
75에 대한 학점은 C 입니다.
>>>
============== RESTART: D:/Book/python
100점 만점으로 계산된 점수를 입력하세요 : 55
55에 대한 학점은 F 입니다.
>>>
```

```
 1 # -*- coding: utf-8 -*-
 2 """
 3 파이썬 입문
 4
 5 실습 6-2 관계 연산자
 6 """
 7
 8 score = int ( input("100점 만점으로 계산된 점수를 입력하세요 : ") )
 9
10 if score >= 90:      #90점 이상인 경우
11     grade = 'A'
12 elif score >= 80:    #90 미만 80 이상
13     grade = 'B'
14 elif score >= 70:    #80 미만 70 이상
15     grade = 'C'
16 elif score >= 60:    #70 미만 60 이상
17     grade = 'D'
18 else:                #60 미만
19     grade = 'F'
20
21 print ( "%d에 대한 학점은 %s 입니다." % ( score, grade) )
```

03 논리 연산자

논리 연산자는 True 또는 False로 결정된 자료에 추가적으로 조건을 적용하여 참과 거짓을 판별하는 연산자이다. 논리 연산자는 and, or, not 3개가 사용되고 있다.

a의 값이 5인 경우 논리 연산자의 활용을 살펴보자.

논리 연산자	역할	사용 예	의미
and	논리곱	(a >= 5) and (a < 10)	✓ (a는 5보다 크거나 같다) 그리고 (a는 10보다 작다) ✓ True and True ✓ 결과는 True (참)
or	논리합	(a == 5) or (a == 50)	✓ (a는 5와 같다) 또는 (a는 50과 같다) ✓ True or False ✓ 결과는 True (참)
not	논리부정	not (a == 5)	✓ (a는 5와 같다)가 아니다 ✓ not True ✓ 결과는 False (거짓)

논리의 곱(and)은 논리 연산자로 연결된 모든 조건들이 참인 경우에만 결과가 참으로 나오며, 논리의 합(or)은 논리 연산자로 연결된 조건들 중에 하나의 값이라도 참인 경우이면 결과가 참으로 나온다.

실습

실습 6-3 : 논리 연산자

1~50까지의 수 가운데
  1) 짝수이면서 3의 배수인 수
  2) 3의 배수 또는 7의 배수에 해당하는 수
  3) 5의 배수가 아닌 수
3개의 숫자들을 구분하는 프로그램을 작성해 보세요.

입력: 1~50의 수
처리: 조건에 맞는 수로 구성된 리스트 생성
출력: 생성된 리스트 출력

사고력

✔ 논리 연산자를 적용하여 논리식을 구성할 수 있는 논리적 사고력

✔ 반복하여 1~50까지 적용할 수 있는 반복적 사고력

✔ 앞에서 학습한 리스트 생성에 대한 경험적 추론 사고력

✔ 3의 배수, 5의 배수, 7의 배수를 이해하는 변환적 사고력

✔ 명령어를 순차적으로 구성하는 절차적 사고력

결과 화면

```
=============== RESTART: D:/Book/python/source_code/chap6_실습3.py ===============
50까지의 수에서 짝수이면서 3의 배수는 :
 [6, 12, 18, 24, 30, 36, 42, 48]
50까지의 수에서 3의 배수 이거나 7의 배수는 :
 [3, 6, 7, 9, 12, 14, 15, 18, 21, 24, 27, 28, 30, 33, 35, 36, 39, 42, 45, 48, 49]
50까지의 수에서 5의 배수가 아닌 수는 :
 [1, 2, 3, 4, 6, 7, 8, 9, 11, 12, 13, 14, 16, 17, 18, 19, 21, 22, 23, 24, 26, 27, 28, 29, 31, 32, 33, 34, 36,
37, 38, 39, 41, 42, 43, 44, 46, 47, 48, 49]
>>>
```

실습 6-3

```python
1 # -*- coding: utf-8 -*-
2 """
3 파이썬 입문
4
5 실습 6-3 논리 연산자
6 """
7
8 num_list1 = [ ]   # 리스트 변수명 생성
9 num_list2 = [ ]   # 리스트 변수명 생성
10 num_list3 = [ ]   # 리스트 변수명 생성
11
12 for i in range(1, 51):   # 1 ~ 50까지의 수
13     if ( i % 2 == 0 ) and ( i % 3 == 0 ):   # 짝수 이면서 3의 배수
14         num_list1.append(i)
15     if ( i % 3 == 0 ) or ( i % 7 == 0 ):   # 3의 배수 이거나 7의 배수
16         num_list2.append(i)
17     if not ( i % 5 == 0 ):   #5의 배수가 아님
18         num_list3.append(i)
19
20 print ( "50까지의 수에서 짝수이면서 3의 배수는 : \n", num_list1 )
21 print ( "50까지의 수에서 3의 배수 이거나 7의 배수는 : \n", num_list2 )
22 print ( "50까지의 수에서 5의 배수가 아닌 수는 : \n", num_list3 )
```

1. "Q"가 입력될 때까지 가격을 계속해서 입력 받으며, 가격을 입력 받을 때 부가세 항목여부를 물은 뒤 모든 입력이 끝나면 부가세 항목은 가격의 12%를 합산하여 계산하고, 나머지는 가격에 해당하는 금액만 합산하여 총액을 계산하는 프로그램을 구현해 보세요.

2. 기본 입장료가 10000원인 곳에서 할인율이 다음과 같을 때 입장객의 입장료를 계산하는 프로그램을 작성해 보세요. 두 개 할인에 대한 중복 적용 가능한 경우로 계산하여 구현하세요.

   [할인율] 조조할인 : -1000원

   심야할인 : -1500원

   미취학 아동 할인 : -6000원

   청소년 할인 : -3000원

   경로 우대 할인 : -5000원

   [입력] ① 전체 입장 인원수와 함께 미취학 아동 수, 청소년 수, 경로 우대 대상 인원 수

   ② 입장 시간은 10시 이전은 조조, 18시 이후는 심야

3. 연도를 입력 받아 그 해가 윤년인지 아닌지 판별하는 프로그램을 작성해 보세요.

   [Hint] 윤년 계산식:

   ☑ 4로 나누어서 떨어지는 해

   ☑ 4로 나누어서 떨어지지만 100으로 나누어서 떨어지는 해는 제외

   ☑ 단, 400으로 나누어서 떨어지는 해는 윤년

4. 입력 받은 패스워드가 영문자, 숫자, 특수문자(!, #, $, %, &) 모두를 포함하고 있는 경우에만 사용 가능한 경우, 사용 가능한 패스워드인지 아닌지 판별하는 프로그램을 작성해 보세요.

3개의 조건을 모두 만족하는지 논리 연산자 활용

```
>>> string = "passwd1$"
>>> for char in string:
        if char in ['!', '#', '$', '%', '&']:
                special_char = True

>>> string = "passwd1$"
>>> for char in string:
        if char.isdigit():
                digit_check = True
```

제어문

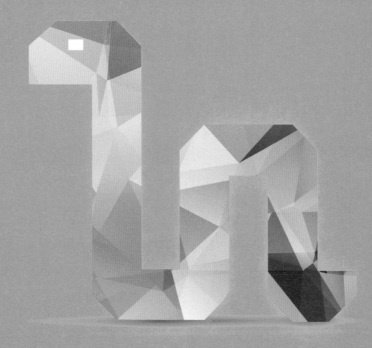

컴퓨터 프로그래밍을 하는 것은 특정 프로그램 언어로 명령문을 만드는 것이며, 명령문이 실행되면서 입력, 출력, 그리고 처리의 내용을 제어하므로 명령문을 제어문이라고도 한다. 제어문은 크게 3가지로 구분된다.

- 순차(sequence)
- 선택(selection)
- 반복(iteration)

제어문의 구성이 분기되는 상황 없이 단순하게 위에서 아래로 순차적으로 명령문이 실행되는 기본 구성을 순차문이라 한다.

x의 값을 입력 받은 뒤, y의 값을 입력 받아 x와 y의 합을 계산하여 출력하는 프로그램의 경우, 오른쪽의 순서도와 같이 명령문이 구성되며, 순차적으로 명령문을 구성하여 실행하면 된다. 이러한 명령문의 구성을 순차문이라 하며, 제어의 흐름이 특정 조건에 의하여 분기되지 않으며, 주어진 상황에 맞게 반복 처리가 발생되지도 않는 단순한 제어문의 구조에 해당한다.

주어진 순서도의 실제 코드는 다음과 같다.

```
 1 # -*- coding: utf-8 -*-
 2 """
 3 파이선 입문
 4
 5 실습 7-1 순차문 예시
 6 """
 7
 8 x = int ( input ( "x의 값을 입력하세요: " ) )
 9 y = int ( input ( "y의 값을 입력하세요: " ) )
10
11 print ( " x + y = %d " %(x+y) )
```

이같이 입력 받아서 처리하여 출력하는 가장 기본적인 명령문이 순차문에 해당한다. 순차문을 작성하기 위한 추가적인 문법은 요구되지 않는다. 입출력에 대한 명령문과 단순한 산술 연산자만으로 구성되는 명령문들의 집합이 순차문에 해당한다.

실습

실습 7-1 : 순차문

turtle을 활용하여 4각형을 그리기 위하여 가로 길이, 세로 길이, 도형의 선 색상, 선의 굵기를 차례로 입력 받아 실행하는 프로그램을 작성해 보세요.

 입력: 가로 길이, 세로 길이, 선 색상, 선 굵기
처리: 선의 색상과 굵기를 지정하고 가로 길이와 세로 길이로 4각형 그리기
출력: 입력 받은 자료를 기반으로 화면에 4각형 표시

 사고력
- ✓ 이전에 학습한 turtle을 사용하여 4각형을 그릴 수 있는 경험적 추론 사고력
- ✓ 입출력 처리에 대한 추상적 사고력
- ✓ 파이선 자료형에 대한 코드적 사고력
- ✓ 4각형을 그리기 위한 논리적 사고력
- ✓ turtle 그리기 요소에 대한 분해적 사고력
- ✓ 순차적으로 명령문을 제시하는 절차적 사고력

결과 화면

[입력 자료 값 : 500 → 300 → red → 10]

실습 7-1

```python
 1 # -*- coding: utf-8 -*-
 2 """
 3 파이썬 입문
 4
 5 실습 7-1 제어문 - 순차문
 6 """
 7
 8 import turtle
 9
10 width = turtle.textinput("가로", "가로의 길이를 입력하세요 : ")
11 height = turtle.textinput("세로", "세로의 길이를 입력하세요 : ")
12 color = turtle.textinput("선색", "4각형의 선색을 입력하세요 (영어) : ")
13 size = turtle.textinput("선 굵기", "4각형의 선 굵기를 입력하세요 : ")
14
15 turtle.color(color)              # 선색 지정
16 turtle.pensize(size)             # 선 굵기
17 turtle.forward(int(width))       # 가로선 긋기
18 turtle.left(90)                  # 90도 좌측으로 회전
19 turtle.forward(int(height))      # 세로선 긋기
20 turtle.left(90)                  # 90도 좌측으로 회전
21 turtle.forward(int(width))       # 가로선 긋기
22 turtle.left(90)                  # 90도 좌측으로 회전
23 turtle.forward(int(height))      # 세로선 긋기
```

선택문

제어문의 구성이 조건식을 포함하며, 조건식의 결과에 따라 다음 단계에서 실행되는 내용이 서로 다른 경우 선택문에 해당한다. 제어의 흐름이 위에서 아래로 향하는 중 조건식 다음에 분기가 발생되어 조건에 따라 실행할 명령이 구분되는 경우이다. 조건식을 위하여 관계 및 논리 연산자를 활용할 수 있어야 한다.

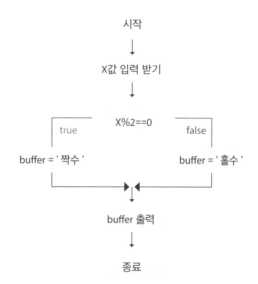

예제에서 보듯이 x의 값을 입력 받은 후 x가 2로 나누어 나머지가 0 즉, 짝수에 해당하면 변수 buffer에 '짝수'라고 저장하고, 나머지가 0이 아닌 경우 즉, 홀수에 해당하면 buffer에 '홀수'라고 저장한 후 buffer의 내용을 출력한다. 입력 받은 x의 값의 조건을 확인하고 조건에 맞게 처리할 내용을 선택하여 실행되므로 선택문 또는 조건문이라 한다. 순서도를 코딩한 내용은 다음과 같다.

```
 1 # -*- coding: utf-8 -*-
 2 """
 3 파이선 입문
 4
 5 실습 7-2 선택문 예시
 6 """
 7
 8 x = int ( input ( "x의 값을 입력하세요: " ) )
 9
10 if ( x % 2 == 0 ) :
11     buffer = "짝수"
12 else:
13     buffer = "홀수"
14
15 print ( " x는 %s입니다 " %buffer )
```

7-1의 순차문 예시와 가장 다른 점은 들여쓰기가 발생하는 것이다. 조건식을 만족하는 경우 종속된 명령문에 해당하는 11줄의 내용이 실행되며, 조건식이 만족하지 않으면 else 부분에 종속된 명령문에 해당하는 13줄의 내용이 실행된다.

선택문의 경우 제어문에 조건식이 포함되어 분기가 존재하며, 순서도로 표현하는 경우 마름모 기호의 도형에 해당하는 선택 조건이 포함되며 화살표의 방향은 아래로만 제어가 흐르게 된다. if문은 조건식의 결과에 따라 명령문을 선택하여 실행하므로 선택문이라 하며, 조건식이 있으므로 조건문이라고도 한다. 조건식은 앞에서 학습한 관계 연산자를 포함하거나 또는 관계 연산자의 내용을 논리 연산자로 연결하여 참(True, 1) 또는 거짓(False, 0)의 결과를 가진다.

실습 7-2 : 선택문

사각형의 세로 길이와 가로 길이를 입력 받고 모든 내각의 크기가 90도인지 확인하여 사각형의 종류를 구분하는 프로그램을 작성해 보세요.

입력: 세로 길이, 가로 길이, 모든 내각 90도 여부 확인

처리: 세로 길이와 가로 길이를 비교하고 모든 내각이 90도에 해당하는지 비교하여 사각형의 종류 확인

출력: 판별된 사각형의 종류 출력

사고력

✔ 사각형 종류의 차이를 이해하는 추상화 사고력

✔ 사각형 조건을 형성하는 항목에 대한 논리적 사고력

✔ 조건식을 생성하는 경험적 추론 사고력

✔ 입력과 출력의 명령문을 순서대로 작성하는 절차적 사고력

결과 화면

```
=============== RESTART: D:₩Book₩python₩source
사각형의 세로 길이를 입력하세요: 50
사각형의 가로 길이를 입력하세요: 50
사각형의 모든 내각은 90도 입니까? (Y/N) Y
*** 입력하신 조건의 사각형은 정사각형에 해당합니다.
>>>
=============== RESTART: D:₩Book₩python₩source
사각형의 세로 길이를 입력하세요: 30
사각형의 가로 길이를 입력하세요: 50
사각형의 모든 내각은 90도 입니까? (Y/N) Y
*** 입력하신 조건의 사각형은 직사각형에 해당합니다.
>>>
=============== RESTART: D:₩Book₩python₩source
사각형의 세로 길이를 입력하세요: 30
사각형의 가로 길이를 입력하세요: 40
사각형의 모든 내각은 90도 입니까? (Y/N) N
*** 입력하신 조건의 사각형은 사다리꼴에 해당합니다.
>>>
```

실습 7-2

```
 1 # -*- coding: utf-8 -*-
 2 """
 3 파이선 입문
 4
 5 실습 7-2 제어문 - 선택문
 6 """
 7
 8 height = int ( input ( "사각형의 세로 길이를 입력하세요: " ) )
 9 width = int ( input ( "사각형의 가로 길이를 입력하세요: " ) )
10 angle = input ( "사각형의 모든 내각은 90도 입니까? (Y/N) " )
11
12 if ( height == width ) and ( angle in ['Y', 'y'] ) :
13     print ( "*** 입력하신 조건의 사각형은 정사각형에 해당합니다." )
14
15 if ( height != width ) and ( angle in ['Y', 'y'] ) :
16     print ( "*** 입력하신 조건의 사각형은 직사각형에 해당합니다." )
17
18 if angle not in ['Y', 'y'] :
19     print ( "*** 입력하신 조건의 사각형은 사다리꼴에 해당합니다." )
```

03 반복문

제어문을 효율적으로 작성하고자 할 때 같은 실행 내용을 여러 번 작성하여 실행하는 대신 반복문을 사용할 수 있다.

반복의 조건을 제시하기 위하여 조건식을 사용하며, 조건식에서는 선택문과 마찬가지로 관계 연산자 및 논리 연산자를 사용할 수 있다. 조건식이 만족되는 동안 특정 내용을 반복하여 실행하고, 조건식이 만족되지 않는 경우 반복에 해당하는 명령문들을 건너뛰고 그 다음 단계로 진행하는 방식이다. 예제에 해당하는 내용은

1부터 10까지의 합을 구하는 제어문이며, 10이 넘으면 반복을 멈춘다.

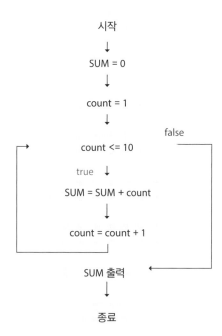

위 예제에 해당하는 파이선 코드를 while문을 활용하여 작성한 예는 다음과 같다.

예제 7-3A

```
 1 # -*- coding: utf-8 -*-
 2 """
 3 파이선 입문
 4
 5 실습 7-3A 반복문 예시 : while문 활용
 6 """
 7
 8 SUM = 0
 9 count = 1
10
11 while count <= 10:
12     SUM = SUM + count
13     count = count + 1
14
15 print ( "1부터 10까지의 합은 %d입니다." %SUM )
```

같은 내용을 for문을 활용하여 작성한 예와 비교해 보기로 하자.

```
 1 # -*- coding: utf-8 -*-
 2 """
 3 파이선 입문
 4
 5 실습 7-3 반복문 예시
 6 """
 7
 8 SUM = 0
 9
10 for count in range(1, 11):
11     SUM = SUM + count
12
13 print ( "1부터 10까지의 합은 %d입니다." %SUM )
```

순서도에서는 시작과 종료에 해당하는 기호를 제외하고 6개의 도형이 포함되어 있으며, while문을 활용한 파이선 코드에도 6줄의 명령문으로 작성되었다. 그러나 for문을 사용하여 작성한 코드는 단 4줄로 구성되었음을 알 수 있다. count 값을 1로 초기화하는 것은 10줄에 해당하는 for문에서 range의 시작 값을 1로 지정하는 방식으로 표현 가능하며, count <= 10의 조건식도 10줄의 for문에서 range를 11로 지정하여 10까지 포함하도록 표현하였다. 또한 count = count + 1의 계산식도 10줄의 for문에서 자동처리한다. 순서도로 표현된 내용을 선택한 프로그래밍 언어로 코딩하는 방식은 차이가 발생할 수 있음을 알 수 있다.

반복문의 경우 제어문에 조건식이 포함되어 분기가 존재하며, 순서도로 표현하는 경우 마름모 기호의 도형에 해당하는 선택 조건이 포함되며 화살표의 방향은 위로 돌아가서 반복을 발생할 수 있는 제어가 포함된다. 반복문의 경우 조건식에 단순히 True 또는 False를 지정하여, 무한 반복을 명령할 수 있으며, 이러한 경우 반복하여 실행하는 명령문의 블록 안에 반드시 특정 조건을 확인하여 반복문에서 빠져 나가는 선택문을 포함해야 한다.

반복을 결정하는 방식이 특정 변수 값에 대한 반복 횟수를 활용하는 경우 일반적으로 for문을 사용하고, 주어진 조건 상황에 따라 반복이 결정되는 경우에는 while문을 사용한다. 자세한 내용은 for문과 while문에 해당하는 장에서 학습하기로 한다.

　　　　　　　　　　　　　　　　　　컴퓨팅 사고를 위한 파이선 입문

실습 7-3 : 반복문

숫자를 반복하여 입력받아 해당 구구단을 화면에 표시하는 프로그램을 작성해 보세요. Q가 입력되면 프로그램이 더 이상 구구단을 출력하지 않는 방식으로 작성해 보세요.

입력: 숫자 (반복 입력)

처리: 입력된 수의 구구단 계산

출력: 구구단 내용을 출력

사고력

✔ 반복적으로 숫자를 입력 받을 수 있는 반복적 사고력

✔ 반복하여 입력 받은 서로 다른 수의 값에 대한 구구단을 적용할 수 있는 재귀적 사고력

✔ 구구단 결과를 화면에 적절히 표시할 수 있는 자료 표현적 사고력

✔ 종료의 조건을 적용할 수 있는 코드적 사고력

결과 화면

```
=============== RESTART: D:/Book/python/source
구구단을 확인하고 싶은 수를 입력하세요. (종료: Q) 13
  13 X  1  =   13
  13 X  2  =   26
  13 X  3  =   39
  13 X  4  =   52
  13 X  5  =   65
  13 X  6  =   78
  13 X  7  =   91
  13 X  8  =  104
  13 X  9  =  117
구구단을 확인하고 싶은 수를 입력하세요. (종료: Q) Q
>>>
```

실습 7-3

```python
1 # -*- coding: utf-8 -*-
2 """
3 파이썬 입문
4
5 실습 7-3 제어문 - 반복문
6 """
7
8 while True:          # 반복하여 수를 입력 받기 위한 제어문
9     value = input ("구구단을 확인하고 싶은 수를 입력하세요. (종료: Q) ")
10    if value == 'Q' or value == 'q' :
11        break        # 반복문 제어에서 나감
12    for i in range(1,10) :       # 1~9까지의 구구단
13        print ( " %3d X %3d  = %5d " % ( int(value), i, int(value) * i ) )
```

1. 아래의 내용을 화면 출력하는 프로그램을 순차문을 활용하여 구현해 보세요.

```
PPPPPPPPPPPP YYY    YYY TTTTTTTTTT HHH  HHH   OOOOO NN    NN EEEEEEEEE
PPP     PPP YYY  YYY   TTT    HHH  HHH  OO  OO NNN   NN EEE
PPP     PPP YYY YYY    TTT    HHH  HHH  OO   OO NN NN NN EEE
PPP     PPP YYY YYY    TTT    HHH  HHH  OO   OO NN NN NN EEE
PPPPPPPPPPPP  YYYYY    TTT    HHHHHHHHH OO   OO NN  NN NN EEEEEEEEE
PPPPPPPPPPP   YYY     TTT    HHHHHHHHH OO   OO NN   NNNN EEE
PPP          YYY     TTT    HHH  HHH  OO   OO NN    NNN EEE
PPP          YYY     TTT    HHH  HHH  OO  OO NN     NN EEE
PPP          YYY     TTT    HHH  HHH  OO OO  NN     NN EEE
PPP          YYY     TTT    HHH  HHH   OOOO  NN     NN EEEEEEEEE
```

2. 태어난 해를 입력하면 무슨 띠에 해당하는지 확인해 주는 프로그램을 선택문을 활용하여 작성해 보세요.

   [규칙] (탄생 연도 - 2000) % 12 == 0 이면 용띠

   (탄생 연도 - 2000) % 12 == 1 이면 뱀띠

   ...

   (탄생 연도 - 2000) % 12 == 8 이면 쥐띠

   ...

3. 정수를 입력 받아 다음의 계산을 실행하는 프로그램을 반복문을 활용하여 작성해 보세요.

   [계산식]   N = N * (N-1) * (N-2) * ... 2 * 1

   [Hint]   for문 활용

   ```
   for n in range ( N, 0, -1 ):
   ```

   또는

   ```
   for n in range ( 1, N+1 ):
   ```

if문

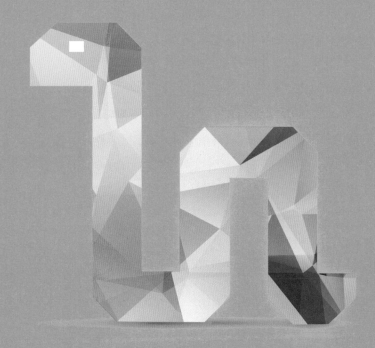

제어문에 조건식이 포함되어 분기가 존재하는 선택문 중에서 가장 기본적인 활용법은 단순 if문이다. 단순 if문의 문법은 다음과 같다.

```
if <조건식> :
    명령문 블록
다음 문장
```

조건식의 결과가 참인 경우에는 종속 명령문들에 해당하는 '명령문 블록'을 실행하고, 조건식의 결과가 거짓인 경우에는 '다음 문장'을 실행한다. '명령문 블록'은 if문 뒤의 콜론(:)이 입력되면 자동 들여쓰기를 하면서 구분되며, 들여쓰기를 끝내기 전까지의 모든 명령어들을 하나의 블록으로 취급한다. 즉, if문의 조건식을 만족하면 블록 안에 있는 모든 명령문들이 실행된다. 명령문 블록을 이루는 내용은 if의 조건식에 종속된 명령어들의 모임에 해당하므로 종속 명령어 집합이라고 한다. 블록의 범위를 논리적으로 적용할 수 있어야 if문을 올바르게 작성할 수 있다.

단순 if문을 순서도로 나타내면 다음과 같다.

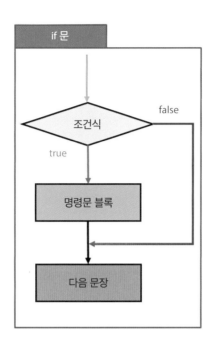

다음의 예제는 나이를 입력 받은 후 나이를 기준으로 조건식을 작성하였다. 조건식에서는 관계 연산자를 활용하여 입력 받은 나이가 19보다 큰가를 확인한다. 나이가 19가 넘는 것이 참(True)이면 투표가 가능함을 알려준다. 예제에서 13줄은 if문의 블록에 포함되지 않은 경우이다. 그러나 13줄의 내용은 10줄의 조건식을 만족한 경우에 해당하는 내용이므로 명령문 블록 안에 포함시켜야 된다. 4칸 들여쓰기로 간단하게 명령문 블록에 포함시킬 수 있다.

예제 8-1

```
 1 # -*- coding: utf-8 -*-
 2 """
 3 파이선 입문
 4
 5 예제 8-1 단순 if문
 6 """
 7
 8 age = int ( input ("만 나이를 입력하세요: ") )
 9
10 if age >= 19:      # 만 19세 이상이 참인 경우
11     print( "투표하실 수 있습니다!" )
12
13 print( "소중한 한 표를 공정하게 행사하시기 바랍니다!" )
```

조건식 만들기

if문에서 사고력을 가장 요구하는 것은 조건식을 만드는 것이다. 조건식은 관계 연산자와 논리 연산자를 활용하여 생성할 수 있다. 관계 연산자는 관계에 대한 비교에 해당한다.

관계 연산자	설명
x < y	x가 y보다 작으면 참
x > y	x가 y보다 크면 참
x == y	x와 y가 같으면 참
x != y	x와 y가 같지 않으면 참
x >= y	x가 y보다 크거나 같으면 참
x <= y	x가 y보다 작거나 같으면 참

논리 연산자는 참과 거짓에 대하여 논리적인 연산을 적용한다.

논리 연산자	설명
x or y	x와 y 둘 중에 하나만 참이면 참
x and y	x와 y 모두 참이어야 참
not x	x가 거짓이면 참

관계 연산자를 활용한 조건식을 만드는 경우 비교하는 값들이 반드시 비교하는 조건식 이전에 정의 되어있어야 한다.

컴퓨팅 사고를 위한 파이썬 입문

```
>>> if height < 130 :
        print ( '프룸라이드를 사용할 수 없습니다' )

Traceback (most recent call last):
  File "<pyshell#4>", line 1, in <module>
    if height < 130 :
NameError: name 'height' is not defined
```

관계 연산자와 논리 연산자를 혼합하여 조건식을 만들 수 있다.

```
>>> if month  == 7 and day <= 22 :
        zodiac_sign = "게자리 "
```

위의 예문에서도 month와 day의 값은 실행되기 이전에 반드시 값이 정의되어야 한다. 정의된 값이 없다면 관계를 비교할 수 없다. 태어난 달에 해당하는 month가 7월이면서 태어난 날에 해당하는 day가 22일 또는 그전이면 별자리는 게자리에 해당한다. 두 개의 관계 연산자를 and로 연결하여 논리 연산자를 적용하였으므로 양쪽의 관계 연산자의 결과가 모두 참인 경우에만 조건식의 결과는 참이 된다. 조건식의 결과가 참인 경우에만 별자리가 게자리에 해당하는 것이다.

예외적 조건

관계 연산자 또는 논리 연산자 이외의 값은 조건으로 활용할 수 있다.

자료형	참 (True)	거짓 (False)
숫자	0 이외의 모든 숫자	0
문자열	한 개 이상의 문자 "abc"	""
리스트	한 개 이상의 요소 [1, 2, 3]	[ ]
튜플	한 개 이상의 값 (1, 2, 3)	( )
딕셔너리	한 개 이상의 Key:Value {1:"가"}	{ }

```
>>> if 1 : print ( " 참 " )
참
>>> if -1 : print ( " 참 " )
참
>>> if 0 : print ( " 참 " )
>>> if " a " : print ( " 참 " )
참
>>> if "" : print ( " 참 " )
>>> if [ 1 ] : print ( " 참 " )    #1개의 값을 갖는 리스트
참
>>> if [   ] : print ( " 참 " )    #값을 갖지 않은 리스트
>>> if (1, ) : print ( " 참 " )    #1개의 값을 갖는 튜플
참
>>> if ( ) : print ( " 참 " )      #값을 갖지 않은 튜플
>>> if { 1 : "가" } : print ( " 참 " )  #1개의 값을 갖는 딕셔너리
참
>>> if { } : print ( " 참 " )      #값을 갖지 않은 딕셔너리
>>>
```

in과 not in

조건식을 생성할 때 리스트, 튜플, 문자열인 경우 in 또는 not in을 사용하여 조건
식을 작성할 수 있다.

컴퓨팅 사고를 위한 파이선 입문

```
>>> if ( 1 in [1, 2, 3] ) : print ( " 참 " )
참
>>> if ( 1 not in [1, 2, 3] ) : print ( " 참 " )
>>> if ( "가" in ( "가", "나", "다" ) ) : print ( " 참 " )
참
>>> if ( "가" not in ( "가", "나", "다" ) ) : print ( " 참 " )
>>> if ( "가" in "선택문" ) : print ( " 참 " )
>>> if ( "가" not in "선택문" ) : print ( " 참 " )
참
```

위의 예시에서 if문의 콜론(:) 다음에 줄 바꾸기 대신에 연결하여 한 줄에 print()
명령문을 작성하였다. if문의 조건식 결과가 참인 경우 실행할 명령문 블록이 하나
의 명령문으로 구성되는 경우 줄 바꿈 없이 한 줄에 작성할 수 있다.

실습

실습 8-1 : 단순 if문

아래와 같이 행과 열이 구성된 상황에서 행과 열을 입력 받아 해당하는 위치의 색이
검은 색인지 확인해 주는 프로그램을 작성해 보세요. 아래의 그림은 일부만을 보여준
것이며, 확장하여 연속된 모양을 나타내는 것을 가정하여 처리하세요.

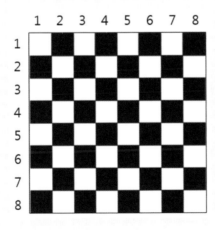

입력: 행 번호, 열 번호
처리: 행과 열의 규칙을 찾아서 검은색인지 확인
출력: 검은색인 경우 확인 메시지 출력

 사고력

✔ 패턴의 검은색 위치를 파악하는 패턴 분석 사고력
✔ 조건식을 생성할 수 있는 논리적 사고력
✔ 명령문을 효율적으로 구성할 수 있는 단순화 사고력
✔ 색을 저장하는 변수를 활용할 수 있는 캐시적 사고력

 결과 화면

```
============== RESTART: D:/Book
열 번호를 입력하세요 : 3
행 번호를 입력하세요 : 6
입력하신 위치의 색은 검은색 입니다!
>>>
============== RESTART: D:/Book
열 번호를 입력하세요 : 8
행 번호를 입력하세요 : 3
입력하신 위치의 색은 검은색 입니다!
>>>
```

실습 8-1

```python
1 # -*- coding: utf-8 -*-
2 """
3 파이썬 입문
4
5 실습 8-1 단순 if문
6 """
7
8 check = "white"
9 column = int ( input ( "열 번호를 입력하세요 : " ) )
10 row = int ( input ( "행 번호를 입력하세요 : " ) )
11
12 if ( column %2 == 0 ) and ( row %2 != 0 ) :  #열 번호가 짝수이며, 행 번호가 홀수
13     check = "black"
14
15 if ( column %2 != 0 ) and ( row %2 == 0 ) :  #열 번호가 홀수이며, 행 번호가 짝수
16     check = "black"
17
18 if check == "black" :     #색의 확인을 위한 변수 값이 black 으로 저장된 경우
19     print ( "입력하신 위치의 색은 검은색 입니다!" )
```

컴퓨팅 사고를 위한 파이썬 입문

[조건식이 개선된 코드]

실습 8-1A

```
1 # -*- coding: utf-8 -*-
2 """
3 파이썬 입문
4
5 실습 8-1A 단순 if문
6 """
7
8 column = int ( input ( "열 번호를 입력하세요 : " ) )
9 row = int ( input ( "행 번호를 입력하세요 : " ) )
10
11 if  ( ( ( column %2 == 0 ) and ( row %2 != 0 ) ) or
12      ( (column %2 != 0 ) and ( row %2 == 0 ) ) ) :
13        print ( "입력하신 위치의 색은 검은색 입니다!" )
```

02 if ~ else문

단순 if문은 조건식을 만족하는 경우 종속된 '명령문 블록'이 실행되며, 종속된 명령문에 포함된 모든 내용의 실행이 완료되면 '다음 문장'으로 진행된다. 즉, 단순 if문은 조건식이 만족되지 않는 경우에 바로 '다음 문장'이 실행된다. 만약 조건식이 만족되지 않는 경우에 실행해야 할 종속 명령문들이 따로 존재하는 경우, '명령문 블록 2'로 명령문들의 집합을 만들고 'else'문을 적용한다.

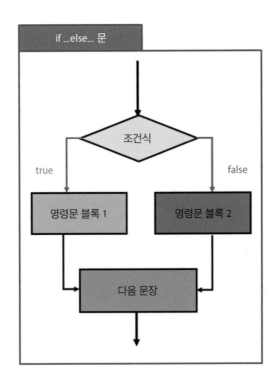

if ~ else문의 문법은 다음과 같다.

컴퓨팅 사고를 위한 파이썬 입문

```
if <조건식> :
    명령문 블록 1
else :
    명령문 블록 2
다음 문장
```

조건식이 참이면 '명령문 블록 1'에 해당하는 종속 명령문들을 실행하고, 거짓이면 '명령문 블록 2'에 해당하는 종속 명령문들을 실행한다. 명령문을 작성할 때 주의해야 할 사항은 if 뒤에는 반드시 조건식을 명시해야 하며 조건식 다음에 콜론(:)을 입력해야 한다. 콜론이 입력되면 다음 줄부터 들여쓰기가 적용되며, 들여쓰기를 마치고 종속 명령문의 집합이 모두 명시되었다면 백스페이스(←)를 입력하여 '명령문 블록 1'을 마감해야 한다. 반면 else 뒤에는 조건식이 올 수 없으며 else에 종속되는 명령문을 구분하기 위하여 콜론(:)을 입력해야 한다. if 종속 명령문을 생성할 때와 동일하게 콜론이 입력되면 그 다음 줄부터 들여쓰기가 적용되며, 들여쓰기를 마치고 종속 명령문의 집합이 모두 명시되었다면 백스페이스(←)를 입력하여 '명령문 블록 2'를 마감한다. '명령문 블록 1' 또는 '명령문 블록 2'중 하나의 블록만이 실행되고, 실행이 끝나면 계속하여'다음 문장'이 실행된다.

조건식을 논리적으로 작성하고 조건식의 결과에 따라 적절한 명령문 블록을 제시할 수 있어야 한다. if ~ else문의 예제는 다음과 같다.

```
1 # -*- coding: utf-8 -*-
2 """
3 파이선 입문
4
5 예제 8-2 if ~ else문
6 """
7
8 import random
9
10 # 1~10에서 임의의 수를 생성
11 lucky_number = random.randrange( 1, 11 )
12
13 number = int ( input ("행운의 숫자를 맞춰보세요! (1~10) : ") )
14
15 if lucky_number == number :      # 행운의 숫자를 맞춘 경우
16     print( "축하 드립니다! 행운의 숫자를 맞추셨습니다!" )
17 else :
18     print( "아쉽네요! 행운의 숫자는 %d 이였습니다!" %lucky_number )
```

위의 예제에서 8줄에 해당하는 import random은 임의 수 생성이 가능한 모듈이다. 11줄의 random.randrange(1, 11)는 1부터 10까지의 수 중에서 임의의 수를 자동 생성한다. 15줄의 조건식은 추측한 수와 컴퓨터가 자동 생성한 수가 같은 값인지 관계 연산자를 활용하여 구성하였다. 만약 같은 수를 입력하였다면 축하 메시지를 출력하고, 그렇지 않은 경우 즉, else에 해당하게 되면 컴퓨터가 생성하였던 숫자가 무엇이었는지 확인해주는 메시지를 출력하는 프로그램이다.

조건식을 만들 때 참인 경우는 아무 처리가 안 일어나고 거짓인 경우에만 해당하는 명령어 블록을 실행하고자 할 때는 pass를 사용하면 된다. pass를 활용한 예문은 다음과 같다.

```
 1 # -*- coding: utf-8 -*-
 2 """
 3 파이썬 입문
 4
 5 예제 8-2A if ~ else문 (pass문)
 6 """
 7
 8 check = input ( "등록 하셨습니까? (Y/N) : " )
 9
10 if check in [ 'Y', 'y' ] :
11     pass
12 else:
13     print ( "등록해 주시기 바랍니다!" )
14
15 print ( "등록해 주셔서 감사합니다." )
```

위 예문의 실행 결과는 아래와 같다.

```
============== RESTART: D:/Book
등록 하셨습니까? (Y/N) : Y
등록해 주셔서 감사합니다.
>>>
============== RESTART: D:/Book
등록 하셨습니까? (Y/N) : N
등록해 주시기 바랍니다!
등록해 주셔서 감사합니다.
>>>
```

등록 여부에 대하여 'Y' 또는 'y'로 응답한 경우 아무런 내용도 실행하지 않았으며, 아닌 경우 등록하라는 메시지를 출력하였다.

실습 8-2 : if ~ else문

turtle을 사용하여 한 변의 길이가 2부터 시작하여 2씩 증가하여 200까지 확장되며 나선 사각형을 그리는 프로그램을 작성해 보세요. 단, 회전 사각형을 원하는 경우 90도 회전이 아닌 94도 회전을 하도록 코딩하세요. 만약 회전 사각형을 원하는 경우 펜의 색을 초록(green)으로 지정하고, 아닌 경우 펜의 색은 파랑(blue)로 지정하세요.

입력: 회전 사각형 적용 여부

처리: 회전 사각형 적용 여부에 따라 펜의 색과 회전 각도를 지정하여 2씩 변의 길이가 점점 길어지며 200을 넘지 않는 이미지 작성

출력: 작성된 이미지를 화면에 표시

사고력

✓ turtle에서 입력 처리를 적용할 수 있는 경험적 추론 사고력

✓ 조건식에 따라 명령문을 생성할 수 있는 논리적 사고력

✓ 사각형의 변의 길이를 확장하며 그릴 수 있는 공간 지각 능력

✓ 변의 길이가 2에서 시작하여 2씩 증가시킬 수 있는 수학적 사고력

✓ 사각형의 회전 각도를 표현할 수 있는 코드적 사고력

✓ 회전을 표현할 수 있는 변환적 사고력

✓ 반복하여 나선 사각형을 그리는 재귀적 사고력

결과 화면 [입력 자료 값 : Y] 회전 사각형을 원하는 경우

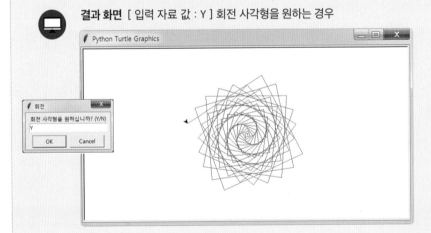

결과 화면 [입력 자료 값 : N] 회전 사각형을 원하지 않는 경우

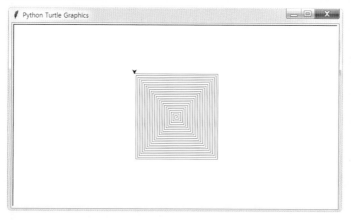

실습 8-2

```python
 1 # -*- coding: utf-8 -*-
 2 """
 3 파이선 입문
 4
 5 실습 8-2  if ~ else문
 6 """
 7
 8 import turtle
 9
10 choice = turtle.textinput( "회전", "회전 사각형을 원하십니까? (Y/N)" )
11
12 if choice == "Y" or choice == 'y':
13     turtle.pencolor("green")
14     for i in range(2, 200, 2):
15         turtle.forward(i)
16         turtle.left(94)
17 else:
18     turtle.pencolor("blue")
19     for i in range(2, 200, 2):
20         turtle.forward(i)
21         turtle.left(90)
```

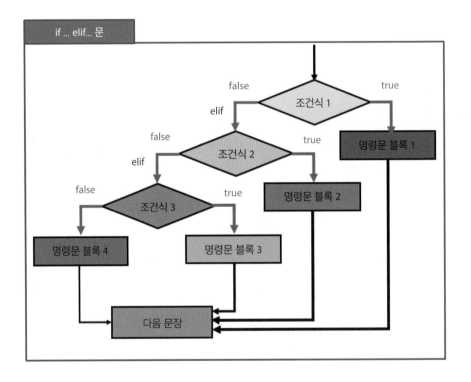

03 if ~ elif문

if ~ else문 구조에서 else에 종속된 명령문 블록이 if문에 해당하면 else와 if를 합친 elif 명령문을 사용할 수 있다. elif 명령문은 직전 비교한 조건식은 거짓에 해당하며 또 다른 조건식을 적용하여 참·거짓 여부를 확인할 때 사용한다. 조건식이 3개로 구성된 if ~ elif의 순서도 예는 아래와 같다.

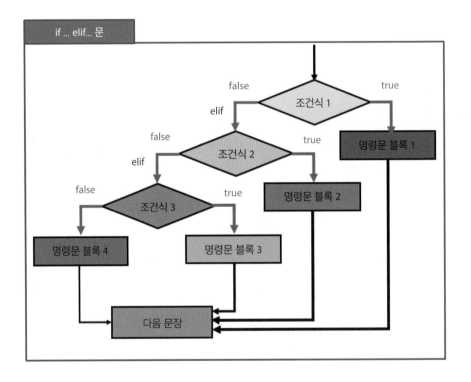

if ~ elif문의 문법은 아래와 같다.

```
if <조건식 1> :
    명령문 블록 1
elif <조건식 2> :
    명령문 블록 2
...
elif <조건식 n> :
    명령문 블록 n
else :
    명령문 블록 n+1
다음 문장
```

elif는 1개 이상 원하는 만큼 계속하여 적용할 수 있다. 일반적으로 마지막에는 else문을 적용하여 위의 모든 경우에 해당하지 않는 경우에 처리할 명령문 블록을 정의할 수 있다. 그러나 마지막 else문이 필수적으로 포함되지 않아도 된다. else 문을 포함하는 경우, 조건식이 n개 존재하면, 명령문 블록은 n+1개 존재한다. 앞에서 설명하였듯이 else문은 조건식을 적용하지 않기 때문이다. elif는 엄밀히 else 와 또 다른 if문의 결합이므로 뒤에는 반드시 조건식이 와야 한다. 조건식이 생략되는 경우 오류가 발생되므로 유의해야 한다.

if ~ elif문의 예제는 다음과 같다.

```
 1 # -*- coding: utf-8 -*-
 2 """
 3 파이선 입문
 4
 5 예제 8-3 if ~ elif문
 6 """
 7
 8 x = int ( input ( "첫 번째 수를 입력하세요 : " ) )
 9 operator = input ( "원하는 연산자는? ( +, -, *, / ) : " )
10 y = int ( input ( "두 번째 수를 입력하세요: " ) )
11
12 if operator == '+' :
13     print ( "원하는 연산식 결과 : %d + %d = %d " % ( x, y, x+y ) )
14 elif operator == '-' :
15     print ( "원하는 연산식 결과 : %d - %d = %d " % ( x, y, x-y ) )
16 elif operator == '*' :
17     print ( "원하는 연산식 결과 : %d * %d = %d " % ( x, y, x*y ) )
18 elif operator == '/' :
19     print ( "원하는 연산식 결과 : %d / %d = %.2f " % ( x, y, x/y ) )
20 else:
21     print ( "연산자를 잘못 입력하셨습니다!" )
```

위의 예제에서 선택된 연산자가 '+'에 해당하는지 12줄에서 먼저 조건식을 통하여 비교하고, 만약 '+'가 아닌 경우 '-'에 해당하는 지 14줄과 같이 비교하는 방식으로 실행된다. 차례대로 4개의 연산자에 대하여 비교한 후 4개의 연산자에 모두 해당하지 않는다면 20줄에 해당하는 else문이 실행된다.

다양한 조건에 따라 서로 다른 종속 처리문이 적용되는 경우 if ~ elif문이 효율적 제어문에 해당한다.

실습 8-3 : if ~ elif 문

배송 거리를 입력 받은 후 다음의 조건에 맞는 배송비를 알려주는 프로그램을 작성해 보세요.

[배송비 조건] 50km 미만 : 3500원

50km 이상 ~ 100km 미만 : 4000원

100km 이상 ~ 300km 미만 : 4500원

300km 이상 ~ 500km 미만 : 5000원

500km 이상 : 6000원

입력: 배송 거리
처리: 조건에 맞는 배송비 산정
출력: 배송비 출력

사고력

✔ 조건식을 작성하는 논리적 사고력

✔ 배송 거리에 맞도록 배송비를 배정하는 분해적 사고력

✔ else문과 if문의 개념을 통합할 수 있는 통합적 사고력

✔ print()문을 적절하게 구성할 수 있는 추상적 사고력

✔ 순차적으로 명령문을 구성하는 절차적 사고력

결과 화면

```
====== RESTART: C:/Users/Han/Desktop/python.
배송 거리를 km단위로 입력하세요 : 28
28km에 해당하는 배송비는 3500원 입니다.
>>>
====== RESTART: C:/Users/Han/Desktop/python.
배송 거리를 km단위로 입력하세요 : 74
74km에 해당하는 배송비는 4000원 입니다.
>>>
====== RESTART: C:/Users/Han/Desktop/python.
배송 거리를 km단위로 입력하세요 : 180
180km에 해당하는 배송비는 4500원 입니다.
>>>
====== RESTART: C:/Users/Han/Desktop/python.
배송 거리를 km단위로 입력하세요 : 400
400km에 해당하는 배송비는 5000원 입니다.
>>>
====== RESTART: C:/Users/Han/Desktop/python.
배송 거리를 km단위로 입력하세요 : 502
502km에 해당하는 배송비는 6000원 입니다.
>>>
```

실습 8-3

```python
1  # -*- coding: utf-8 -*-
2  """
3  파이선 입문
4
5  실습 8-3  if ~ elif문
6  """
7
8  distance = int ( input ( "배송 거리를 km단위로 입력하세요 : " ) )
9
10 if distance < 50 :        # 50 미만
11     cost = 3500
12 elif distance >= 50 and distance < 100 :      # 50 이상 100 미만
13     cost = 4000
14 elif distance >= 100 and distance < 300 :        # 100 이상 300 미만
15     cost = 4500
16 elif distance >= 300 and distance < 500 :      # 300 이상 500 미만
17     cost = 5000
18 else:        # 500 이상
19     cost = 6000
20
21 print ( "%dkm에 해당하는 배송비는 %d원 입니다." % ( distance, cost ) )
```

04 중첩 if문

if문 안에 if문을 포함하는 경우는 중첩(nested) if문에 해당한다. if문 안에 있는 명령문 블록이 if문으로 구성되는 형식이다. 중첩 if문의 문법 활용 예는 다음과 같다.

```
if <조건식 1> :
    if <조건식 2> :
        명령문 블록 1
    else :
        명령문 블록 2
else :
    명령문 블록 3
다음 문장
```

else문 대신 elif가 적용될 수 있으며, else문에 종속된 명령문 블록에 if문이 포함될 수도 있다. if문 안에 어떤 형식의 if문이 적용되든지 if문 안에 if문이 포함되면 중첩 if문으로 구분한다.

다양한 if문의 형태 가운데 구현해야 할 프로그램을 처리하기에 적절한 선택문의 형식을 선택할 수 있어야 한다.

실습 8-4 : 중첩 if문

컴퓨터와 player의 가위 · 바위 · 보 게임을 프로그램으로 작성해 보세요.

입력: player의 가위 · 바위 · 보 선택
처리: 승자 판가름
출력: 승자 출력

사고력

✔ 가위 · 바위 · 보 게임을 이해하는 추상적 사고력
✔ 적절한 if문의 형태를 선택하는 캐시적 사고력
✔ 가위 · 바위 · 보를 이해하여 각 경우에 대한 처리 내용을 포함하는 분해적 사고력
✔ 적절한 출력문을 작성하는 논리적 사고력
✔ 모든 상황을 포함하여 처리하는 완전성 사고력
✔ 명령문을 순차적으로 구성하는 절차적 사고력

결과 화면

```
====== RESTART: C:/Users/Han/Desktop/python
PLAYER의 이름을 입력하세요 : 한옥영
가위 바위 보 중 한옥영의 선택은? : 바위
컴퓨터의 선택은 가위입니다.
한옥영 승
>>>
```

실습 8-4

```python
1 # -*- coding: utf-8 -*-
2 """
3 파이선 입문
4
5 실습 8-4  중첩 if문
6 """
7
8 import random
9
10 computer = random.randrange ( 1, 4 )    # 3개의 랜덤 값
11 if computer == 1:  computer = '가위'
12 elif computer == 2:  computer = '바위'
13 else:  computer = '보'
14
15 name = input ( "PLAYER의 이름을 입력하세요 : " )
16 message = "가위 바위 보 중 %s의 선택은? : " % name
17 player = input ( message )
18
19 print ( "컴퓨터의 선택은 %s입니다." % computer )
20 if player == '가위' :
21     if computer == '가위' :
22         print ( "무승부" )
23     elif computer == '바위' :
24         print ( "컴퓨터 승" )
25     elif computer == '보' :
26         print ( name, "승" )
27
28 elif player == '바위' :
29     if computer == '가위' :
30         print ( name, "승" )
31     elif computer == '바위' :
32         print ( "무승부" )
33     elif computer == '보' :
34         print ( "컴퓨터 승" )
35
```

컴퓨팅 사고를 위한 파이선 입문

```
36 elif player == '보' :
37     if computer == '가위' :
38         print ( "컴퓨터 승" )
39     elif computer == '바위' :
40         print ( name, "승" )
41     elif computer == '보' :
42         print ( "무승부" )
```

1. 수축기 혈압(높은 쪽 혈압 수치)과 이완기 혈압(낮은 쪽 혈압 수치)을 입력 받은 후 수축기 혈압이 120 이상이며 이완기 혈압이 80 이상, 두 조건 모두를 만족시키면 고혈압 경고 메시지를 출력하는 프로그램을 구현해 보세요.

2. 시와 소설 중 어느 것을 좋아하는지 확인한 후, 좋아하는 것의 베스트셀러 10을 화면에 출력해 주는 프로그램을 구현해 보세요. 베스트셀러 내용을 인터넷 조사를 통하여 작성하세요.

3. 비만도 확인을 위하여 BMI를 계산한 후 해당 상태를 알려주는 프로그램을 작성해 보세요.

   [BMI 계산식] 체중 (kg) / 키 (m) * 키 (m)

   cm가 아니고 m로 계산해야 하는 것에 유의하세요.

[BMI 분류]		
	18.5 미만	저체중
	18.5 ~ 23 미만	표준 체중
	23 ~ 25 미만	과체중
	25 ~ 30 미만	경도 비만
	30 ~ 35 미만	중증도 비만
	35 이상	고도 비만

4. 방학이 아니면 주중인지 확인 후 알람 시간을 7시로 정하고, 주말 또는 공휴일에 해당하는 경우 알람 시간을 8시로 정하고, 만약 방학 기간이라면 알람 시간을 9시로 정하는 프로그램을 중첩 if문을 사용하여 작성해 보세요. 알람 시간을 출력해주는 프로그램으로 작성하세요.

컴퓨팅 사고를 위한 파이선 입문

for문

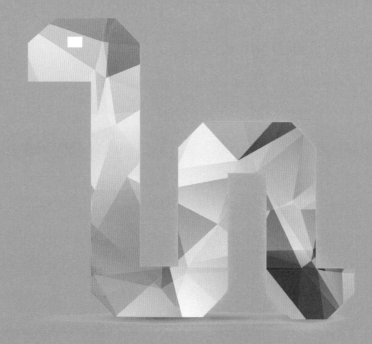

명령문을 실행할 때 똑같은 코드가 반복해서 나타나면 비효율적이다. 똑같은 결과를 나타내는 서로 다른 2개의 예제를 살펴보자.

예제 9-1

```
1 # -*- coding: utf-8 -*-
2 """
3 파이선 입문
4
5 예제 9-1 for문
6 """
7
8 import turtle
9
10 turtle.forward(100)
11 turtle.left(60)
12 turtle.forward(100)
13 turtle.left(60)
14 turtle.forward(100)
15 turtle.left(60)
16 turtle.forward(100)
17 turtle.left(60)
18 turtle.forward(100)
19 turtle.left(60)
20 turtle.forward(100)
21 turtle.left(60)
```

예제 9-1A

```
1 # -*- coding: utf-8 -*-
2 """
3 파이선 입문
4
5 예제 9-1A for문
6 """
7 # for문 사용함
8
9 import turtle
10
11 side = 6      # 육각형
12
13 for i in range( side ):
14     turtle.forward(100)
15     turtle.left(60)
```

왼쪽은 반복문을 적용하지 않은 것이고 오른쪽은 반복문을 사용한 예이다. 9-1 예제는 똑같은 명령문 블록의 내용을 6번 나열하였으나, 9-1A 예제는 9-1의 명령문 블록을 중복 없이 1번만 작성하였다. for문을 사용하여 반복처리를 적용한 것이다. 일반적으로 횟수를 기준으로 반복하는 경우 for문을 사용한다. for문의 개념을 표현한 순서도는 다음과 같다.

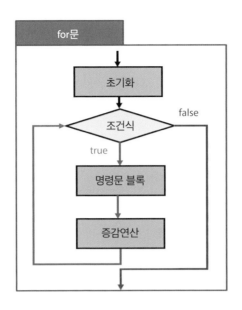

횟수를 적용하여 반복하는 경우 일반적으로 for문을 사용하기 때문에, 기준이 될 횟수에 대한 초기화가 필요하며, 조건식에서는 초기화한 변수에 대한 비교 연산이 이루어진다. 조건식이 만족되는 동안 명령문 블록이 반복되며, 실행된 이후 횟수에 대한 연산을 함께 반복 처리한다. 파이썬은 이러한 개념적인 단계를 for문을 사용하여 간단하게 표현할 수 있다. 파이썬의 for문 문법은 다음과 같다.

```
for 변수명  in sequence :
    명령문 블록
```

for문 선언 명령문에서 초기화, 조건식, 증감 연산을 모두 정의할 수 있다. 초기화는 sequence의 처음 값에 해당하며, 조건식은 sequence의 마지막인가 확인하는 연산이 진행되고, 증감은 자동 1씩 증가 또는 지정된 값의 증감이 반영될 수 있다. sequence에는 리스트, 튜플, 문자열 등 다양한 자료형이 가능하며, range( ) 함수도 사용 가능하다. 예제를 통하여 다양한 for문의 문법을 이해해 보기로 하자.

```
>>> num_list = [ 10, 20, 30 ]   # 리스트 적용
>>> for x in num_list :
        print ( x )
10
20
30
>>> char_tuple = ( '가', '나', '다', '라' )
>>> for x in char_tuple :    # 튜플 적용
        print ( x, end = ' ' )    # 빈칸으로 연결
가 나 다 라
>>> for c in "python" :    # 문자열 적용
        print ( c, end = '/' )    # 슬래쉬로 연결
p/y/t/h/o/n/
>>> for i in range ( 3 ) :    # range( ) 함수
        print ( i )
0
1
2
>>> for i in range ( 1, 4 ) :    # range( ) 함수 시작 지정 1씩 증가
        print ( i )
1
2
3
>>> for i in range ( 10, 0, -2 ) :    # range( ) 함수 감소 값 지정
        print ( i )
10
8
6
4
2
```

첫 번째 range( )함수의 예제는 한 개의 값만 인수로 제공되었고, 예제에서와 같이 인수 값이 3인 경우는 3번의 반복을 실행하며, 초기 값은 0이다. 두 번째 range( ) 함수의 예제는 인수로 2개의 값이 제시되었다. 첫 번째 값은 초기 값에 해당하며, 반복의 조건은 주어진 값 4 미만까지 반복하는 것이며, 증가 값은 1씩 증가에 해당한다. 세 번째 예제는 3개의 값이 제시되었으며, 첫 번째 값은 초기 값에 해당하고, 두 번째 값은 마지막 값이고, 세 번째 값은 증감 값에 해당한다. 즉, (10, 0, -2)가 제시되었으므로, 10에서 시작하여 그 다음 값은 10-2에 해당하는 8이며, 계속 2씩 감소하며 0을 포함하기 직전 값까지 반복한다.

위의 모든 경우는 for 다음에 하나의 변수만이 적용된 경우이다. for 다음에 하나 이상의 값이 오는 경우를 살펴보자.

```
>>> test_score = [ ( 77, 82, 100 ), ( 80, 71, 98) ]
>>> for ( test1, test2, test3 ) in test_score :
        print ( '평균 점수 : %.2f' % ( (test1 + test2 + test3) / 3 ) )
평균 점수 : 86.33
평균 점수 : 83.00
```

위의 예제에서는 for 다음에 (test1, test2, test3)와 같이 3개의 값을 가지는 튜플이 변수로 정의되었다. 이러한 경우는 in 뒤에 오는 sequence에 해당하는 test_score의 값이 3개의 값으로 이루어지는 튜플들의 컬렉션 자료형에 해당해야 한다. 즉, 위의 경우에는 2개의 튜플로 이루어진 리스트 자료형이 제시되었다. 튜플의 첫 번째 값은 test1에 저장되고, 두 번째 값은 test2, 세 번째 값은 test3에 저장된다.

리스트 안의 for문

for문을 리스트 안에 포함시켜 이미 존재하는 리스트를 활용하여 반복적으로 새로운 리스트 값을 생성할 수 있다. 사용하는 문법은 다음과 같다.

```
[ 표현식 for 변수명  in sequence if 조건문 ]
```

적용하는 sequence에 이미 존재하는 리스트를 적용하면 된다. 예제는 다음과 같다.

```
>>> value = [ 32, 530, 899, 90 ]
>>> percent = [ x * 0.01 for x in value if x > 100 ]
>>> print ( percent )
[5.3, 8.99]
```

위의 예제는 value에 포함된 값 중에서 100보다 큰 값만 선택하여 해당 값에 0.01을 곱한 결과로 percent라는 리스트 변수를 생성하라는 명령문이다. 위의 내용과 동일한 결과를 얻기 위한 일반적 for문 사용은 다음과 같다.

```
>>> value = [ 32, 530, 899, 90 ]
>>> percent = [ ]
>>> for x in value :
        if x > 100 :
            percent.append ( x * 0.01 )
>>> print ( percent )
[5.3, 8.99]
```

컴퓨팅 사고를 위한 파이선 입문

실습 9-1 : for문 문법

등록할 회원의 수를 입력 받은 뒤, 회원의 수만큼 회원 정보를 입력 받아 회원 정보 자료를 만든 후, 저장된 회원 정보를 출력하는 프로그램을 작성해 보세요. 회원 정보는 이름, 전화번호, 이메일을 포함합니다. 출력은 이름과 전화번호만 합니다.

입력: 등록할 회원 수와 회원의 이름, 전화번호, 이메일
처리: 반복하여 등록할 회원 수만큼의 정보를 입력 받아 저장
출력: 저장된 회원 정보 출력

사고력

✔ 적절한 자료 구조를 선택할 수 있는 자료 처리 사고력
✔ 입력 받은 회원 정보에 대한 코드적 사고력
✔ 반복문을 학습한 대로 구성할 수 있는 경험적 추론 사고력
✔ 반복문의 명령문 블록을 효율적으로 구성할 수 있는 단순화 사고력
✔ 입력과 출력 처리에 대한 논리적 사고력
✔ 저장된 자료를 출력하는 자료 표현 사고력

결과 화면

```
====== RESTART: C:/Users/Han/Desktop/python
 회원수를 입력하세요: 3
===== 1 번째 회원 정보 입력 >>>>>
회원 이름을 입력하세요 : 홍길동
전화번호를 입력하세요 : 010-111-2222
이메일을 입력하세요 : email1@email.com
===== 2 번째 회원 정보 입력 >>>>>
회원 이름을 입력하세요 : 임꺽정
전화번호를 입력하세요 : 010-222-3333
이메일을 입력하세요 : email2@email.com
===== 3 번째 회원 정보 입력 >>>>>
회원 이름을 입력하세요 : 황진이
전화번호를 입력하세요 : 010-333-4444
이메일을 입력하세요 : email3@email.com
########## 입력 회원 정보 ##########
이름 : 홍길동     연락처 : 010-111-2222
이름 : 임꺽정     연락처 : 010-222-3333
이름 : 황진이     연락처 : 010-333-4444
>>>
```

```
1 # -*- coding: utf-8 -*-
2 """
3 파이선 입문
4
5 실습 9-1  for문 문법
6 """
7
8 member = [ ]
9
10 num = int ( input ( " 회원수를 입력하세요: " ) )
11
12 for i in range(num):
13     print ( '='*5, i+1, "번째 회원 정보 입력", ">"*5 )
14     name = input ( "회원 이름을 입력하세요 : " )
15     phone = input ( "전화번호를 입력하세요 : " )
16     email = input ( "이메일을 입력하세요 : " )
17     member.append ( ( name, phone, email ) )
18
19 print ( "#"*10, "입력 회원 정보", "#"*10 )
20
21 for info in member:
22     print ( "이름 : %-10s 연락처 : %s" % ( info[0], info[1] ) )
```

02 continue문

반복문에서 continue문을 사용하면, 반복문에 속한 명령어 블록의 남은 부분을
생략하고 반복문의 맨 처음으로 돌아간다. 특정 조건을 만족한 경우에만 continue
문을 사용하는 것이므로 반복문 안에 포함된 if문에서 continue문을 사용한다.
continue문의 문법은 다음과 같다.

컴퓨팅 사고를 위한 파이선 입문

```
for 변수명  in sequence :
    명령문 블록     # 생략 가능
    if <조건식> :
        continue
    나머지 명령문 블록      # 조건에 따라 미포함되는 부분
다음 문장
```

for문 안에서 continue문을 사용하는 예제는 다음과 같다. 예제에서 8줄의 내용은 1에서부터 20까지 실행을 반복하는 것이고, 9줄은 만약 x의 값을 2로 나누어 나머지가 0이 아닌 경우 즉, 홀수인 경우 11줄이 진행되지 않고 다시 8줄로 올라가서 다음 x 값에 대하여 반복을 계속하라는 의미이다. 예제 9-2를 실행시킨 결과는 다음과 같다.

```
4  8  12  16  20  24  28  32  36  40
```

예제 9-2

```
 1 # -*- coding: utf-8 -*-
 2 """
 3 파이선 입문
 4
 5 예제 9-2 continue문
 6 """
 7
 8 for x in range( 1, 21 ) :
 9     if x % 2 != 0 :      #홀수인 경우에는 제외
10         continue
11     print ( x * 2, end = ' ' )
```

실습 9-2 : continue문

1~100까지의 수에 대하여 3-6-9게임의 법칙에 따라 출력하는 프로그램을 작성해 보세요. 3의 배수는 출력하지 않고, 3이 포함된 수도 출력하지 않도록 하면 됩니다.

입력: 입력 받는 자료 없이 1~100까지 수를 적용

처리: 3의 배수 제외, 3이 포함된 수 제외

출력: 제외되지 않은 수에 대한 출력

사고력

✔ 3-6-9게임을 이해할 수 있는 문제 이해 사고력

✔ 1~100까지 수를 표현할 수 있는 코드적 사고력

✔ 3의 배수를 표현할 수 있는 논리적 사고력

✔ 수에 3이 포함되었는가를 확인할 수 있는 자료형 변환 처리 함수 응용 사고력

✔ 두 가지 조건에 대하여 if문을 활용하는 병렬적 사고력

✔ 연속하여 수열을 출력할 수 있는 자료 표현 사고력

✔ for문의 명령문 블록을 구성하는 절차적 사고력

결과 화면

```
====== RESTART: C:/Users/Han/Desktop/python교재/source_code/chap9_실습2.py ======
1, 2, 4, 5, 7, 8, 10, 11, 14, 16, 17, 19, 20, 22, 25, 26, 28, 29, 40, 41, 44, 46, 47, 49, 50, 52, 55, 56,
58, 59, 61, 62, 64, 65, 67, 68, 70, 71, 74, 76, 77, 79, 80, 82, 85, 86, 88, 89, 91, 92, 94, 95, 97, 98,
100,
>>>
```

실습 9-2

```python
1 # -*- coding: utf-8 -*-
2 """
3 파이션 입문
4
5 실습 9-2  continue문
6 """
7
8 for i in range(1, 101) :
9     if i % 3 == 0 :      # 3의 배수
10        continue
11    if '3' in str(i) :   # 3을 포함한 수
12        continue
13    print ( i, end = ', ' )
```

반복문을 실행하다가 특정 조건식이 만족되면 반복문을 끝내고 다음 문장을 실행할 때 break문을 사용한다. continue문과 마찬가지로 특정 조건을 만족한 경우에만 break문을 사용하는 것이므로 반복문 안에 포함된 if문에서 break문을 사용한다. break문의 문법은 다음과 같다.

```
for 변수명  in sequence :
    명령문 블록          # 생략 가능
    if <조건식> :      # 반복을 끝내는 조건
        break
    나머지 명령문 블록    # 생략 가능
다음 문장
```

for문 안에서 break문을 사용하는 예제는 다음과 같다. 예제의 15줄은 var_list의 값이 100보다 커지면 더 이상 new_list에 값을 복사하지 않기 위한 명령문이다. 조건이 만족되면 16줄에서와 같이 break문을 실행하여 반복 작업을 멈춘다. 이와 같은 예제는 var_list가 정렬된 자료인 경우 적절하며 그렇지 않은 경우는 논리적으로 무의미한 명령이다. 예제 9-3의 실행 결과는 다음과 같다.

```
[1, 8, 10, 21, 25, 27, 28, 30, 30, 35, 38, 40, 44, 52, 76, 91]
```

```
1 # -*- coding: utf-8 -*-
2 """
3 파이선 입문
4
5 예제 9-3 break문
6 """
7
8 var_list = [1, 8, 10, 21, 25, 27, 28, 30, 30, 35, 38, 40, \
9            44, 52, 76, 91, 112, 118, 119, 121, 127, 131, 141, \
10           141, 144, 156, 171, 186, 191, 199]
11
12 new_list = []
13
14 for i in range(len(var_list)):    # 리스트 자료 수만큼 반복
15     if var_list[i] > 100:         # 100 이상의 값을 가진 경우
16         break
17     new_list.append( var_list[i] )
18
19 print ( new_list )
```

9-3예제는 range( )함수의 인수를 len( )이라는 함수를 사용하였다. len( )함수는 해당 자료의 데이터 개수를 값으로 사용한다. 위의 경우 len(var_list)이므로, var_list의 데이터 개수에 해당하는 30을 값을 갖는다. 즉, for i in range(30)에 해당한다. var_list의 데이터 수가 30개 고정인지 확인할 수 없으므로 len(var_list)를 사용한다.

실습 9-3 : break문

1부터 200까지의 소수(Prime Number) 리스트를 작성하여 출력해 보세요.

입력: 입력 받는 자료 없이 1~200까지 수를 적용
처리: 1~200까지의 수 중 소수를 선택하여 리스트 작성
출력: 작성된 소수 리스트 출력

사고력

✔ 소수 개념을 확인할 수 있는 알고리즘적 사고력

✔ 1~200까지 범위를 적용하여 반복문을 작성하는 경험적 추론 사고력

✔ 반복문 안에서 if문을 활용할 수 있는 융합적 사고력

✔ 자기 자신과 1로만 나누어지는 내용을 확인할 수 있는 추상적 사고력

✔ 학습한 리스트를 생성할 수 있는 자료 관리 사고력

결과 화면

```
============== RESTART: D:/Book/python/source_code/chap9_실습3.py ==============
1~200까지의 소수 (prime) 리스트 :
[1, 2, 3, 5, 7, 11, 13, 17, 19, 23, 29, 31, 37, 41, 43, 47, 53, 59, 61, 67, 71, 73, 79, 83, 89, 97, 101, 103,
107, 109, 113, 127, 131, 137, 139, 149, 151, 157, 163, 167, 173, 179, 181, 191, 193, 197, 199]
>>>
```

실습 9-3

```python
1 # -*- coding: utf-8 -*-
2 """
3 파이썬 입문
4
5 실습 9-3  break문
6 """
7
8 prime_number = [  ]
9
10 for chk_p_num in range ( 1, 201 ) :
11     if chk_p_num <= 200 :
12         for i in range ( 2, chk_p_num ) :
13             if ( chk_p_num % i ) == 0 : #자기 자신과 1이외의 다른 수로 나누어짐
14                 break
15         else:     # for문이 정상적으로 종료됨
16             prime_number.append( chk_p_num )
17
18 print ( "1~200까지의 소수 (prime) 리스트 : ")
19 print ( prime_number )
```

[잠깐!] 15줄의 else는 if문에 연결된 else가 아닌 for문의 else임. for문의 조건식이 false인 경우 즉, for문의 실행이 정상. 종료된 경우에 실행한 명령문 블록을 선언함.

04 중첩 for문

for문 안에 for문을 포함하는 경우는 중첩(nested) for문에 해당한다. for문 안에 있는 명령문 블록이 for문으로 구성되는 형식이다. 중첩 for문의 문법 활용 예는 다음과 같다.

```
for 변수명1 in sequence1 :
    for 변수명2 in sequence2 :
        inner for를 위한 명령문 블록
    outer for를 위한 명령문 블록
```

중첩 반복문을 가장 쉽게 이해할 수 있는 것은 구구단이다. 구구단은 2~9까지의 수에 대하여 1~9까지의 값을 곱하여 결과를 나타낸다. 다음의 구구단 코드를 보면 중첩 for문의 이해가 쉽게 될 것이다.

예제 9-4

```
 1 # -*- coding: utf-8 -*-
 2 """
 3 파이선 입문
 4
 5 예제 9-4 중첩 for문
 6 """
 7
 8 for i in range ( 2, 10 ) :     #마지막 값 + 1 기억하세요!
 9     for j in range ( 1, 10 ) :
10         print ( "%d X %d = %2d" % ( i, j, i*j ) )
11     print ( "=" * 7 )
```

컴퓨팅 사고를 위한 파이선 입문

```
2 X 1 =  2      3 X 1 =  3      4 X 1 =  4
2 X 2 =  4      3 X 2 =  6      4 X 2 =  8
2 X 3 =  6      3 X 3 =  9      4 X 3 = 12
2 X 4 =  8      3 X 4 = 12      4 X 4 = 16
2 X 5 = 10      3 X 5 = 15      4 X 5 = 20
2 X 6 = 12      3 X 6 = 18      4 X 6 = 24
2 X 7 = 14      3 X 7 = 21      4 X 7 = 28
2 X 8 = 16      3 X 8 = 24      4 X 8 = 32
2 X 9 = 18      3 X 9 = 27      4 X 9 = 36
=======        =======        =======
```

이와 같이 구구단의 내용이 화면에 표시된다. 위의 내용은 공간의 효율적 이용을 위하여 옆으로 내용을 표시하였다. 중첩 반복문을 적용하지 않는 경우는 어떠한지 검토해보자.

예제 9-4A

```
 1 # -*- coding: utf-8 -*-
 2 """
 3 파이선 입문
 4
 5 예제 9-4A 중첩 for문을 적용하지 않는 경우
 6 """
 7
 8 for j in range ( 1, 10 ) :
 9     print ( "2 X %d = %2d" % ( j, 2*j ), end = '\t' )
10     print ( "3 X %d = %2d" % ( j, 3*j ), end = '\t' )
11     print ( "4 X %d = %2d" % ( j, 4*j ), end = '\t' )
12     print ( "5 X %d = %2d" % ( j, 5*j ) )
13 print ( "=" * 45 )
```

위의 경우는 2~5단까지의 출력을 중첩을 적용하지 않고 for문을 사용하여 작성한 예이다. 한 줄로 표현되었던 print( ) 문이 각 단마다 필요함을 알 수 있으며, 위의 경우는 구구단의 일부만을 출력한 내용임을 유의해야 한다. 중첩 없이 for문을 적용하여 작성한 프로그램의 결과 화면은 다음과 같다.

```
=============== RESTART: D:/Book/python/source_code/chap9_4A.py
2 X 1 = 2         3 X 1 = 3         4 X 1 = 4         5 X 1 =  5
2 X 2 = 4         3 X 2 = 6         4 X 2 = 8         5 X 2 = 10
2 X 3 = 6         3 X 3 = 9         4 X 3 = 12        5 X 3 = 15
2 X 4 = 8         3 X 4 = 12        4 X 4 = 16        5 X 4 = 20
2 X 5 = 10        3 X 5 = 15        4 X 5 = 20        5 X 5 = 25
2 X 6 = 12        3 X 6 = 18        4 X 6 = 24        5 X 6 = 30
2 X 7 = 14        3 X 7 = 21        4 X 7 = 28        5 X 7 = 35
2 X 8 = 16        3 X 8 = 24        4 X 8 = 32        5 X 8 = 40
2 X 9 = 18        3 X 9 = 27        4 X 9 = 36        5 X 9 = 45
===================================================
>>>
```

앞의 코드에서 9~11줄에 적용한 \t로 한 줄에 출력할 수 있었으며, 5단의 내용 다음에는 줄바꾸기가 필요하므로 \t가 적용되지 않았다.

for문에서 주의해야 할 점을 명령문 블록의 범위를 명확히 이해하고 적용하는 것과 들여쓰기이다. 논리적 사고력을 충분히 발휘하지 않으면 예상하지 못한 결과를 얻을 수 있기 때문이다. 다음의 코드를 살펴보자.

예제 9-4B

```
 1 # -*- coding: utf-8 -*-
 2 """
 3 파이선 입문
 4
 5 예제 9-4B 중첩 for문 : 명령문 블록
 6 """
 7
 8 for i in range ( 2, 10 ) :
 9     for j in range ( 1, 10 ) :
10         print ( i, '단 출력' )
11     print ( "%d X %d = %2d" % ( i, j, i*j ) )
12 print ( "=" * 7 )
```

의도하는 내용은 10줄에서 몇 단을 출력할 것인지 표시하고, 구구단 내용을 11줄과 같이 출력한 후 단의 구분을 위하여 12줄과 같이 구분선을 표시하는 것이다.

결과 화면을 확인하면 9-4B의 예제는 논리적으로 잘못된 것을 확인할 수 있다.

```
2 단 출력
2 단 출력
2 단 출력
2 단 출력
2 단 출력
2 단 출력
2 단 출력
2 단 출력
2 단 출력
2 X 9 = 18
3 단 출력
3 단 출력
.....
```

구구단의 내용을 출력하는 대신 10줄에 있는 단 확인 문자열이 반복 출력되었다. 논리적으로 10줄의 내용은 inner for문이 시작되기 전에 작성되어야 한다. 또한 구구단의 내용을 출력하는 11줄의 내용은 inner for문에 종속된 명령문이어야 되는데 outer for문의 종속 명령문으로 작성되었다. 또한 12줄의 단 구분선을 단을 구분할 때 표시되지 않고 모든 출력이 끝난 다음 1회에 한하여 출력되도록 작성되었다. 12줄의 내용은 outer for문에 종속되도록 작성되어야 한다. 수정한 코드는 예제 9-4C와 같다.

예제 9-4C

```
 1 # -*- coding: utf-8 -*-
 2 """
 3 파이썬 입문
 4
 5 예제 9-4C 중첩 for문 : 수정된 명령문 블록
 6 """
 7
 8 for i in range ( 2, 10 ) :
 9     print ( i, '단 출력' )
10     for j in range ( 1, 10 ) :
11         print ( "%d X %d = %2d" % ( i, j, i*j ) )
12     print ( "=" * 7 )
```

실습 9-4 : 중첩 for문

turtle을 활용하여 선의 색이 파란 사각형을 나선형으로 돌리면서 면의 길이를 2씩 증가하며 70번 그리는 프로그램으로 작성해 보세요.

 입력: 입력 받는 자료 없이 70번 반복
처리: 사각형을 70번 반복하여 20도씩 나선형으로 돌리며 표시
출력: 처리되는 내용을 화면에 그리기

 사고력
✔ 사각형을 반복문의 형태로 적용할 수 있는 논리적 사고력
✔ 사각형을 그릴 수 있는 절차적 사고력
✔ 사각형을 70번 반복하여 나선형으로 표시하며 그릴 수 있는 재귀적 사고력
✔ 나선형 표현을 위한 공간 지각 사고력
✔ 중첩 for문 안의 종속 명령문 블록을 구성할 수 있는 추상화 사고력
✔ turtle 모듈을 사용하여 그림을 표현하는 경험적 추론 사고력

 결과 화면

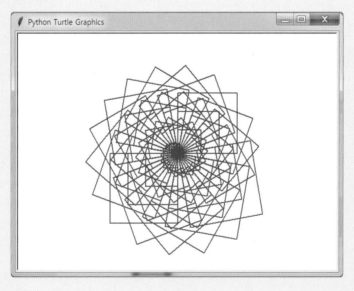

컴퓨팅 사고를 위한 파이선 입문

실습 9-4

```
 1 # -*- coding: utf-8 -*-
 2 """
 3 파이썬 입문
 4
 5 실습 9-4 중첩 for문
 6 """
 7
 8 import turtle
 9
10 turtle.color("#0000FF")    # RRGGBB 즉, blue의 값만 지정
11 turtle.pensize(2)     # pen 두께
12
13 side=10   # 한 면의 길이
14
15 for i in range ( 1, 71 ) :    # 70번 반복
16     for j in range ( 0, 4 ) :     # 사각형 그리기
17         turtle.forward(side)
18         turtle.left(90)
19     turtle.left(20)     # 나선형 적용
20     side=side+2
```

1. 300~0까지 3의 배수에 대하여 제곱 값을 출력하는 프로그램을 구현해 보세요.

   [출력 예]   300의 제곱은 90000

                   297의 제곱은 88209

                   ...

2. (지역, 전화번호)로 구성된 자료를 지역번호를 포함하는 전화번호 자료로 수정하려고 할 때, 만약 지역이 서울이면 지역번호를 붙이지 않고 다음 자료로 넘어가며 자료 수정을 할 수 있는 프로그램을 구현해 보세요. continue문을 활용하여 작성해 보세요.

   [예] [('부산', '111-2222'), ('대전', '222-3333'), ('서울', '333-4444'),

        ('인천', '444-5555')] 인 경우, 프로그램을 통하여

        ['051-111-2222', '042-222-3333', '333-4444', '032-444-5555']

        생성되도록 작성

   [지역번호]

서울	부산	대구	인천	광주	대전	울산
02	051	053	032	062	042	052
세종	경기	강원	충북	충남	전북	전남
044	031	033	043	041	063	061
경북	경남	제주				
054	055	064				

3. 학생들에게 역사의 소중함을 알게 하도록 10번의 퀴즈를 보게 하는 경우, 그 성적을 기록하는 프로그램을 for문을 사용하여 작성해 보세요. 즉, 10번의 퀴즈 점수를 기록하여 저장하는 프로그램을 작성하면 됩니다. 각 퀴즈의 점수는 100점이 만점입니다. 단, 누적된 퀴즈 점수의 총합이 700이 넘으면 더 이상 퀴즈를 안 봐도 되는 조건을 적용하여 작성해 보세요. 반복이 끝나면, 퀴즈 참가 횟수 및 누적 점수를 출력해 주세요.

4. 중첩 for문을 적용하여 육각형을 나선형으로 그리는 프로그램으로 작성해 보세요. 펜의 색을 RGB값을 사용하여 초록으로 지정하고, 육각형을 60번 반복하여 그려보세요.

[출력 결과]

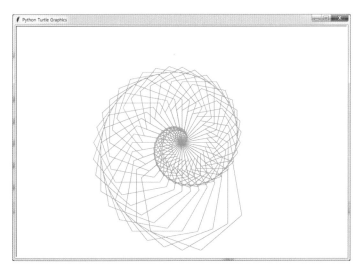

while문

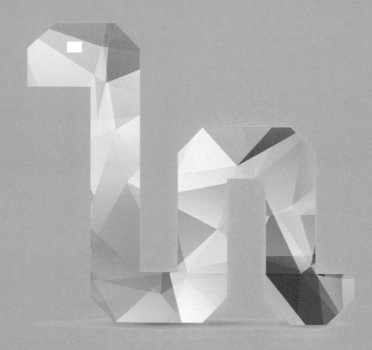

01 while문 문법

for문이 횟수를 기준으로 반복하는 경우에 적합하다면, while문은 조건이 참일 때 반복하는 경우에 적합한 반복문에 해당한다. 아래의 두 프로그램을 비교해보자.

예제 10-1

```
 1 # -*- coding: utf-8 -*-
 2 """
 3 파이선 입문
 4
 5 예제 10-1 while문
 6 """
 7
 8 i = 0
 9 while i < 10 :
10     i = i + 1
11     print ( i, end = ' ' )
```

예제 10-1A

```
 1 # -*- coding: utf-8 -*-
 2 """
 3 파이선 입문
 4
 5 예제 10-1A while문 (for문 표현)
 6 """
 7
 8 for i in range (10) :
 9     print ( i+1, end = ' ' )
```

왼쪽은 while문을 사용하여 만든 반복문이고, 오른쪽은 for문을 사용하여 만든 반복문이다. 두 프로그램 모두 1부터 10까지 출력하는 같은 결과물을 제공한다. 프로그램의 처리 내용을 보면 횟수를 기준으로 처리하기 때문에 while문보다는 for문이 적절한 경우라고 볼 수 있다. 조건식을 기준으로 반복하는 while문의 적절한 예는 다음과 같다.

```
>>> choice = 'Y'    # 초기 값 지정
>>> while choice == 'Y' :
        choice = input ( "계속하시기 원하십니까? (Y/N) " )

계속하시기 원하십니까? (Y/N) Y
계속하시기 원하십니까? (Y/N) Y
계속하시기 원하십니까? (Y/N) N
>>>
```

컴퓨팅 사고를 위한 파이선 입문

위의 예제에서 보듯이 조건식이 참인 경우 반복되며 조건식이 거짓이 되면 반복문을 종료한다. 조건식이 참에서 거짓으로 바뀌는 내용이 while문의 종속 명령문 블록에 포함되어 있어야 하며, 위의 경우는 입력 받은 데이터를 조건식에서 비교하며 반복한 경우이다. while문의 순서도는 다음과 같다.

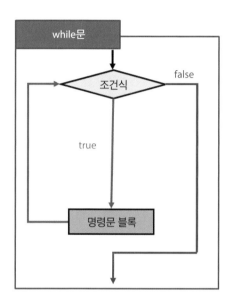

위와 같은 개념으로 실행되는 while문의 문법은 다음과 같다.

```
while 조건식 :
    명령문 블록
다음 문장
```

조건식은 True 또는 False의 결과를 반환하며, 조건식의 결과가 True인 경우에 while문에 종속된 명령문 블록의 내용들이 반복하여 실행된다. 조건식이 False가 되면 명령문 블록의 반복 실행이 끝나고 다음 문장이 실행된다. 예제를 통하여 while문의 활용을 이해해 보자.

```
>>> num_list = [ 10, 20, 30 ]    # 리스트 자료 사용
>>> while num_list :    # num_list.에 값이 있는 동안 반복
        print ( num_list.pop( ) )    # 뒤에서부터 하나씩 꺼내며 삭제
30
20
10
>>> print ( num_list )
[ ]
>>> x = 5
>>> while x < 50 :    # x의 값이 50 미만인 동안 반복
        x = x * 2
        print ( x, end = ' ' )    # 빈칸으로 연결
10 20 40 80
```

첫 번째 예제는 num_list에 값이 있는 동안 계속 반복하라는 명령문이다. while문의 종속 명령문 블록에서 pop( ) 함수를 사용하여 리스트의 값을 하나씩 제거하므로 리스트의 값이 모두 제거되면 조건식이 False가 되어 while문을 종료하고 다음 문장이 실행된다. 다음 문자에 해당하는 print문의 결과는 num_list에 아무 값도 없는 것을 확인할 수 있다. 즉, 아무 값도 없기 때문에 반복이 종료된 것이다.

두 번째 예제는 x의 초기 값은 5로 하고, 만약 x가 50보다 작으면 명령문 블록을 반복한다. 명령문 블록의 첫 번째 내용은 x 곱하기 2를 연산한 뒤 x를 출력하라는 것이다. 명령문 블록의 변화 내용은 다음과 같다.

x	5	10	20	40	80
조건식	True	True	True	True	False
x * 2	10	20	40	80	실행 안됨

80은 50보다 크지만 조건식 비교 이전에 print( )문이 있으므로 출력되었다. 80이 출력된 이후 x의 값을 비교하면 50보다 큰 값에 해당하므로 조건식의 결과가

컴퓨팅 사고를 위한 파이선 입문

False가 되어 while에 종속된 명령문 블록의 실행을 종료한다.

예제와 같이 몇 번의 반복이 진행되는 것이 아닌, 조건에 따라 반복이 일어나는 경우는 while문을 적용한다.

while문의 else문

앞장의 실습 9-3에서 for를 사용한 반복문에서 적용되는 else와 마찬가지로 while문에서도 else문을 사용할 수 있다. while의 조건식이 False가 되는 경우 else에 종속된 명령문 블록을 실행하게 된다. if문에서 조건식이 False일 때 실행되는 것과 같은 경우이다. 다음의 예제를 통하여 else문의 사용을 검토해 보자.

예제 10-1C

```
 1 # -*- coding: utf-8 -*-
 2 """
 3 파이썬 입문
 4
 5 예제 10-1C while문의 else문
 6 """
 7
 8 z = 0     # 초기 값
 9 n1 = 0 ;  print ( n1, end = '  ' )
10 n2 = 1 ;  print ( n2, end = '  ' )
11
12 while z < 50 :
13     z = n1 + n2
14     print ( z, end = '  ' )
15     n1 = n2
16     n2 = z
17 else:     # z의 값이 50이상인 경우
18     print ( "피보나치 수열이 50보다 큰 값이 되었습니다." )
19
20 print ( "다음 문장 실행" )
```

예제 10-1C를 실행한 결과는 다음과 같다.

```
=============== RESTART: D:/Book/python/source_code/chap10_1C.py ===
0  1  1  2  3  5  8  13  21  34  55  피보나치 수열이 50보다 큰 값이 되었습니다.
다음 문장 실행
>>>
```

14줄에서 z값 출력이 55가 실행되고, 15줄에서 n1의 값은 34로 대입되며, 16줄에 의하여 n2에 55가 대입된다. 명령문 블록이 모두 실행되었으므로 다시 12줄로 돌아가서 조건식을 확인하는데, 이때 z의 값이 55이므로 조건식의 결과는 False가 되고 17줄의 else문이 실행된다. else에 종속된 18줄이 실행된 후에는 다음 문장에 해당하는 20줄이 실행되는 것이다. 이와 같이 반복문의 종료에 대한 종속 명령문 블록을 작성하고 할 때 else문을 사용할 수 있다. 그러나 필수는 아니며 사용여부는 필요에 따라 결정하면 된다.

실습

실습 10-1 : while문 문법

turtle을 이용하여 원을 그린 후 계속 그리기 원하는지 확인한 후 계속 원하는 경우 위치를 이동하여 원을 그리는 프로그램을 작성해 보세요.

입력: 계속 원을 그리기 원하는 가에 대한 사용자의 선택
처리: 반복하여 원을 그리되 위치를 이동하며 그리기
출력: 그리는 내용을 화면에 표시하기

사고력

✔ 원을 반복하여 그리기 위하여 좌표 이동을 적용할 수 있는 공간 지각 사고력
✔ 반복의 조건을 적용할 수 있는 논리적 사고력
✔ turtle에서 좌표 이동에 따른 불필요한 선 그리기를 생략할 수 있는 경험적 추론 사고력
✔ 반복문의 명령문 블록을 효율적으로 구성할 수 있는 단순화 사고력
✔ 원을 그리기 위한 추상화 사고력
✔ 반복 여부를 결정하는 변수의 순서를 적용할 수 있는 절차적 사고력
✔ x와 y의 좌표를 함께 적용할 수 있는 병렬적 사고력

컴퓨팅 사고를 위한 파이썬 입문

결과 화면

[입력 자료 값 : Y → Y → Y → Y → N]

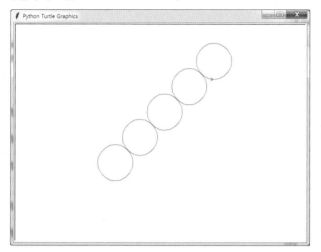

실습 10-1

```python
1 # -*- coding: utf-8 -*-
2 """
3 파이썬 입문
4
5 실습 10-1  while문 문법
6 """
7
8 import turtle
9
10 turtle.color ( "violet" )
11 turtle.pensize ( 2 )      # 약간 두껍게 그리기
12
13 x = y = -200
14 more = 'Y'
15
16 while more == 'Y':
17     turtle.penup ( )     # 위치이동은 그리기 생략
18     x += 70 ; y += 70    # 위치 이동
19     turtle.goto ( x, y )
20     turtle.pendown ( )
21     turtle.circle ( 50 )
22     more = turtle.textinput ( "반복", "그리기를 계속할까요? (Y/N)" )
```

02 무한 반복

반복문에서 처음 시작할 때 조건식을 제시할 수 없는 상황이라면, 무한 반복문을 사용할 수 있다. 그러나 프로그램을 반드시 종료해야 하므로 반복문에 종속된 명령문 블록 안에서 반복문을 종료할 수 있는 선택문을 포함해야 한다. 반복을 끝내고 나가기 위해서는 9장에서 학습한 break를 사용한다. while문에서 무한 반복을 적용하는 경우는 다음과 같다.

```
>>> while True :
        print ( '할 수 있다!!' )
```

위와 같이 실행하면 ' 할 수 있다!! ' 가 끝없이 화면에 표시될 것이다. 조건식에 True를 제시하였기 때문에 False로 변환되지 않는 한 무한 반복처리 되기 때문이다. 만약 실수로 반복문의 종료 조건이 제시되지 않은 경우는 ⟨Ctrl⟩+C를 눌러서 실행을 강제 취소할 수 있다. 올바르게 반복을 종료하는 경우는 다음과 같다.

```
>>> while True :
        print ( '난 오늘도 최선을 다 했어!' )
        q = input ( '꿈을 이루셨나요? ' )
        if q == 'Y' or q == 'y' :
            break
```

앞의 예제를 실행하면 다음과 같이 Y또는 y가 입력되기 전까지 계속 반복하며 꿈을 이루었는지 물어본다.

난 오늘도 최선을 다 했어!
꿈을 이루셨나요? N
난 오늘도 최선을 다 했어!
꿈을 이루셨나요? N
난 오늘도 최선을 다 했어!
꿈을 이루셨나요? N
난 오늘도 최선을 다 했어!
꿈을 이루셨나요? Y
>>>

실습 10-2 : 무한 반복

[참고] 무한 반복은 프로그램을 끝내지 않고 계속 실행하는 의미가 아니라 조건문의
조건식을 무한하게 제시하는 것을 뜻함.

사용자가 프로그램을 종료하기 전까지 반복하여 주사위 게임을 진행하는 프로그램을
작성해 보세요. 주사위 게임은 사용자와 컴퓨터가 함께 하며 둘 중에 높은 수를 가진
쪽이 승자입니다. 게임 종료까지 승리한 횟수를 함께 기록해 보세요.

입력: 게임을 계속할 것인가에 대한 답변
처리: 사용자의 주사위 값과 컴퓨터의 주사위 값을 생성하여 높은 수를 가진 쪽
을 비교하여 승자 결정
사용자와 컴퓨터의 승리 횟수 계산
출력: 각 주사위 게임의 승자 및 게임 종료 후 각각의 전체 게임 승리 횟수 출력

사고력

✔ 주사위 게임을 이해할 수 있는 문제 이해 사고력

✔ 1부터 6까지의 수 중에서 난수 생성을 할 수 있는 추상화 사고력

✔ 무한 반복문의 조건을 생성할 수 있는 논리적 사고력

✔ 게임 종료문을 위하여 break문을 활용할 수 있는 경험적 추론 사고력

✔ if ~ elif ~ else를 사용하여 게임의 결과를 적용할 수 있는 분해적 사고력

✔ 사용자의 승리 횟수와 컴퓨터의 승리 횟수를 관리하는 연산 사고력

✔ 초기 값 설정 및 명령문 구성을 올바르게 할 수 있는 절차적 사고력

결과 화면

```
====== RESTART: C:/Users/Han/Desktop/python.
주사위 게임을 종료할까요? (Y/N) : n
사용자 = 1, 컴퓨터 = 4 : 컴퓨터 승!
주사위 게임을 종료할까요? (Y/N) : n
사용자 = 4, 컴퓨터 = 2 : 사용자 승!
주사위 게임을 종료할까요? (Y/N) : n
사용자 = 6, 컴퓨터 = 6 : 무승부!
주사위 게임을 종료할까요? (Y/N) : n
사용자 = 2, 컴퓨터 = 4 : 컴퓨터 승!
주사위 게임을 종료할까요? (Y/N) : n
사용자 = 3, 컴퓨터 = 6 : 컴퓨터 승!
주사위 게임을 종료할까요? (Y/N) : n
사용자 = 4, 컴퓨터 = 1 : 사용자 승!
주사위 게임을 종료할까요? (Y/N) : n
사용자 = 6, 컴퓨터 = 4 : 사용자 승!
주사위 게임을 종료할까요? (Y/N) : n
사용자 = 2, 컴퓨터 = 6 : 컴퓨터 승!
주사위 게임을 종료할까요? (Y/N) : y
주사위 게임을 종료합니다!
사용자는 3번 이겼으며, 컴퓨터는 4번 이겼습니다!
>>>
```

실습 10-2

```python
1 # -*- coding: utf-8 -*-
2 """
3 파이선 입문
4
5 실습 10-2  무한 반복
6 """
7
8 import random
9
10 user_win = computer_win = 0      # 이긴 횟수
11
12 while True :
13     choice = input ( "주사위 게임을 종료할까요? (Y/N) : " )
14     if choice == 'Y' or choice == 'y' :
15         print ( "주사위 게임을 종료합니다! " )
16         break
17     user = random.randrange (1, 7)
18     computer = random.randrange (1, 7)
19     if user > computer :
20         user_win += 1
21         print ( "사용자 = %d, 컴퓨터 = %d : 사용자 승!" % ( user, computer ) )
22     elif user < computer :
23         computer_win += 1
24         print ( "사용자 = %d, 컴퓨터 = %d : 컴퓨터 승!" % ( user, computer ) )
25     else :      # user == computer
26         print ( "사용자 = %d, 컴퓨터 = %d : 무승부!" % ( user, computer )  )
27
28 print ( "사용자는 %d번 이겼으며, 컴퓨터는 %d번 이겼습니다!" \
29         % ( user_win, computer_win ) )
30
```

03 while ~ else

앞에서 설명한 while ~ else의 상세 설명에 해당한다.

for문에서 else를 사용한 것같이 while문에서도 else를 사용할 수 있다. while ~ else의 문법 구조는 다음과 같다.

```
while 조건식 :
        명령문 블록1
else :    # while문 조건식이 거짓이 된 경우
        명령문 블록2
```

만약 while문 안에 if문이 있으며, if문이 break문을 포함하여 while문이 종료되었다면 while문이 종료되어도 else에 종속된 명령문 블록2는 실행되지 않는다.

10-3의 예제 파일을 통하여 while ~ else의 적용을 살펴보자. more 변수가 True 값인 동안 반복하여 수를 입력받아서 total의 값이 100이 넘지 않는 경우 새로 입력된 값을 total 변수에 더하는 프로그램이다. 이 경우 반복문의 종료는 2가지의 상황에 의하여 가능하다.

첫째는 사용자가 종료를 희망하여 more 변수를 False로 전환하는 경우이며, 두 번째는 새로 입력된 값을 더해가는 과정에서 total의 값이 100을 초과하는 경우이다. while문의 조건은 more라고 명시하였으므로, more의 값이 false가 되는 경우 else에 종속된 명령문이 실행된다.

```
 1 # -*- coding: utf-8 -*-
 2 """
 3 파이선 입문
 4
 5 예제 10-3 while ~ else문
 6 """
 7
 8 more = True
 9 total = 0
10 while more :
11     x = input ( '수를 입력하시오 (Q to quit) : ' )
12     if x == 'Q' :      # 사용자가 종료 선택
13         more = False
14     else :
15         total = total + int ( x )     # total 에 입력 받은 값 더함
16         if total >= 100 :       # total 이 100보다 커지면 반복 종료
17             print ( '입력 받은 수의 합이 100을 초과 하였습니다' )
18             break
19 else :      # Q를 입력받아 종료된 경우
20     print ( "사용자에 의하여 종료되었습니다! " )
```

만약 반복문의 종료가 18줄의 break문에 의하여 발생되었다면 20줄의 print문은
실행되지 않으며, Q를 입력 받아 종료된 경우에만 20줄의 print문이 출력되는 것
이 while ~ else 문의 개념인 것을 유의하자.

실습 10-3 : while ~ else 문

turtle을 사용하여 red 색이 0~255로 적용되고, green은 255~0으로 적용되며, blue는
반영되지 않는 색상으로 선을 표현하는 프로그램을 작성해 보세요. 선의 굵기는 100
으로 지정하여 색을 확인할 수 있도록 적용해 보세요.
초록으로 시작하여 빨강으로 끝나는 선이 그려지도록 구성하는 프로그램입니다.
red와 green의 조건이 거짓이 되면 (0, 80)으로 이동하여 완료 메시지를 출력해 보세요.

입력: 입력 받는 자료 없이 처리
처리: red는 0~255의 수 표현을 적용하고, green은 255~0의 수 표현을 적용하
　　　며, blue는 0으로 하여 색 표현하기
　　　색을 10씩 증가하며 색상을 변환
출력: 색을 바꾸어 가며 선 그리기
　　　선 긋기가 끝나면 커서를 중앙으로 옮겨서 메시지 출력

사고력

✔ #000000로 표현되는 RGB에 대한 코드적 사고력

✔ 2bit씩 연결하여 6bit의 문자열을 작성하는 경험적 추론 사고력

✔ red의 값을 증가시키며 동시에 green의 색을 감소시키는 병렬적 사고력

✔ hex 함수에 활용에 대한 추상적 사고력

✔ 증감 연산을 적용하는 연산 사고력

결과 화면

실습 10-3

```
 1 # -*- coding: utf-8 -*-
 2 """
 3 파이썬 입문
 4
 5 실습 10-3  while ~ else 문
 6 """
 7
 8 import turtle
 9
10 red = 0
11 green = 255
12 turtle.pensize(100)
13
14 while red < 256 and green >0 :
15     red_str = hex ( red )
16     red_str = red_str[2:]
17     if len(red_str) == 1 :      # 10미만의 값인 경우
18         red_str = '0' + red_str     # 앞자리에 0을 추가
19     green_str = hex ( green )
20     green_str = green_str[2:]
21     if len(green_str) == 1 :    # 10미만의 값인 경우
22         green_str = '0' + green_str    # 앞자리에 0을 추가
23     turtle.color ( '#' + red_str + green_str + "00" )   # blue 색 적용 안함
24     turtle.forward(10)
25     red += 10
26     green -= 10
27 else :
28     turtle.penup ( )         # 커서 이동을 따라 선긋기 멈춤
29     turtle.goto ( 0, 80 )    # 커서 위치 이동
30     turtle.write ( "선 그리기를 완료하였습니다!" , font=70)    # 큰 글씨로 쓰기
```

04 중첩 while문

중첩 while문은 while문에 종속된 명령문 블록이 또 다른 while문을 포함하고 있는 경우이다. 중첩 while문의 문법 구조는 다음과 같다.

```
while 조건식1 :
    while 조건식2 :
        명령문 블록      # 조건식2에 종속된 명령문 블록
    명령문 블록      # 조건식1에 종속된 그 외 명령문 / 생략 가능
다음 문장
```

만약 아래와 같은 결과물을 얻을 수 있는 프로그램을 작성하는 경우를 생각해보자. 사용자가 입력한 반복 횟수만큼 반복하여 새로운 줄을 출력해야 한다. 동시에 한 줄의 내용 안에서 반복하여 수를 출력하도록 프로그램을 구성해야 한다.

```
몇 줄을 반복하기 원하나요? 10
1
1 2
1 2 3
1 2 3 4
1 2 3 4 5
1 2 3 4 5 6
1 2 3 4 5 6 7
1 2 3 4 5 6 7 8
1 2 3 4 5 6 7 8 9
1 2 3 4 5 6 7 8 9 10
>>>
```

컴퓨팅 사고를 위한 파이썬 입문

위의 내용을 실행해 주는 프로그램 소스 코드는 다음과 같다.

예제 10-4

```
 1 # -*- coding: utf-8 -*-
 2 """
 3 파이선 입문
 4
 5 예제 10-4 중첩 while문
 6 """
 7
 8 current_line = 1
 9 line = int ( input ( "몇 줄을 반복하기 원하나요? ") )
10
11 while current_line <= line :
12     value = 1
13
14     while value <= current_line :    #  한 줄안에서의 반복 출력
15         print ( value, end = ' ' )
16         value = value + 1
17     else :
18         print ( )     # 줄 바꾸기
19
20     current_line += 1    # 다음 줄 적용
```

위의 코드 12~20줄은 while문에 종속된 명령어 블록에 해당하고, 14~18줄이 한 줄의 출력 내용을 구성하기 위한 inner loop 코드에 해당한다. 각 줄의 내용이 1부터 시작하여 하나씩 추가하여 출력하는 방식이므로 한 줄 안에서의 1씩 증가는 value 변수가 사용되었으며, 전체를 위하여 한 줄씩 추가하는 작업은 current_line 변수가 사용되었다.

위의 중첩 while문과 동일한 중첩 for문은 다음과 같다.

```
 1 # -*- coding: utf-8 -*-
 2 """
 3 파이선 입문
 4
 5 예제 10-4A 중첩 while문 (for문 적용)
 6 """
 7
 8 line = int ( input ( "몇 줄을 반복하기 원하나요? " ) )
 9
10 for current_line in range ( 1, line+1 ) :
11     for value in range ( 1, current_line+1 ) :
12         print ( value, end = ' ' )
13     print ( )
```

for문의 조건식에서 range 범위를 1 ~ line + 1로 지정한 것에 유의하자. 끝 값 (upper limit)에 해당하는 값은 포함하지 않기 때문에 line의 마지막 값까지 포함하기 위해서는 +1을 적용해야 한다. 조건식을 for문으로 작성할 수 없는 경우가 아니라면 while문보다 for문이 훨씬 간결하게 코딩할 수 있다.

실습 10-4 : 중첩 while문

[영화, 드라마, 웹툰] 등의 분류 리스트와 [공포, 액션, 코믹, 로맨스] 등의 장르 리스트를 통합하여 각각의 분류에 대한 장르를 적용한 전체 리스트를 생성하는 프로그램을 작성해 보세요.
[예] [공포영화, 액션영화, 코믹영화, ...]

입력: 분류 리스트 및 장르 리스트 입력
처리: 분류 리스트와 장르 리스트 모든 경우의 수에 대한 통합
출력: 새롭게 작성된 통합 리스트 출력

사고력

- ✔ 분류 항목을 입력 받아 리스트를 생성하는 자료수집 사고력
- ✔ 분류 및 장르 리스트를 작성하는 병렬적 사고력
- ✔ 분류 항목에서 하나씩 값을 선택할 수 있는 논리적 사고력
- ✔ 장르 리스트의 값을 각각의 분류 값에 적용할 수 있는 재귀적 사고력
- ✔ 장르 리스트의 값을 하나씩 적용할 수 있는 분해적 사고력
- ✔ 중첩 while문을 구성할 수 있는 구조적 사고력
- ✔ 무한 반복 처리를 종료할 수 있는 알고리즘적 사고력

결과 화면

```
============== RESTART: D:/Book/python/source_code/chap10_실습4.py ==============
분류 항목을 입력하세요 (Q to quit) : 웹툰
분류 항목을 입력하세요 (Q to quit) : 드라마
분류 항목을 입력하세요 (Q to quit) : 영화
분류 항목을 입력하세요 (Q to quit) : 단막극
분류 항목을 입력하세요 (Q to quit) : Q
장르를 입력하세요 (Q to quit) : SF
장르를 입력하세요 (Q to quit) : 공포
장르를 입력하세요 (Q to quit) : 액션
장르를 입력하세요 (Q to quit) : 코믹
장르를 입력하세요 (Q to quit) : 로맨스
장르를 입력하세요 (Q to quit) : 형사물
장르를 입력하세요 (Q to quit) : Q
단막극 관련 분야 생성 완료!
영화 관련 분야 생성 완료!
드라마 관련 분야 생성 완료!
웹툰 관련 분야 생성 완료!
통합리스트 결과 : ['SF단막극', '공포단막극', '액션단막극', '코믹단막극', '로맨스단막극', '형사물단막극',
'SF영화', '공포영화', '액션영화', '코믹영화', '로맨스영화', '형사물영화', 'SF드라마', '공포드라마', '액션드
라마', '코믹드라마', '로맨스드라마', '형사물드라마', 'SF웹툰', '공포웹툰', '액션웹툰', '코믹웹툰', '로맨스
웹툰', '형사물웹툰']
>>>
```

```
 1 # -*- coding: utf-8 -*-
 2 """
 3 파이선 입문
 4
 5 실습 10-4  중첩 while문
 6 """
 7
 8 category = [ ]
 9 genre = [ ]
10 total_list = [ ]
11
12 while True :    # 분류 항목 입력 받기
13     c_value = input ( "분류 항목을 입력하세요 (Q to quit) : " )
14     if c_value == 'Q' :
15         break
16     category.append ( c_value )
17
18 while True :    # 장르 리스트 입력 받기
19     g_value = input ( "장르를 입력하세요 (Q to quit) : " )
20     if g_value == 'Q' :
21         break
22     genre.append ( g_value )
23
```

컴퓨팅 사고를 위한 파이선 입문

연습문제

1. 주어진 리스트에서 임의의 값을 선택하여 합을 구하는 프로그램을 작성해 보세요. 합의 값이 1200보다 작은 경우 반복하여 실행하는 프로그램을 while문을 사용하여 작성하세요. 즉, 발생되는 입력 값의 합을 계산하다가 조건식을 만족하지 못하는 경우가 발생되었을 때 프로그램을 종료 처리하도록 작성하세요.

   [Hint] 리스트 값 중에서 임의의 값 선택하는 방법

   ```
   >>> import random
   >>> value = [ 100, 150, 230, 500, 510 ]
   >>> x = random.choice ( value )
   >>> print ( x )
   100
   ```

2. 처음 몸무게와 희망 감량 몸무게를 입력 받은 뒤 감량 몸무게보다 몸무게가 많이 나가는 동안 운동을 권장하는 문구를 계속 출력하고, 감량 몸무게에 도달하면 축하 메시지를 출력하는 프로그램을 while ~ else를 적용하여 구현해 보세요.

3. 스마트폰 구입을 위하여 원하는 제조사, 색상, 단말기 가격을 입력 받은 후 조건에 맞는 스마트폰을 찾을 때까지 무한 반복하는 프로그램을 작성해 보세요. 논리적으로 문제를 구성하여 작성해 보세요.

4. 중첩 while문을 적용하여 다음의 각 지역에 대한 진선미 항목을 생성하여 딕 셔너리 자료형의 Key 값으로 정하고 Value를 입력 받아 딕셔너리 자료로 저 장하는 프로그램을 작성해 보세요.

[지역] 서울, 경기, 인천, 강원, 충청, 전라, 경상, 제주

[생성 Key] 서울 진, 서울 선, 서울 미, 경기 진, ...

(지역과 진선미 사이에 빈칸을 하나 적용하세요.)

[딕셔너리] { ' 서울 진 ' : ' 황진이 ' , ' 서울 선 ' : ... }

## 11장

함수

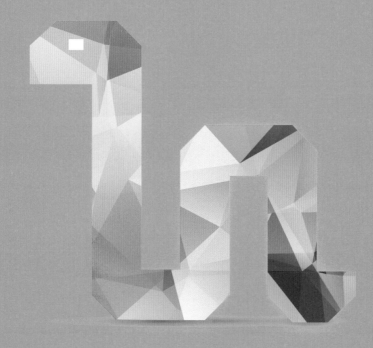

프로그래밍을 하다 보면 똑같은 내용을 반복해서 작성하고 있는 자신을 발견할 때가 종종 있다. 바로 함수가 필요한 때이다. 즉, 반복되는 부분이 있을 경우 "반복적으로 사용되는 의미 있는 부분"을 한 블록으로 묶어서 "어떤 입력 값을 주었을 때 어떤 결과 값을 반환한다"라는 방식의 함수로 작성하는 것이 효율적인 방법이다. 물론 무조건 반복되는 부분을 잘라서 함수로 만드는 것은 논리적이지 않다. 반복되는 부분이 특정 기능을 처리하고 있다면 의미 있는 부분에 해당하며, 이러한 경우 함수로 작성하는 것이 바람직하다. 아래의 예를 통하여 함수의 필요성을 이해해보자.

예제 11-1

```
 1 # -*- coding: utf-8 -*-
 2 """
 3 파이선 입문
 4
 5 예제 11-1 함수 이해하기
 6 """
 7
 8 for i in range ( 2, 10 ) :
 9     print ( " 2 X %d = %3d " % ( i, 2*i ) )
10
11 print ( "=" * 10 )
12 for i in range ( 2, 10 ) :
13     print ( " 4 X %d = %3d " % ( i, 4*i ) )
14
15 print ( "=" * 10 )
16 for i in range ( 2, 10 ) :
17     print ( " 8 X %d = %3d " % ( i, 8*i ) )
```

예제 11-1은 함수를 적용하지 않은 경우이다. 비슷한 코드가 계속 반복되고 있는 것을 볼 수 있다. 구구단에서 2단, 4단, 8단을 출력하는 내용이므로 처리해야 하는 값이 규칙적으로 증가하고 있지 않아서 반복문을 적용하기에 적절하지 않다. 이런 경우 함수를 적용하면 된다. 11-1의 내용과 동일한 결과를 함수로 작성한 다음의 코드를 살펴보자.

예제 11-1A

```
 1 # -*- coding: utf-8 -*-
 2 """
 3 파이선 입문
 4
 5 예제 11-1A 함수 이해하기
 6 """
 7
 8 def gugudan ( num ) :
 9     for i in range ( 2, 10 ) :
10         print ( " %d X %d = %3d " % ( num, i, num*i ) )
11     print ( "=" * 10 )
12
13 gugudan ( 2 )
14 gugudan ( 4 )
15 gugudan ( 8 )
```

gugudan( )이라는 함수를 만들고 11-1에서 다르게 적용되었던 값에 해당하는 2, 4, 8을 함수에 적용하여 간결하게 표현하였다. 함수를 사용하면 코드를 읽는 사람이 코드의 내용을 깔끔하게 이해할 수 있으며, 더 많은 값에 대하여 실행하면 할수록 함수 사용이 효율적이다. 이와 같이 함수는 재사용이 가능하며, 프로그램의 내용을 수정하기도 훨씬 수월한 장점이 있다.

수학의 함수와 프로그래밍의 함수를 비교하여 보자. 수학에서 나오는 함수는 주어진 입력 값에 대하여 특정한 계산 결과를 돌려주는 공식을 말한다.

$$f(x) = ax + b$$

프로그래밍에서의 함수는 처리해야 할 내용을 정의하고, 정의된 내용대로 실행하며, 그 결과를 반환(return) 값으로 돌려줄 수 있다. 수학의 함수가 항상 결과를 돌려주는 것에 반하여, 프로그래밍에서의 함수는 필요에 따라 결과를 돌려줄 수도 있고, 돌려주지 않을 수도 있다. 함수를 정의할 때 return을 사용하여 결과 값 반환을 반영한 경우에만 결과 값을 돌려받는다. 또한 수학의 함수는 반드시 입력 값을 적용하지만, 프로그래밍에서의 함수는 입력 값이 적용되지 않는 경우도 가능하다.

함수의 문법

함수 사용의 문법은 다음과 같다.

```
def 함수_이름 ( 입력 인수 ) :          # 함수 정의
    명령문 블록

함수_이름 ( 값 )                      # 함수 호출
```

def는 함수 정의를 알리는 키워드에 해당하며, 함수_이름은 함수가 수행하는 내용을 뜻하는 이름으로 작성하면 된다. 함수 정의 부분에서 '입력 인수'는 함수에서 사용할 입력 자료에 해당하며 생략 가능하다. 만약 '입력 인수'가 생략된 경우라면, 함수 호출 부분에서 '값'을 생략하고 단순 괄호( )만 표시하면 된다.

반환 값이 없는 함수

결과 값이 없는 함수는 호출해도 돌려주는 반환 값이 없는 경우에 해당한다. 다음의 예를 살펴보자.

```
>>> def diff ( x, y ) :      # diff 함수 정의
        print ( "%d & %d의 차는 %d입니다."
                        % ( x, y, abs ( x - y ) ) ) # x와 y의 차를 출력

>>> diff ( 4, 10 )
4 & 10의 차는 6입니다.
```

위와 같이 함수 diff는 반환하는 값이 없다. 함수 안에서 print문을 사용하여 모든 내용을 처리한 경우이다. 함수에서 반환 값은 필수가 아니므로 논리적으로 함수를 정의하여 실행하고자 하는 내용을 처리하면 된다.

컴퓨팅 사고를 위한 파이선 입문

반환 값이 있는 함수

명령문 블록에 return이 포함되어 있으면 함수가 반환하는 값이 존재한다. 반환 값을 적용하기 위해서는 다음의 문법을 적용한다.

```
def 함수_이름 ( 입력 인수 ) :          # 함수 정의
     명령문 블록
     return 반환_값

변수 = 함수_이름 ( 값 )                # 함수 호출
```

위의 경우 return문이 실행되면 함수 실행은 종료되며, return 키워드 뒤에 명시한 반환_값이 결과 값으로 함수 호출을 실행한 명령문의 '변수'에 저장된다. 다음은 두 수의 값을 입력 받아 두 수의 차에 대한 절대 값을 결과 값으로 반환하는 함수의 예이다.

```
>>> def diff ( x, y ) :     # diff 함수 정의
        return abs ( x - y )    # x와 y의 차를 반환

>>> a = int ( input ( "첫번째 수를 입력하세요 : " ) )
첫번째 수를 입력하세요 : 5
>>> b = int ( input ( "두번째 수를 입력하세요 : " ) )
두번째 수를 입력하세요 : 10
>>> answer = diff ( a, b )     # diff 함수 호출하여 반환 값을 저장
>>> print ( answer )
5
```

함수를 사용하기 위해서는 반드시 정의를 먼저 해야 한다. 정의가 된 이후 호출하여 사용할 수 있는 것이다. 호출하는 경우 정의된 함수 이름을 그대로 사용해야 하며, 정의 부분에 입력 인수가 제시되었다면 함수를 호출할 때 반드시 입력 인수를

제시해야 한다. 앞에서의 예제를 살펴보면 함수 호출을 할 때 제시된 입력 인수는 a와 b이다. 즉, input함수를 통하여 이미 값을 가지고 있는 변수를 입력 인수로 적용하여 함수를 호출한다. 반면 함수 정의 부분에서 적용된 입력 인수는 x와 y이다. 즉, 함수 호출을 통하여 전달 받은 값들을 x와 y에 저장하여 함수를 실행할 때 사용하는 것이다. 위에서 처리되는 내용을 정리하면 다음과 같다.

① 함수 정의
② 함수 호출 : 이때 전달하는 입력 인수의 값은 반드시 미리 선언되어야 한다.
③ 함수 실행 : 정의된 내용에 전달받은 인수를 적용하여 실행한다.
④ 결과 반환 : x와 y의 차이 값에 대한 절대 값을 반환
⑤ answer에 반환 값을 대입한 후 answer의 값을 출력한다.

위와 같이 함수 정의 자체는 아무 내용도 실행하지 않는다. 함수 호출이 되어야 비로소 함수를 실행할 수 있다.

복수개의 반환 값

반환 값은 한 개로 제한되지 않고 여러 개로 적용할 수 있다. 다음의 예를 통하여 복수의 값을 반환하는 경우를 살펴보자.

```
>>> def my_calculator ( x, y ) :
        return x + y, x - y, x * y, x / y
>>> my_calculator ( 30, 50 )
(80, -20, 1500, 0.6)
```

my_calculator 함수는 2개의 인수를 받아서 4개의 값을 반환한다. 반환되는 값은 return 키워드 뒤에 콤마로 연결하여 제시한다. 앞의 경우에서는 덧셈, 뺄셈, 곱셈, 나눗셈을 반환하라고 정의하였다. 그리고 함수 호출을 통하여 결과 값을 보면

컴퓨팅 사고를 위한 파이선 입문

(80, -20, 1500, 0.6)이 반환된 것을 확인할 수 있다. 5장에서 학습한 내용에 따라
( )로 묶이는 컬렉션 자료는 튜플에 해당하며, 튜플의 특징은 수정이 불가능하다.
즉, 함수의 결과를 튜플로 제시하여 임의로 수정할 수 없는 자료형으로 반환한 것
이다. 4개의 값으로 반환되는 것이므로 다음과 같이 반환 값을 저장할 수 있다.

```
>>> def my_calculator ( x, y ) :
        return x + y, x - y, x * y, x / y
>>> a, b, c, d = my_calculator ( 30, 50 )
>>> print ( "덧셈의 결과는 %d 이다." % a )
덧셈의 결과는 80 이다.
>>> print ( "뺄셈의 결과는 %d 이다." % b )
뺄셈의 결과는 - 20 이다.
>>> print ( "곱셈의 결과는 %d 이다." % c )
곱셈의 결과는 1500 이다.
>>> print ( "나눗셈의 결과는 %.2f 이다." % d )
나눗셈의 결과는 0.60 이다.
```

위의 예제는 함수가 반환한 튜플의 4개 요소를 각각 a, b, c, d에 저장한 경우이다.
이와 같이 함수는 반환 값의 개수에 제한 없이 사용할 수 있다.

실습 11-1 : 함수 이해하기

turtle을 이용하여 선의 색과 몇 각형을 원하는지 반복하여 입력 받아 도형을 그리는 프로그램을 작성해 보세요.

입력: 도형 그리기 희망 여부, 도형 선의 색, 몇 각형에 해당하는지에 대한 수
처리: 이미 그려진 도형을 삭제하고 원하는 색을 적용하여 선택한 도형 그리기
출력: 그리는 내용을 화면에 표시하기

사고력

✔ turtle에서 선택된 도형을 그릴 수 있는 경험적 추론 사고력
✔ 함수를 정의하여 호출할 수 있는 캐시적 사고력
✔ 도형의 회전각을 적용할 수 있는 계산적 사고력
✔ 반복하여 도형을 그릴 수 있는 논리적 사고력
✔ 선의 색과 몇 각형 도형인지 입력 처리를 할 수 있는 자료 수집 사고력
✔ 반복문의 명령문 블록을 구성할 수 있는 절차적 사고력
✔ 반복 여부를 결정하여 화면의 내용을 삭제할 수 있는 문제 이해 사고력
✔ 무한 반복문의 종료를 적용하는 경험적 추론 사고력

결과 화면 [입력 자료 값 : Y → green → 8]

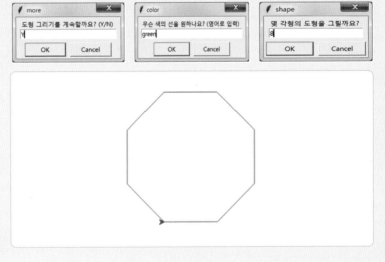

실습 11-1

```
 1 # -*- coding: utf-8 -*-
 2 """
 3 파이썬 입문
 4
 5 실습 11-1 함수 이해하기
 6 """
 7
 8 import turtle
 9
10 def draw_shape ( color, shape ) :
11     turtle.color ( color )
12     for i in range ( shape ) :
13         turtle.forward ( 100 )
14         turtle.left ( 360 / shape )
15
16 while True :
17     more = turtle.textinput ( "more", "도형 그리기를 계속할까요? (Y/N) " )
18     if more == "Y" or more == "y" :
19         turtle.clear ( )     # 먼저 그린 도형 지우기
20         color = turtle.textinput("color", "무슨 색의 선을 원하나요? (영어)")
21         shape = int (turtle.textinput("shape", "몇 각형의 도형을 그릴까요? "))
22         draw_shape ( color, shape )
23     else :
24         break
```

02 함수의 인수

함수의 인수(arguments)는 매개변수(parameter) 또는 인자라고도 한다. 함수를 실행할 때 적용하는 입력 자료에 해당하므로 입력 인수라고 한다. 인수의 정의 방법은 함수를 정의할 때 함수 이름 뒤에 소괄호( ) 사이에 여러 개의 인수를 변수이름으로 표현한다. 인수가 정의되었다면, 함수를 호출할 때 반드시 해당하는 값을 제시해야 한다. 인수는 함수에 값을 전달하기 위하여 사용한다. 함수와 인수의 관계는 다음과 같다.

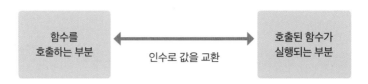

함수를
호출하는 부분

인수로 값을 교환

호출된 함수가
실행되는 부분

예를 들어 주 근무 시간을 입력 인수로 적용하여 주급계산을 하는 함수의 경우를 살펴보자. 주급 계산은 일주일 동안 근무한 시간을 근거로 계산이 가능하므로 필수적으로 제공받아야 하는 인수이다. 올바르게 시간을 적용하여 함수 호출을 하는 경우 아래와 같이 주급 계산을 올바르게 진행할 수 있다.

```
>>> def week_earn ( hours ) :      # hours를 인수로 정의한 함수
        return hours * 10000       # 주근무 시간에 따른 주급 계산

>>> week_earn ( 35 )
350000
```

그러나 다음과 같이 입력받아야 할 인수를 제공하지 않고 함수 호출을 하는 경우 오류가 발생하게 된다. 즉, 인수가 정의되었다면 선택이 아니라 필수에 해당한다.

```
>>> week_earn ( )
Traceback (most recent call last):
  File "<pyshell#30>", line 1, in <module>
    week_earn ( )
TypeError: week_earn() missing 1 required positional argument:
'hours'
```

컴퓨팅 사고를 위한 파이선 입문

기본 값 제공

인수의 기본 값을 설정하고 싶다면 함수의 입력 인수를 정의할 때 기본 값으로 적용하고 싶은 값을 등호 기호(=)와 함께 표시하면 된다. 기본 값을 제공하는 경우입력 인수가 정의되었다 하여도 생략이 가능하다. 물론 기본 값 이외의 값을 적용하고 싶은 경우, 함수 호출할 때 원하는 인수의 값을 제시하면 된다.

```
>>> def week_earn ( hours = 40 ) :        # hours를 40으로 정함
        return hours * 10000     # 주근무 시간에 따른 주급 계산

>>> week_earn ( )          # hours의 기본 값 40을 적용
400000
>>> week_earn ( 50 )       # hours의 기본 값 대신 50을 적용
500000
```

필수 인수와 옵션 인수

함수의 인수에는 함수 호출 시 반드시 제시해야 하는 '필수 인수'와 생략이 가능한 '옵션 인수'가 있다. 필수 인수는 함수 실행을 위하여 반드시 제공해야 하는 자료이며, 옵션 인수는 기본 값이 제공된 경우이다. 다음의 예를 통하여 필수 인수와 옵션 인수의 사용법을 확인해 보자.

```
>>> def product_info ( name, p_code, quantity=20, country='Korea' ) :
        print ( "상품명 : ", name )
        print ( "상품코드 : ", p_code )
        print ( "수량 : ", quantity )
        print ( "제조국 : ", country )

>>> product_info ( "삼성TV", "SS-650LED")     # 필수 인수 제공
상품명 :  삼성TV
상품코드 :  SS-650LED
수량 :  20
제조국 :  Korea
>>> product_info ( "삼성공기 청정기", "SS-AF32", 50 )     # 수량 변경
상품명 :  삼성공기 청정기
상품코드 :  SS-AF32
수량 :  50
제조국 :  Korea
```

위의 예제에서 만약 수량은 옵션으로 제공된 20을 그대로 사용하고, 제조국만 변경하고 싶은 경우는 다음과 같다.

```
>>> product_info ( "아이폰", "iPhone XS", country = "USA" )
상품명 :  아이폰
상품코드 :  iPhone XS
수량 :  20
제조국 :  USA
```

제조국을 적용하는 인수명 country를 제시하고 인수명에 해당하는 값을 제공하면 된다. 그런데 만약 인수명을 제시하지 않고 제조국을 적용하면 다음과 같이 원하지 않는 결과를 얻게 된다.

컴퓨팅 사고를 위한 파이선 입문

```
>>> product_info ( "아이폰", "iPhone XS", "USA" )
상품명 : 아이폰
상품코드 : iPhone XS
수량 : USA
제조국 : Korea
```

product_info 함수의 3번째 인수는 수량에 해당하는 값이므로 USA를 제조국이
아닌 수량에 적용하게 되는 것이다. 순서에 상관없이 인수 값을 제시하고 싶다면
아래와 같이 적용할 수 있다.

```
>>> product_info ( country = "USA", quantity=25, ₩
                p_code = "iPhone XS", name = "아이폰" )
상품명 : 아이폰
상품코드 : iPhone XS
수량 : 25
제조국 : USA
```

만약 필수 인수를 제공하지 않으면 오류가 발생하는 것을 유의해야 한다.

```
>>> product_info ( )
Traceback (most recent call last):
  File "<pyshell#3>", line 1, in <module>
    product_info ( )
TypeError: product_info() missing 2 required positional arguments:
'name' and 'p_code'
```

또한 인수명을 임의로 변경하는 경우에도 오류가 발생한다.

```
>>> product_info ( "Volvo", "XC90", nation = "스웨덴" )
Traceback (most recent call last):
  File "<pyshell#4>", line 1, in <module>
    product_info ( "Volvo", "XC90", nation = "스웨덴" )
TypeError: product_info() got an unexpected keyword argument
 'nation '
```

국가를 나타내는 인수명은 country로 정의되었으나 nation으로 임의로 정의한 인수명을 수정하였으므로 위와 같이 오류가 발생하였다. 여러 개의 인수가 필요할 때 정확하게 필요한 인수를 제공할 수 있어야 한다.

인수의 개수를 모르는 경우

여러 개의 인수가 적용되는 상황이지만 정확한 개수를 미리 정의할 수 없는 경우는 함수를 선언할 때 복수로 입력되는 인수명 앞에 *을 붙여서 정의한다.

```
def 함수_이름 ( *인수명 ) :
```

다음의 예제를 통하여 여러 개의 인수 처리를 살펴보자.

컴퓨팅 사고를 위한 파이썬 입문

```
>>> def guest_list ( *guest ) :
        for name in guest :
                print ( "%s님이 초대되었습니다. " % name )
>>> guest_list ( "임꺽정", "홍길동", "김선달", "황진이" )
임꺽정님이 초대되었습니다.
홍길동님이 초대되었습니다.
김선달님이 초대되었습니다.
황진이님이 초대되었습니다.
>>> guest_list ( "베토벤", "모짜르트" )
베토벤님이 초대되었습니다.
모짜르트님이 초대되었습니다.
```

위와 같이 4개의 인수를 제공하거나 2개의 인수를 제공하거나 어느 경우라도 오류 없이 처리한다. *을 적용하는 인수를 포함하며 다른 인수를 적용할 수도 있다. 다음의 예제를 살펴보자.

```
>>> def guest_list ( date, *guest ) :
        for name in guest :
            print ( "%s %s님이 초대되었습니다. " % (date, name) )
>>> guest_list ( "12월 25일", "메리", "크리스", "해피" )
12월 25일 메리님이 초대되었습니다.
12월 25일 크리스님이 초대되었습니다.
12월 25일 해피님이 초대되었습니다.
```

다른 인수와 함께 *를 적용하는 인수가 사용될 때, *가 적용되지 않는 인수를 앞에 위치시켜야 되는 것을 유의해야 한다. 어느 범위까지 *에 속한 자료인지 확인할 수 없기 때문이다. 또한 두 개의 인수에 *을 적용할 수 없다. 어느 값이 어느 인수에 해당하는지 알 수 없기 때문이다.

인수가 없는 경우

입력 자료 없이 함수를 처리하는 경우는 인수가 정의되지 않는다. 즉, 인수는 필수가 아니라 선택임을 유념하면 된다. 다음은 인수가 요구되지 않은 상태의 함수 활용이다.

```
>>> def greeting ( ) :
        print ( "어서 오세요! 파이선 나라에 오신 것을 환영합니다." )
        print ( "즐거운 파이선 경험이 되시길 바랍니다!" )
>>> greeting ( )
어서 오세요! 파이선 나라에 오신 것을 환영합니다.
즐거운 파이선 경험이 되시길 바랍니다!
```

실습

실습 11-2 : 입력 인수

동아리 회원 관리 프로그램을 함수를 활용하여 작성해 보세요. 회원 관리 항목은 이름, 이메일, 동아리 이름, 상태로 구성하세요. '동아리 이름'은 옵션 인수로 지정하여 '파이선 동아리'를 기본 값으로 지정하고, '상태' 항목은 '정규'를 기본 값으로 지정하여 관리해 보세요.

 입력: 동아리 회원의 이름, 이메일, 동아리 이름, 상태에 관한 자료 및 추가 입력 여부
처리: 가입한 동아리 회원의 정보를 리스트로 생성
출력: 생성된 동아리 회원 명단 출력

 사고력
✔ 회원 관리 프로그램 작성을 위한 추상화 사고력
✔ 함수 인수 활용에 대한 문제 이해 사고력
✔ 회원 명단 관리를 위하여 학습한 리스트 자료형을 활용하는 경험적 추론 사고력

컴퓨팅 사고를 위한 파이선 입문

- ✔ 기본 값이 제공되는 옵션 인수를 작성할 수 있는 캐시적 사고력
- ✔ 조건에 따라 회원의 정보를 구성할 수 있는 논리적 사고력
- ✔ if문의 조건식을 구성할 수 있는 논리적 사고력
- ✔ if ~ elif ~ else를 사용하여 회원의 정보를 적용할 수 있는 분해적 사고력
- ✔ 생성한 이후 결과물을 출력할 수 있는 절차적 사고력

 결과 화면

```
===== 동아리 회원관리 프로그램 =====
이름을 입력하세요 : 홍길동
이메일 주소를 입력하세요 : hong@python
파이선 동아리 가입을 원하십니까? (Y/N) Y
정규 회원 가입을 희망하십니까? (Y/N) Y
계속 입력하기 원하십니까? (Y/N) : Y
이름을 입력하세요 : 임꺽정
이메일 주소를 입력하세요 : lim@python
파이선 동아리 가입을 원하십니까? (Y/N) Y
정규 회원 가입을 희망하십니까? (Y/N) N
계속 입력하기 원하십니까? (Y/N) : Y
이름을 입력하세요 : 황진이
이메일 주소를 입력하세요 : whang@python
파이선 동아리 가입을 원하십니까? (Y/N) N
가입을 원하는 동아리명을 입력하세요 : 가야금
정규 회원 가입을 희망하십니까? (Y/N) Y
계속 입력하기 원하십니까? (Y/N) : Y
이름을 입력하세요 : 장보고
이메일 주소를 입력하세요 : chang@python
파이선 동아리 가입을 원하십니까? (Y/N) N
가입을 원하는 동아리명을 입력하세요 : 해양스포츠
정규 회원 가입을 희망하십니까? (Y/N) N
계속 입력하기 원하십니까? (Y/N) : N
===== 회원 명단 출력 =====
['홍길동', 'hong@python', '파이선 동아리', '정규']
['임꺽정', 'lim@python', '파이선 동아리', '임시']
['황진이', 'whang@python', '가야금', '정규']
['장보고', 'chang@python', '해양스포츠', '임시']
>>>
```

 실습 11-2

```
1 # -*- coding: utf-8 -*-
2 """
3 파이선 입문
4
5 실습 11-2 입력 인수
```

```
 6 """
 7
 8 member = [ ]      # 회원 관리 리스트
 9
10 def add_member ( name, email, club = '파이선 동아리', status = '정규' ) :
11     member.append ( [ name, email, club, status ] )
12
13 print ( "="*5, "동아리 회원관리 프로그램", "="*5 )
14
15 while True :
16     name = input ( '이름을 입력하세요 : ' )
17     email = input ( '이메일 주소를 입력하세요 : ' )
18     chk_club = input ( '파이선 동아리 가입을 원하십니까? (Y/N) ' )
19     if chk_club == 'N' :
20         club = input ( '가입을 원하는 동아리명을 입력하세요 : ' )
21     chk_status = input ( '정규 회원 가입을 희망하십니까? (Y/N) ' )
22     if chk_status == 'N' :
23         temp_status = '임시'
24
25     if chk_club == 'Y' and chk_status == 'Y' :
26         add_member ( name, email )
27     elif chk_club == 'N' and chk_status == 'Y' :
28         add_member ( name, email, club )
29     elif chk_club == 'Y' and chk_status == 'N' :
30         add_member ( name, email, status = temp_status )
31     else :
32         add_member ( name, email, club, status = temp_status )
33
34     more = input ( "계속 입력하기 원하십니까? (Y/N) : " )
35     if more == 'N' :
36         break
37
38 print ( "="*5,  "회원 명단 출력", "="*5 )
39 for i in member :
40     print ( i )
```

03 lambda 함수

함수 이름을 붙이지 않고 일시적으로 함수를 작성하고자 할 때 lambda 함수를 사용한다. lambda 함수의 문법은 다음과 같다.

```
lambda   입력_인수 : 표현_식
```

lambda 함수의 정의는 키워드 lambda로 함수의 시작을 나타내며, 입력_인수는
콤마로 구분되어 한 개 이상의 값이 제시되어야 한다. 입력_인수 뒤에 반드시 콜
론(:)을 표시하여 표현_식을 구분해야 한다. 표현_식은 제시된 입력_인수를 사용하
여 처리할 작업에 대하여 정의한다. lambda 함수는 한 줄로 작성하는 것에 유의
해야 한다. 여러 줄로 작성하고자 할 때는 def를 사용하여 함수를 정의해야 한다.
주어진 값의 2승을 계산하는 lambda 함수의 예를 살펴보자.

```
>>> y = lambda x : x ** 2
>>> print ( y ( 10 ) )
100
>>> print ( y ( 8 ) )
64
>>> y ( 9 )
81
```

map

함수를 입력 인수로 주어진 리스트 각각의 값에 대하여 실행하기 위하여 map( )
을 사용할 수 있다. map의 문법은 다음과 같이 정의된다.

```
map ( 함수, 입력_인수_리스트 )
```

주어진 리스트 안에 포함된 모든 값에 대한 제곱 승을 구하기 위한 map활용은 다
음과 같다.

```
>>> my_list = [ 1, 3, 5, 7, 9 ]
>>> new_list = list ( map ( lambda x : x ** 2, my_list ) )
>>> print ( new_list )
[1, 9, 25, 49, 81]
```

위의 경우 적용한 리스트가 하나인 경우이며, 여러 개의 리스트를 입력 인수로 적용할 수 있으며, 2개의 리스트를 입력 인수로 사용한 예는 다음과 같다.

```
>>> my_list1 = [ 1, 3, 5, 7, 9 ]
>>> my_list2 = [ 2, 4, 6, 8, 10 ]
>>> new_list = list ( map ( lambda x, y : x + y, my_list1, my_list2 ) )
>>> print ( new_list )
[3, 7, 11, 15, 19]
```

즉, map을 사용하여 컬렉션 자료형을 한 번에 함수처리 할 수 있다. 여기서 주의해야 할 사항은 map은 단순히 매칭 시킨 대상을 생성할 뿐이며, 리스트 형식으로 자료를 구성하지 않는 것이다. 앞의 예제에서 map에 list( )함수를 적용해야 하는 이유이다. 만약 list( )를 적용하지 않는 경우 결과는 다음과 같다.

```
>>> new_list = map ( lambda x, y : x + y, my_list1, my_list2 )
>>> print ( new_list )
<map object at 0x02F8D410>
```

filter

lambda 함수가 처리하는 내용에 불(bool)값을 적용하여 참(True)인 경우에 한하여

컴퓨팅 사고를 위한 파이선 입문

결과 값을 반환하고, 거짓(False)인 경우 결과 값에서 제외시키기 위하여 filter를
사용한다. filter의 문법은 다음과 같다.

```
filter ( 함수, 입력_인수_리스트 )
```

주어진 리스트 안에 포함된 모든 값 중에서 3의 배수만을 선택하여 새로운 리스트
를 생성하기 위한 filter 활용은 다음과 같다.

```
>>> num_list = [ 2, 7, 9, 13, 15, 27, 32, 35, 39, 43, 45, 72, 88, 98 ]
>>> new_list = list ( filter ( lambda x : x % 3 == 0, num_list ) )
>>> print ( new_list )
[9, 15, 27, 39, 45, 72]
```

num_list의 값 중에서 3의 배수만을 선택하여 new_list를 생성하였다.

실습

실습 11-3 : lambda 함수

반복하여 2개의 수식을 입력 받으며 lambda를 활용하여 2개의 수식 결과 중에서 작은 값
과 큰 값을 출력하는 프로그램을 작성해 보세요.

입력: 2개의 수식
처리: 2개의 수식 결과 가운데 작은 값과 큰 값 찾기
출력: 결과 출력

사고력
✔ 함수의 기본 원리를 이해하고 문제 해결을 위하여 적용할 수 있는 문제 이해
  사고력
✔ lambda 함수와 선택문을 적용할 수 있는 변환적 사고력

✔ 작은 값과 큰 값을 비교할 수 있는 논리적 사고력

✔ 반복문에 포함된 명령문 블록을 반복 처리할 수 있는 반복적 사고력

✔ eval 함수를 이해하고 적용할 수 있는 추상화 사고력

✔ 선택문에서의 continue문을 활용하는 경험적 추론 사고력

✔ 무한 반복을 끝낼 수 있는 알고리즘적 사고력

결과 화면

```
============== RESTART: D:/Book/
첫번째 수식을 입력하세요 : 3+8*2-4
두번째 수식을 입력하세요 : (3+8)*(2-4)
작은 값은 -22이고, 큰 값은 15이다.
계속하시겠습니까? (Y/N) : Y
첫번째 수식을 입력하세요 : 3000/5+42
두번째 수식을 입력하세요 : 42/6 * 3
작은 값은 21이고, 큰 값은 642이다.
계속하시겠습니까? (Y/N) : Y
첫번째 수식을 입력하세요 : 50
두번째 수식을 입력하세요 : 24
작은 값은 24이고, 큰 값은 50이다.
계속하시겠습니까? (Y/N) : N
>>>
```

실습 11-3

```python
1 # -*- coding: utf-8 -*-
2 """
3 파이선 입문
4
5 실습 11-3 lambda 함수
6 """
7
8 min_val = ( lambda num1, num2 : num1 if num1 < num2 else num2 )
9 max_val = ( lambda num1, num2 : num1 if num1 > num2 else num2 )
10
11 while True:
12     num1 = eval ( input ( "첫번째 수식을 입력하세요 : " ) )
13     num2 = eval ( input ( "두번째 수식을 입력하세요 : " ) )
14     print ( "작은 값은 %d이고, 큰 값은 %d이다." \
15             % ( min_val ( num1, num2 ), max_val ( num1, num2 ) ) )
16     flag = input ( "계속하시겠습니까? (Y/N) : " )
17     if flag in [ "Y", 'y' ] :
18         continue
19     else:
20         break
```

컴퓨팅 사고를 위한 파이선 입문

04 변수의 유효 범위

함수 내부에서 정의된 변수는 해당 함수 안에서만 사용할 수 있다. 함수 안에서만 사용되는 변수를 지역 변수(local variable)라고 한다. 반면, 함수 내부뿐 아니라 함수 밖에서도 공통으로 사용할 수 있는 변수를 전역 변수(global variable)라고 한다. 변수의 값이 유효하게 적용되는 범위가 지역범위로 제한되는지 아니면 전역범위인지 구분하여 사용해야 한다.

지역 변수

지역 변수는 함수 내부에서 사용되는 변수에 해당한다. 만약 다음과 같이 함수 밖에서 이미 선언된 변수를 함수 내부에서 사용하는 경우 어떻게 처리하는지 살펴보자.

```
>>> my_value = "OUT"
>>> def my_function (  ) :
        my_value = "IN"
        print ( my_value )
>>> my_function ( )
IN
>>> print ( my_value )
OUT
```

앞의 예제는 한번은 my_function 함수 안에서 my_value를 출력하였고, 한번은 함수 밖에서 my_value를 출력하였다. my_function 함수 안에서 출력하는 경우 my_value의 값은 IN이였고, 함수 밖에 나와서 출력하는 경우 my_value 값이 OUT인 것을 확인할 수 있다. 즉, 지역 변수로 선언되면, 지역의 값이 함수 안에서는 우선하는 것을 알 수 있다. 또한 함수 밖으로 나오면 지역 변수에서 적용한 값은 더 이상 존재하지 않고 함수 밖에서 선언되었던 값이 사용되고 있다.

다음의 예제를 살펴보자.

```
>>> del my_value      # 메모리에 기록된 값을 삭제
>>> def my_function1 ( ) :
        my_value = "IN"
        print ( my_value )
>>> def my_function2 ( ) :
        print ( my_value )
>>> my_function1 ( )
IN
>>> my_function2 ( )
Traceback (most recent call last):
  File "<pyshell#64>", line 1, in <module>
    my_function2 ( )
  File "<pyshell#62>", line 2, in my_function2
    print ( my_value )
NameError: name 'my_value' is not defined
```

지역 변수는 사용하고 있는 함수 내부에서만 유효하며, 다른 함수에서는 사용할 수 없는 변수에 해당한 것을 확인할 수 있다. my_value는 my_function1 함수에서 선언된 지역 변수이므로 my_function2 함수에서는 유효하지 않는 변수이다. 지역 변수의 유효 범위는 다음과 같다.

my_function1

my_value = "IN"
지역 변수 my_value 값을 알고 있다.

my_function2

my_value 값을 알수 없다.

전역 변수

앞에서 지역 변수를 이해하였다면, 다음의 예를 살펴보자.

```
>>> my_value = "OUT"
>>> def my_function (  ) :
        global my_value
        my_value = "IN"
        print ( my_value )
>>> my_function ( )
IN
>>> print ( my_value )
IN
```

위의 예제에서는 my_function 함수 안에서 global을 사용하는 명령문이 추가되었
다. 즉, my_value 변수를 전역(global) 변수로 선언한 것이다. 그 결과 함수 내부에
서 수정한 값이 함수 밖에서도 유효한 것을 확인할 수 있다.

함수 밖에서 선언된 변수는 전역 변수로 취급하므로 함수 안에서 그 값을 사용할
수 있으며, 함수 안에서 값을 변경하지 않는다면 global을 사용할 필요 없다. 다음
의 예제를 통하여 살펴보자.

```
>>> def my_function1 (  ) :
        print ( my_value )
>>> def my_function2 (  ) :
        print ( my_value * 2 )
>>> my_value = 100
>>> my_function1 (  )
100
>>> my_function2 (  )
200
```

전역에서 선언된 값은 지역에서도 알고 있는 것을 확인할 수 있다. 즉, 전역 변수의 유효 범위는 다음과 같다.

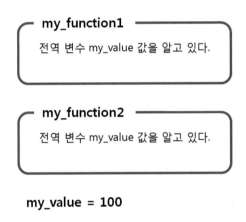

그러나 대부분 전역 변수의 사용을 권장하지 않는다. 함수는 인수를 통하여 변수를 교환하는 것을 기본으로 하며, 이러한 방식으로 변수의 관리가 충분히 이루어질 수 있기 때문에 전역 변수를 선언하여 함수 안에서 지역적으로 전역 변수 값을 변경하는 것은 바람직하지 않기 때문이다. 그러므로 전역 변수는 꼭 필요한 경우에 한하여 사용하며, 다른 사람이 혹시 전역 변수를 적용하여 프로그램을 작성하였다면 이해할 수 있으면 된다.

실습 11-4 : 변수의 유효 범위

동생과 함께 어버이날 선물 준비를 위하여 10만원을 저축하고 있을 때, 얼마가 저축되었는지 확인할 수 있는 프로그램을 작성해 보세요. 자신이 저축한 경우는 my_deposit( )함수를 사용하고, 동생이 저축한 경우 brother_deposit( )함수를 사용하여 작성해 보세요.

입력: 저축한 금액
처리: 저축한 사람에 따라 다른 함수를 통하여 금액 계산
출력: 저축된 총액 및 목표 달성 여부를 출력

사고력

✔ 변수의 유효 범위를 이해하고 적용할 수 있는 논리적 사고력
✔ 자신이 저축한 금액과 동생이 저축한 금액을 저축 총액에 반영할 수 있는 병렬적 사고력
✔ 저축 총액을 연산할 수 있는 계산적 사고력
✔ 10만원이 모일 때까지 반복 처리할 수 있는 반복적 사고력
✔ if문을 적용하여 해당하는 경우를 구분할 수 있는 분해적 사고력
✔ 프로그램 명령어 절차를 구성할 수 있는 알고리즘적 사고력

결과 화면

```
============= RESTART: D:₩Book₩python₩source
어버이날 선물을 위하여 저축하는 사람은? (I/bro) : I
저축하는 액수를 입력하세요. : 5000
내가 5000원 저축합니다!
현재 까지 모은 액수는 5000원 입니다!
어버이날 선물을 위하여 저축하는 사람은? (I/bro) : I
저축하는 액수를 입력하세요. : 60000
내가 60000원 저축합니다!
현재 까지 모은 액수는 65000원 입니다!
어버이날 선물을 위하여 저축하는 사람은? (I/bro) : bro
저축하는 액수를 입력하세요. : 10000
동생이 10000원 저축합니다!
현재 까지 모은 액수는 75000원 입니다!
어버이날 선물을 위하여 저축하는 사람은? (I/bro) : I
저축하는 액수를 입력하세요. : 20000
```

내가 20000원 저축합니다!
현재 까지 모은 액수는 95000원 입니다!
어버이날 선물을 위하여 저축하는 사람은? (I/bro) : bro
저축하는 액수를 입력하세요. : 5000
동생이 5000원 저축합니다!
현재 까지 모은 액수는 100000원 입니다!
축하합니다! 목표 금액을 채우셨습니다!
>>>

실습 11-4

```python
1  # -*- coding: utf-8 -*-
2  """
3  파이선 입문
4
5  실습 11-4 변수의 유효 범위
6  """
7
8  def my_deposit ( amount ) :          # 내가 저축한 돈
9      global total_amount
10     print ( "내가 %d원 저축합니다!" % amount )
11     total_amount = total_amount + amount
12
13 def brother_deposit ( amount ) :     # 동생이 저축한 돈
14     global total_amount
15     print ( "동생이 %d원 저축합니다!" % amount )
16     total_amount = total_amount + amount
17
18 total_amount = 0
19
20 while total_amount < 100000 :        # 10만원이 모일때 까지 반복
21     who = input ( "어버이날 선물을 위하여 저축하는 사람은? (I/bro) : " )
22     amount = int ( input ( "저축하는 액수를 입력하세요. : " ) )
23     if who == "I" :      # 내가 저축
24         my_deposit ( amount )
25     elif who == "bro" :  # 동생이 저축
26         brother_deposit ( amount )
27     else:
28         print ( "저축하는 사람을 잘못 입력하였습니다!" )
29     print ( "현재 까지 모은 액수는 %d원 입니다!" % total_amount )
30
31 print ( "축하합니다! 목표 금액을 채우셨습니다!" )
```

 연습문제

1. 학생 수를 입력 받은 뒤, 학생들의 키를 입력 받아 리스트에 저장하고, 저장된

컴퓨팅 사고를 위한 파이선 입문

리스트에서 가장 큰 키, 작은 키, 평균 값을 찾는 각각의 함수를 정의하는 프로그램을 작성해 보세요.

2. 학생들이 시험에 응시하는 과목의 수가 일정하지 않은 경우 각 학생의 평균 점수를 계산하는 프로그램을 함수를 활용하여 구현해 보세요.

[예] 홍길동 응시과목 : 국어, 역사, 지리, 과학

　　　　　점수 : 100, 100, 92, 80

　　　　　실행 결과 평균 점수 : 93

　　　임꺽정 응시과목 : 체육, 국어

　　　　　점수 : 100, 80

　　　　　실행 결과 평균 점수 : 90

3. import random을 적용하여 1~10000까지의 범위에서 100개의 난수를 생성하여 리스트 만든 후, 생성된 리스트 안에 포함된 소수(prime number: 자신과 1로만 나누어지는 수)로 새로운 리스트를 생성하는 프로그램을 lambda 함수의 filter를 활용하여 작성해 보세요.

4. 아래의 파이선 코드는 11줄에서 global을 사용하고 있습니다. global을 사용하지 않고 아래의 코드와 동일한 결과를 제시하는 프로그램을 작성해 보세요.

```
 1 # -*- coding: utf-8 -*-
 2 """
 3 파이선 입문
 4
 5 연습문제  11-4 변수의 유효 범위
 6 """
 7
 8 value = int ( input ( "수를 입력하세요 : " ) )     # global variable
 9
10 def add():
11     global value
12     value = value * 2       # 2배 값
13     print ( "함수 안에서 값 : ", value )
14
15 print ( " main program 실행 부분의 값 (함수 호출 전 ) : ", value )
16 add( )      # 함수 호출
17 print ( " main program 실행 부분의 값 (함수 호출 후 ) : ", value )
```

[실행 결과]

```
수를 입력하세요 : 271
main program 실행 부분의 값 (함수 호출 전 ) :  271
함수 안에서 값 :  542
main program 실행 부분의 값 (함수 호출 후 ) :  542
>>>
```

컴퓨팅 사고를 위한 파이선 입문

12장

모듈 활용

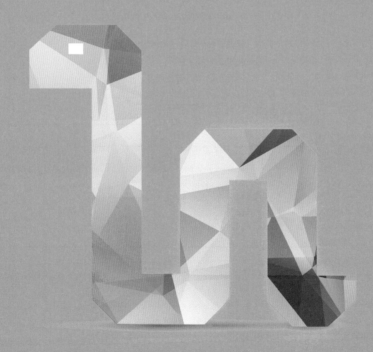

개념적으로 모듈(module)은 함수들의 정의를 포함하고 있는 파이선 파일에 해당한다. 그러한 파일을 import하여 그 안에 정의된 함수들을 호출하여 사용하는 것이다. 그러므로 함수들의 집합이라 생각하면 된다. 모듈에는 파이선에서 제공하는 모듈이 있고, 목적에 맞게 각자가 구현하여 사용하는 모듈이 있다. 모듈은 1장의 파이선 프로그램 구조에서 설명하였듯이 재사용 선언을 통하여 활용할 수 있다. 즉, 모듈은 이미 완성된 프로그램 파일을 재사용하여 프로그램을 간결화하는 것이다.

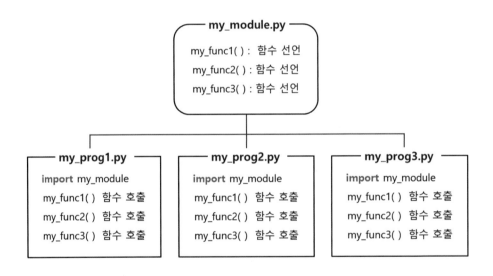

이와 같이 한 번 선언한 함수를 서로 다른 파이선 파일에서 호출하여 사용하므로 프로그램을 간결화시킬 수 있는 것이다. 각 프로그램에서 선언된 함수를 호출하기 위하여 사용한 명령어는 import이다. 즉, import는 파일 재사용을 위한 명령어에 해당한다.

```
import 모듈명        #  모듈 재사용법
```

만일 파이선에서 제공하는 모듈을 재사용하는 경우는 이미 지정된 경로(path)에 필요한 파이선 파일이 저장되어 있으므로 신경 쓰지 않고 사용해도 된다. 그 이유는 파이선에서 모듈을 불러오기 위하여 검색하는 여러 폴더가 존재하며, 기본적으로 검색하는 폴더의 목록은 sys.path에 있는 모든 폴더를 포함하기 때문이다. 그러나 함수를 직접 만들어 모듈로 활용하는 경우는 모듈이 포함한 함수를 호출하는 파일과 함수를 선언한 모듈이 같은 폴더에 있든지 또는 모듈이 포함된 경로를 sys.path에 포함시켜야 한다. 즉, 모듈은 다른 파이선 프로그램에서 함수를 호출하여 사용할 수 있도록 구성된 파이선 파일로 접근 가능한 위치에 저장되어 있음을 이해하면 된다. sys.path에 경로를 추가하는 방법은 다음과 같다.

```
>>> import sys     # 시스템 관리 기본모듈
>>> sys.path       # 현재 파이선 연결 폴더 표시
[ 연결 폴더들의 path 표시]
>>> sys.path.append("c:\\my_program\\module")
```

위와 같이 파이선 모듈을 작성하여 저장한 경로가 sys.path에 포함되었다면, 자신이 직접 만든 모듈이 포함된 파일의 이름을 import 할 수 있다.

기본 모듈을 사용하는 예를 먼저 검토해 보기로 하자. 앞에서 실습한 turtle이 파이선 모듈에 해당한다. 만약 turtle을 사용하여 아래와 같이 진행방향으로 100만큼 선을 그리는 프로그램을 작성하면 다음과 같다.

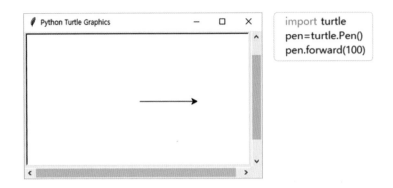

여기서 Pen()이라는 함수는 turtle 모듈에 속한 함수라는 것을 뜻하는 것이다. 이러한 명령어를 조금 짧게 작성하고자 한다면 다음의 명령어를 사용할 수 있다.

```
from 모듈명 import *     # 모듈에 속한 모든 함수 재사용법
```

이와 같이 import 문을 선언하는 경우 진행 방향으로 100만큼 선을 그리는 프로그램 작성은 다음과 같이 간단하게 이루어진다.

```
from turtle import *
forward(100)
```

즉, 모듈 안에 포함된 모든 함수를 이름만 지정하여 사용하고 싶다면 from module_name import * 명령문을 사용하는 것이다. 여기서 *은 "everything"을 의미한다. 컴퓨터에서 일반적으로 *을 사용하는 것은 모두를 포함한다고 이해하면 된다.

파이선에서 기본적으로 제공하는 모듈은 다음과 같다.

컴퓨팅 사고를 위한 파이선 입문

관련 영역	모듈명	내용
데이터 타입	array	이미지 음성 파일 처리
	bisect	정렬된 리스트를 관리
	calender	윤달 검사, 주 단위 시작 종료일 지정
	copy	복사본 생성
	datetime	달력, 시간, 일자 등 관련 작업
	pprint	오브젝트를 보기 쉽게 출력
	sched	단순 작업 스케쥴러 관련 모듈
	sets	임의의 집합을 다룸
	winsound	소리 관련 자료
숫자 관련	decimal	통화 금액 관련 연산모듈
	math	수학 함수
	random	난수 발생
문자	codecs	텍스트 인코딩 관련 모듈
	difflib	파일 비교 모듈
	re	문자를 분석 및 처리
	StringO cString	파일처럼 읽고 쓸 수 있는 오브젝트를 제공
	struct	C언어 API를 분석하도록 돕는 모듈
	textwrap	word-wrapping과 같은 텍스트 처리
파일 처리	configParser	윈도우의 *.ini 같은 환경파일 작업
	csv	csv 파일 처리
파일 및 디렉터리	fileinput	대량의 파일을 쉽고 단순하게 사용
	os os.path	운영체제 관계없이 기본적인 os 기능 실행
파일 압축	tarfile zipfile	여러 파일을 묶음 압축
	zlib gzip bz2	파일 압축 및 해체 기능을 지원

관련 영역	모듈명	내용
OS 및 run-time	cmd	프롬프트를 출력
	getopt optparse	명령문 옵션을 분석
	logging	디버깅 및 오류 로그 기록
	profile	파이선 코드의 성능 검사 기능
	pydoc	파이선 문서 자료를 HTML이나 텍스트로 생성
	shlex	쉘 프로그램처럼 입력을 받아 분석
	sys	프로그램 실행환경 관련 정보 제공
	time	시간과 일자 관련 명령문
자료 관련	pickle shelve	파이선 오브젝트를 지속적 사용
	sqlit3	SQLite DB에 접근하도록 연결
암호화	hashlib	다양한 해시 함수를 제공
	hmac	RFC 2104의 HMAC 알고리즘 지원
	md5	MD5 해시 알고리즘 지원
	sha	SHA1 해시 알고리즘 지원
HTML	formatter	결과를 HTML, XML 형식으로 출력
	htmllib	HTML분석
	sgmlib	HTML에서 텍스트, 링크, 제목 등의 원소를 추출
	xml.sax xml.dom xml.dom.minidom	XML 분석모듈

컴퓨팅 사고를 위한 파이선 입문

관련 영역	모듈명	내용
인터넷 Protocol	binascii	바이너리 데이터와 ASCII 간의 변환
	binhex	맥용 binhex 압축 및 해제
	cgi	웹cgi-bin에서 파이선으로 웹응용 처리
	httplibm ftplib gopherlib	HTTP, FTP 프로토콜 클라이언트 사용
	mimify	메일 메세지 QF(quoted-printable) 인코딩 및 디코딩 처리
	nntplib	뉴스 그룹의 NNTP 서버 읽기
	poplib imaplib	메일을 읽기 위한 POP3, IMAP 프로토콜 사용
	quopri	스트링의 QP(quoted-printable) 인코딩 디코딩 처리를 담당
	SimpleHTTPServer CGIHTTPServer BaseHttpServer	간단한 웹서버를 제공
	smpplib	메일 전송을 위한 SMTP/ ESMTP 클라이언트를 구현
	SocketServer	독립형 TCP 또는 UDP 서버 제작 지원
	urllin urllin2 urlparse	URL을 열고 HTML XML 결과 parsing

이번에는 스스로 작성한 모듈을 사용하는 방법에 대하여 검토해 보기로 하자.

다음과 같이 my_message.py 파일을 작성한 경우

예제 12-1

```
 1 # -*- coding: utf-8 -*-
 2 """
 3 파이선 입문
 4
 5 예제 12-1 모듈 선언
 6 """
 7
 8 def hi (name) :
 9     print ( "안녕하세요 %s님! 반가워요!" %name )
10     print ( "제 이름은 파이선입니다." )
11     print ( "앞으로 친하게 지내요~" )
12
13 def bye (name) :
14     print ( "안녕히 가세요 %s님! 반가웠어요!" %name )
15     print ( "오늘 남은 시간 행복하세요." )
16     print ( "다음에 다시 만나요~" )
```

위의 작성된 모듈 안의 파일을 사용하는 예시는 다음과 같다.

예제 12-2

```
 1 # -*- coding: utf-8 -*-
 2 """
 3 파이선 입문
 4
 5 예제 12-2 모듈 활용
 6 """
 7
 8 import my_message
 9
10 name = "한옥영"
11 my_message.hi ( name )
12 print ("=" *30)
13 my_message.bye ( name )
```

위의 코드에서 11줄과 13줄에서 import한 모듈 안에 정의된 함수들을 호출하였으며, 실행 결과는 다음과 같이 나타난다.

컴퓨팅 사고를 위한 파이선 입문

```
안녕하세요 한옥영님! 반가워요!
제 이름은 파이선입니다.
앞으로 친하게 지네요~
==============================
안녕히 가세요 한옥영님! 반가웠어요!
오늘 남은 시간 행복하세요.
다음에 다시 만나요~
>>>
```

모듈 안의 함수 사용을 더 간결하게 하기 위해 다음과 같은 두 가지의 방법을 사용할 수 있다.

[방법 1] 앞에서 설명한 from을 사용하여 작성

```
from my_message import *

name = "한옥영"
hi ( name )
print ("=" *30)
bye ( name )
```

실행 결과는 똑같이 나타난다. 다만 모듈에 포함된 함수를 호출하기 위하여 모듈 이름을 적용하였던 것이 생략되고 단순히 함수이름만 호출한 형식이다. 오류가 발생하는 경우 원인을 찾기가 어렵기 때문에 일반적으로 모듈 안에 정의된 함수들을 정확하게 아는 경우에 위와 같이 사용한다.

[방법 2] 다음의 문법을 적용하여 작성

```
import 모듈명 as Alias          # 모듈명에 alias 적용

import my_message as mm

name = "한옥영"
mm.hi ( name )
print ("=" *30)
mm.bye ( name )
```

모듈 이름이 길어서 사용하기 불편한 경우에는 as 라는 키워드를 적용하여 가명 (alias)을 사용할 수 있다.

이와 같이 이미 제공된 모듈 또는 자신이 직접 만든 모듈에 대한 활용을 이해하여 효율적으로 프로그램을 구현할 수 있다.

실습 12-1 : 모듈 이해하기

사칙 연산을 수행하는 함수를 포함한 my_math라는 모듈을 작성한 후 모듈 안의 함수를 호출하여 연산 처리하는 프로그램을 작성해 보세요.

입력: 연산자 및 연산에 사용할 값
처리: 모듈을 활용하여 입력된 값에 연산자 적용
출력: 연산 결과

사고력

- ✔ 주어진 문제를 이해할 수 있는 문제 이해 사고력
- ✔ import 사용에 대한 논리적 사고력
- ✔ 모듈 안의 함수를 호출하여 사용할 수 있는 캐시적 사고력
- ✔ 연산자와 연산에 필요한 값에 대한 입력 과정을 처리할 수 있는 자료 수집 사고력
- ✔ 명령문 블록을 구성할 수 있는 절차적 사고력
- ✔ 함수의 개념을 적용하는 경험적 추론 사고력

결과 화면

```
연산자를 선택하세요 [ + - * / ] : =
연산자 입력이 잘못 되었습니다.
연산자를 선택하세요 [ + - * / ] : +
숫자 값들을 빈칸으로 구분하여 입력하세요 : 1 3 5 7 9
덧셈 연산 결과 값은  25
연산을 계속할까요? (Y/N) y
```

컴퓨팅 사고를 위한 파이선 입문

```
연산자를 선택하세요 [ + - * / ] : -
숫자 값들을 빈칸으로 구분하여 입력하세요 : 30 7 5 3
뺄셈 연산 결과 값은  15
연산을 계속할까요? (Y/N) y
연산자를 선택하세요 [ + - * / ] : *
숫자 값들을 빈칸으로 구분하여 입력하세요 : 2 4 6 8
곱셈 연산 결과 값은  384
연산을 계속할까요? (Y/N) y
연산자를 선택하세요 [ + - * / ] : /
숫자 값들을 빈칸으로 구분하여 입력하세요 : 100 5 4
뺄셈 연산 결과 값은  5.0
연산을 계속할까요? (Y/N) n
> > >
```

my_math.py* ☒

```python
 1 # -*- coding: utf-8 -*-
 2 """
 3 파이썬 입문
 4
 5 실습 12-1 모듈 이해하기
 6
 7 my_math 모듈 생성
 8 """
 9
10 def add ( num_list ) :
11     value = 0
12     for x in num_list :
13         value = int(x) + value
14     print ( "덧셈 연산 결과 값은 ", value )
15
16 def subtract ( num_list ) :
17     value = int ( num_list[0] )
18     num_list = num_list[1:]
19     for x in num_list :
20         value = value - int(x)
21     print ( "뺄셈 연산 결과 값은 ", value )
22
23 def multiply ( num_list ) :
24     value = 1
25     for x in num_list :
26         value = int(x) * value
27     print ( "곱셈 연산 결과 값은 ", value )
28
29 def divide ( num_list ) :
30     value = int ( num_list[0] )
31     num_list = num_list[1:]
32     for x in num_list :
33         value = value / int(x)
34     print ( "뺄셈 연산 결과 값은 ", value )
```

```python
1 # -*- coding: utf-8 -*-
2 """
3 파이선 입문
4
5 실습 12-1 모듈 이해하기
6 """
7
8 import my_math as mmth
9
10 while True :
11     op = input ( "연산자를 선택하세요 [ + - * / ] : " )
12     if op not in [ "+", "-", "*", "/"] :
13         print ("연산자 입력이 잘못 되었습니다.")
14         continue
15
16     num = input ( "숫자 값들을 빈칸으로 구분하여 입력하세요 : "
17     num_list = num.split()
18
19     if op == '+' :
20         mmth.add ( num_list )
21     elif op == '-' :
22         mmth.subtract ( num_list )
23     elif op == '*' :
24         mmth.multiply ( num_list )
25     else :
26         mmth.divide ( num_list )
27
28     more = input ( "연산을 계속할까요? (Y/N) " )
29     if more == "Y" or more == "y" :
30         continue
31     else :
32         break
```

02 패키지 이해하기

여러 개의 모듈을 하나로 묶은 단위를 패키지(package)라고 한다. 즉, 모듈의 컬렉션을 의미한다. 패키지의 개념을 그림으로 나타내면 다음과 같다.

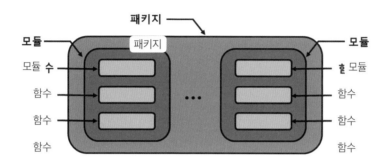

여러 가지 모듈 즉, 파일들을 포함하고 있는 디렉터리가 패키지에 해당하며, 파이선 3.3 이전 버전을 사용하고 있다면 디렉터리 안에 패키지를 초기화 시킬 수 있는 __init__.py 파일이 필수이다. 파일명에 init의 앞뒤로 _가 2개 연속되어 있는 것을 주의해야 한다. 3.3 이상의 버전을 사용하고 있는 경우에도 사용하는 디렉터리가 패키지임을 확인하고, 다른 버전에서도 사용할 수 있도록 가급적 __init__.py 파일을 작성하는 것을 권한다. 패키지는 또 다른 하위 구조의 서브 패키지를 포함할 수 있으며, 복잡한 프로그램을 구현할 때는 계층적 구조로 패키지를 관리하는 것이 효율적이다. 패키지 안에 있는 모듈을 사용하는 문법은 다음과 같다.

```
import 패키지명.모듈명        #  패키지 내 모듈 사용법
```

import된 모듈 안의 함수를 사용하는 방법은 다음과 같다.

```
패키지명.모듈명.함수(  )       #  모듈에 포함된 함수 사용법
```

이 책을 읽는 독자라면 본인이 스스로 패키지를 작성하는 것보다는 기존의 패키지를 import하여 사용하는 목적으로 패키지를 접하고 있을 것이다. 기존의 패키지를 자신의 PC에 설치하여 사용하는 방법에 대하여 알아보기로 하자.

pip

pip는 패키지 관리자에 해당하며 Pip Installs Packages의 약자로, 파이선에서 작성된 패키지들을 설치할 때 필요한 명령어이다. pip 명령어를 실행하려면, 먼저 파이선이 설치된 위치를 확인해야 하며, 아래와 같이 확인할 수 있다.

python 창에서 File > Path Browser 선택

다음과 같은 창이 뜨게 된다.

파이선의 기본 위치가 확인되었다면, 명령 프롬프트 (cmd) 창을 열어서 기본 path의 위치로 이동한다. 이동하는 과정은 다음과 같이 정리된다.

    1. 위치를 가장 상위 레벨(root)로 이동

    cd ₩

2. 하위 폴더로 이동

    cd Users

3. 폴더 확인을 원하면

    dir

4. 파이선 path 까지 계속하여 이동

※ 한 번에 이동 가능 cd C:₩Users₩Han₩....

이제 설치하고 싶은 패키지를 사용하기 위하여 다음과 같이 pip 명령어를 입력하면 된다.


```
python  - m pip install <패키지명>
```


만일 pip의 버전이 업그레이드가 필요하면, 아래의 명령어를 우선 실행해야 한다.


```
python  - m pip install  - - upgrade pip
```

```
C:₩Users₩Han₩AppData₩Local₩Programs₩Python₩Python36-32>python
-m pip install --upgrade pip
Collecting pip
  Downloading https://files.pythonhosted.org/packages/00/b6/9cfa56b40
81ad13874b0c6f96af8ce16cfbc1cb06bedf8e9164ce5551ec1/pip-19.3.1-py2.
py3-none-any.whl (1.4MB)
    |                                          | 1.4MB 262kB/s
Installing collected packages: pip
  Found existing installation: pip 19.3
    Uninstalling pip-19.3:
      Successfully uninstalled pip-19.3
Successfully installed pip-19.3.1
```

위와 같이 pip 버전이 19.3에서 19.3.1로 업그레이드된 것을 확인할 수 있다. pip가 최신 버전으로 깔렸다면, 간단하게 아래의 명령을 입력하여도 패키지가 설치된다.

```
pip install <패키지명>
```

예를 들어 아래와 같은 막대그래프를 그리려면, 파이선의 matplotlib 패키지가 필요하다.

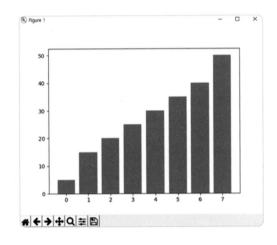

위의 명령문에서 패키지명에 원하는 matplotlib를 입력하면 패키지를 설치한 후 원하는 그래프를 그릴 수 있는 것이다. pip 사용은 필요한 패키지를 설치할 때 필요한 것이므로 어떠한 패키지가 필요한 것인지 먼저 파악하는 것이 중요할 것이다. 만약 설치한 패키지를 삭제하고 싶은 경우 다음의 명령어를 사용한다.

```
pip uninstall <설치된_패키지명>
```

실습 12-2 : pip 활용

matplotlib 패키지를 설치한 후 정렬 방법을 오름차순 / 내림차순을 입력 받고, 정렬 시킬
값들을 입력 받은 후 정렬한 후 수직막대그래프 또는 수평막대그래프로 나타내는 프로그
램을 작성해 보세요.

입력: 정렬시킬 값들과 정렬 방식 및 막대그래프 종류
처리: 입력 받은 자료를 정렬 방식 기준으로 정렬
출력: 선택된 형식의 그래프

사고력
✔ 막대그래프 표현에 대한 추상화 사고력
✔ 단계별 과정을 이해하는 알고리즘적 사고력
✔ 값을 입력 받아 정렬하는 논리적 사고력
✔ 정렬을 적용하기 위한 캐시적 사고력
✔ pip 명령문을 실행할 수 있는 절차적 사고력

결과 화면

```
값을 입력하세요 (종료값:q)  10
값을 입력하세요 (종료값:q)  20
값을 입력하세요 (종료값:q)  30
값을 입력하세요 (종료값:q)  40
값을 입력하세요 (종료값:q)  50
값을 입력하세요 (종료값:q)  q
오름차순(A)  / 내림차순(D) 를 선택하세요 : D
수직 막대 그래프 (V)  / 수평 막대 그래프 (H)  를 선택하세요 : H
```

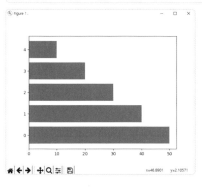

실습 12-2

```python
1 # -*- coding: utf-8 -*-
2 """
3 파이선 입문
4
5 실습 12-2 pip 활용
6 """
7 import matplotlib.pyplot as plt
8
9 data=[]
10 while True:
11     x=input("값을 입력하세요 (종료값:q)  ")
12     if x=='q':
13         break
14     data.append(int(x))
15
16 order = input ("오름차순(A)  / 내림차순(D) 를 선택하세요 : ")
17 if order == "D":
18     values=sorted(data, reverse = True)
19 else :
20     values=sorted(data)
21
22 graph = input ("수직 막대 그래프 (V)  / 수평 막대 그래프 (H)  를 선택하세요 : ")
23 if graph == "H":
24     plt.barh(range(len(values)), values)
25 else:
26     plt.bar(range(len(values)), values)
27
28 plt.show()
```

컴퓨팅 사고를 위한 파이선 입문

1. account_book이라는 모듈을 생성한 후, income( )과 expense( )함수를 생성하여 금전출납부로 활용할 수 있는 프로그램을 작성해 보세요. 현재의 잔고를 알려주는 함수도 구현하여 용돈 관리가 힘든 친구들에게 도움이 될 수 있는 유용한 프로그램을 창의적으로 구현해 보세요.
수입과 지출에 대한 그래프를 표현할 수 있다면 도전하여 완성해 보세요.

추가적으로 필요한 함수가 무엇이 있을지 본인만의 아이디어를 적용하여 프로그램을 개선시켜 보세요.

GUI를 위한 tkinter

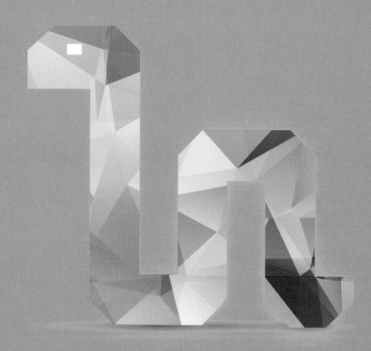

01 GUI 이해하기

GUI는 Graphical User Interface의 약자로 사용자가 명령어를 몰라도 화면에 표시된 내용을 클릭하여 프로그램을 실행하는 편리한 구조를 제공한다. 파이선에서도 text 기반이 아닌 GUI 기반의 프로그램 수행을 지원하여 사용자의 편리를 제공할 수 있는 프로그래밍이 가능하다. 파이선에서 GUI를 제공하기 위해서 tkinter 모듈을 사용할 수 있다. tkinter는 Tool Kit Interface에 해당하며, 위젯(widget) 방식으로 GUI를 지원한다. 위젯은 팝업(pop-up)창으로 독립적으로 수행되는 작은 프로그램을 뜻한다. 즉, tkinter는 파이선에서 GUI를 제공하는 모듈로서 TCL(Tool Command Language)와 TK(Tool Kit)을 사용할 수 있도록 하며, 윈도우 창을 생성한다. 파이선을 설치할 때 기본적으로 내장되는 표준 라이브러리이므로 별도의 설치 없이 사용 가능한 모듈이다.

tkinter 모듈을 사용하기 위해서는 별도의 설치는 필요 없으나 모듈을 import 시킨 후 사용 가능하다.

12장에서 설명하였듯이 import를 실행하는 방법은 다음과 같이 2가지이다.

```
import tkinter
window=tkinter.Tk()
```

```
from tkinter import *
window = Tk()
```

왼쪽의 경우 tkinter에 속한 함수를 사용할 때마다 tkinter.을 명시해야 하는 것을 알 수 있다. 그러므로 간단히 tkinter에 속한 함수들을 사용하기 위해서는 오른쪽과 같이 import하여 예제 13-1의 8줄과 같이 제어문을 작성하는 것이 바람직하다. 예제 13-1의 9줄이 위젯으로 윈도우를 띄우는 명령어이다. window라는 변수명으로 새로운 창을 띄우는 것이며, 9줄 이후에 GUI에 구성하고자 하는 필요한 화면을 처리하면 된다. 작성하고자 하는 화면 구성이 완료되면 13줄과 같이 window 객체에 mainloop을 실행하여 등록한 이벤트들을 실행하게 한다. 13-1 예제의 오른쪽에 있는 창이 실행 결과이다.

윈도우 크기 지정

tkinter를 사용하여 새로운 윈도우를 생성하였을 때, 윈도우 크기를 원하는 크기로 지정할 수 있다. 또한 생성한 윈도우의 크기를 임의로 수정하지 못하도록 고정하여 사용할 수 있다. 크기 지정 및 크기 고정을 위한 코드는 다음과 같다.

예제 13-2

```
1 # -*- coding: utf-8 -*-
2 """
3 파이썬 입문
4
5 예제 13-2 윈도우 크기 지정
6 """
7
8 from tkinter import *
9
10 window = Tk( )
11 window.title( "윈도우 크기 지정" )
12 window.geometry("500x300")
13 window.resizable( width=FALSE, height=FALSE )
14 window.mainloop( )
```

13-2의 예제에서 11줄은 새로 띄운 창의 제목을 명시하는 제어문이며, 12줄이 크기를 지정하는 명령문이다. 여기서 주의해야 할 사항은 가로와 세로의 크기를 x로 연결하여 문자열로 지정하는 것이다. 13줄은 너비(가로)와 높이(세로)를 모두 FALSE로 정하여 크기를 변경하지 못하도록 하는 명령문이다.

실습

실습 13-1 : GUI 이해하기

tkinter에서 Label 문법이 다음과 같을 때

Label (윈도우창, 파라미터1, 파라미터2, 파라미터3, ...)

파라미터	내용
text	화면에 표시할 텍스트 문구
bg	background 배경색 지정
fg	foreground 글자색 지정
width	라벨의 너비
height	라벨의 높이
anchor	라벨 안의 문자열 위치 (값: n, ne, e, se, s, sw, w, nw, center)

"나의 첫 번째 GUI 윈도우 창"이라고 윈도우 이름을 지정하고, 너비가 50이고 높이가 5에 해당하는 라벨을 작성하여 "놀라운 GUI 세상에 오신 것을 환영합니다!"라고 왼쪽 상단에 위치하여 문자열을 나타내는 프로그램을 작성해 보세요.

이때, 바탕은 빨간색으로, 글씨는 흰색으로 나타내 보세요.

입력: 해당 없음

처리: 창의 크기, 창의 이름, 바탕색, 글씨 색, 문자열 위치, 문자 내용 작성

출력: 빨간색 바탕에 흰 글씨로 "놀라운 GUI 세상에 오신 것을 환영합니다!" 표시하기

사고력

✓ tkinter 모듈을 import하여 처리할 수 있는 캐시적 사고력

✓ 다양한 파라미터들을 이해하고 처리할 수 있는 분해적 사고력

✓ 문제를 이해하고 문제가 요구하는 결과를 제시할 수 있는 문제 해결 능력

✓ 위젯을 이해하고 적용할 수 있는 추상화 사고력

✓ 문자열 위치를 적용할 수 있는 공간 지각 능력

✓ 기본 예제를 통하여 실습 내용을 실행할 수 있는 경험적 추론

결과 화면

나의 첫번째 GUI 윈도우 창 　　　　　 － □ ×

놀라운 GUI 세상에 오신 것을 환영합니다!

실습 13-1

```
1 # -*- coding: utf-8 -*-
2 """
3 파이썬 입문
4
5 실습 13-1 tkinter 활용
6 """
7
8 from tkinter import *
9
10 window = Tk( )
11 window.title ( "나의 첫번째 GUI 윈도우 창" )
12 message = Label (window, text = "놀라운 GUI 세상에 오신 것을 환영합니다!", \
13                 bg = 'red', fg = 'white', width = 50, height = 5, anchor=NW)
14 message.pack ( )
15 window.mainloop ( )
```

02 이미지 Label

실습 13-1에서 기본적인 Label에 대한 문법은 설명하였다. Label에 text 파라미터를 적용하여 문자열을 표시할 수 있고, image 파라미터를 적용하여 이미지를 표시할 수 있다. 이미지는 변수명에 미리 저장한 후 다음과 같은 문법을 사용하여 표시할 수 있다.

```
변수명 = PhotoImage ( file = " 이미지파일명.gif " )
Label ( 윈도우명, image = 변수명 )
```

변수명에 저장되는 이미지 파일은 반드시 gif 또는 png 형식의 파일이어야 화면에 표시 가능하다. 간혹 이미지 파일명의 확장자만 gif 또는 png로 수정한 후 사용하고자 하는 경우가 있는데, 이런 경우 파이선은 인식하지 못하고 이미지 표시에 실패하게 되는 것은 유의해야 한다. 만약 JPG 파일 형식이라면 그림판은 이용하여 이미지를 다른 이름으로 저장을 실행하고, 이때 파일 형식을 gif 또는 png로 지정하면 된다.

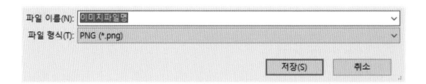

만약 이미지 파일이 tkinter를 사용하는 파이선 파일과 같은 위치에 저장되어 있지 않다면, 이미지 파일이 저장된 장소의 path를 정확하게 명시해야 한다. 디렉터리 지정하여 절대 경로를 표시하는 것에 어려움이 있다면 파이선 파일과 이미지 파일을 같은 디렉터리 안에 저장하는 것을 권장한다. 원하는 이미지를 사용하여

컴퓨팅 사고를 위한 파이선 입문

label을 작성하는 다음의 예제를 통하여 학습한 내용을 확인해 보기로 하자.

```
 1 # -*- coding: utf-8 -*-
 2 """
 3 파이선 입문
 4
 5 예제 13-3 이미지 Label
 6 """
 7
 8 from tkinter import *
 9
10 window = Tk( )
11 window.title( "이미지 Label" )
12 photo = PhotoImage (file = "mountain.png")
13 my_image = Label (window, image = photo)
14 my_image.pack ( )
15
16 window.mainloop ( )
```

Label 함수에서 파라미터를 image를 적용하였으며, image로 사용될 이미지는 photo라는 변수명에 PhotoImage를 사용하여 저장하였다. Label을 작성한 후 윈도우에 적용하기 위하여서는 해당 Label을 pack 해야 하는 것을 잊지 말아야 한다. 만약 pack을 적용하지 않으면 단순히 빈 윈도우 창이 뜨게 될 것이다. 13-3 예제를 실행하면 다음과 같은 이미지를 pop-up 윈도우 창의 형태로 확인할 수 있을 것이다.

실습 13-2 : 이미지 Label

사계절의 이미지를 준비한 후 원하는 계절을 입력 받아 입력된 계절에 해당하는 이미지를 화면에 표시하는 프로그램을 작성해 보세요.

입력: 원하는 계절

처리: 입력된 계절에 연관된 이미지 선택

출력: 선택된 이미지를 pop-up으로 화면에 표시

사고력

✔ 적절한 사계절 이미지를 준비할 수 있는 캐시적 사고력

✔ 학습한 if문을 활용하여 프로그램을 구성할 수 있는 경험적 추론

✔ if의 조건문을 제시할 수 있는 논리적 사고력

✔ 4가지 조건을 나누어 작성할 수 있는 분해적 사고력

✔ Label을 활용하여 프로그램을 작성하는 추상화 사고력

✔ 이미지를 저장한 후 Label로 적용할 수 있는 절차적 사고력

결과 화면

[입력 값 : 1]

[입력 값 : 4]

실습 13-2

```
1 # -*- coding: utf-8 -*-
2 """
3 파이썬 입문
4
5 실습 13-2 이미지 Label
6 """
7
8 from tkinter import *
9
10 window = Tk ( )
11 window.title ( "사계절 이미지" )
12 choice = input ("원하는 계절을 선택하세요 [1:봄, 2:여름, 3:가을, 4:겨울] : ")
13 if int(choice) == 1:
14     image_file = "spring.png"
15 elif int(choice) == 2:
16     image_file = "summer.png"
17 elif int(choice) == 3:
18     image_file = "fall.png"
19 elif int(choice) == 4:
20     image_file = "winter.png"
21 else :
22     print ("계절 선택이 잘못 되었습니다. 봄을 보여드리겠습니다.")
23
24 photo = PhotoImage (file = image_file)
25 my_season = Label (window, image = photo)
26 my_season.pack ( )
27
28 window.mainloop ( )
```

03 Button

단순히 문자열 또는 이미지를 보여주는 Label과 다르게 클릭을 통하여 적절한 내용을 처리하는 Button의 문법은 다음과 같다.

Button (윈도우명, 파라미터1, 파라미터2, 파라미터3, ...)

파라미터	내용
text	버튼에 표시할 문자열
image	버튼에 포함할 이미지
bg	background 버튼의 배경 색상
fg	foreground 버튼의 문자열 색상
width	버튼의 너비
height	버튼의 높이
padx	버튼의 테두리와 내용의 가로 여백
pady	버튼의 테두리와 내용의 세로 여백
anchor	버튼 안의 문자열 또는 이미지의 위치 (값: n, ne, e, se, s, sw, w, nw, center)
command	버튼이 선택되었을 때 실행하는 메소드(함수)

앞의 실습 내용을 Button을 활용하여 코딩하면 예제 13-4와 같다.

Button이 선택되었을 때 실행될 메소드의 정의 부분에 해당한다.

컴퓨팅 사고를 위한 파이선 입문

```
 1 # -*- coding: utf-8 -*-
 2 """
 3 파이썬 입문
 4
 5 예제 13-4 Button
 6 """
 7
 8 from tkinter import *
 9
10 def spring_button ( ):
11     window = Toplevel(root )
12     photo = PhotoImage (file = "spring.png")
13     my_season = Label (window, image = photo)
14     my_season.pack ( );  window.mainloop( )
15
16 def summer_button ( ):
17     window = Toplevel(root )
18     photo = PhotoImage (file = "summer.png")
19     my_season = Label (window, image = photo)
20     my_season.pack ( );  window.mainloop( )
21
22 def fall_button ( ):
23     window = Toplevel(root )
24     photo = PhotoImage (file = "fall.png")
25     my_season = Label (window, image = photo)
26     my_season.pack ( );  window.mainloop( )
27
28 def winter_button ( ):
29     window = Toplevel(root )
30     photo = PhotoImage (file = "winter.png")
31     my_season = Label (window, image = photo)
32     my_season.pack ( )
33     window.mainloop( )
34
```

Button의 정의 부분은 다음과 같다.

```
35 root = Tk( )
36 root.title ( "사계절 이미지" )
37 root.geometry ("300x100+150+150")
38
39 button1 = Button (root, text = "spring", padx = 15, \
40                   bg = 'green', command = spring_button)
41 button1.pack ( side = LEFT )
42 button2 = Button (root, text = "summer", padx = 15, \
43                   bg = 'blue', command = summer_button)
44 button2.pack ( side = LEFT )
45 button3 = Button (root, text = "fall", padx = 25, \
```

```
46                          bg = 'brown', command = fall_button)
47 button3.pack ( side = LEFT )
48 button4 = Button (root, text = "winter", padx = 15, \
49                          bg = 'white', command = winter_button)
50 button4.pack ( side = LEFT )
51
52 root.mainloop ( )
```

37줄의 geometry는 창의 크기와 위치를 나타내며 +150은 화면 왼쪽에서부터 150만큼 이동하고 위쪽에서부터 아래로 150만큼 이동하여 창을 표시하라는 의미이다. 4개의 버튼을 생성하였으며, 예제 13-4를 실행하면 다음과 같은 pop-up창이 우선 뜨게 된다.

각각의 버튼이 클릭 가능하며 클릭하는 경우 예제 13-4의 40, 43, 46, 49줄의 내용과 같이 command로 지정된 메소드가 실행하게 된다. command 메소드로 정의된 내용은 새로운 창을 띄우며 해당 이미지를 화면 표시한다. 이 경우 Tk( )가 아닌 Toplevel(root)를 적용하여 root로부터 파생된 하위수준의 윈도우 창임을 명시해야 한다. 각각의 창에 대하여 mainloop( )을 적용해야 이미지가 화면 표시되는 것을 유의해야 한다. 예를들어 summer 버튼을 클릭하면 다음의 창이 화면에 표시된다.

컴퓨팅 사고를 위한 파이선 입문

Menubutton

Menubutton 메소드를 적용하면 다음과 같이 해당 항목에 대한 하위 메뉴를 표시할 수 있다. 예제 13-5의 내용이 Menubutton을 표시하는 코드이다.

예제 13-5

```python
1 # -*- coding: utf-8 -*-
2 """
3 파이선 입문
4
5 예제 13-5 Menubutton
6 """
7
8 from tkinter import *
9 import tkinter
10
11 window = Tk()
12
13 my_menu= Menubutton ( window, text="분식집", relief=RAISED )
14
15 my_menu.menu  = Menu ( my_menu, tearoff = 0 )
16 my_menu["menu"]  = my_menu.menu
17
18 my_menu.menu.add_checkbutton ( label="김밥" )
19 my_menu.menu.add_checkbutton ( label="라면" )
20 my_menu.menu.add_checkbutton ( label="쫄면" )
21 my_menu.menu.add_checkbutton ( label="떡볶이" )
22 my_menu.menu.add_checkbutton ( label="비비밥" )
23 my_menu.menu.add_checkbutton ( label="순대" )
24
25 my_menu.pack()
26 window.mainloop()
```

예제 13-5의 16줄의 menu 선언이 없으면 메뉴가 표시 않는 것을 유의해야 한다. 13-5의 예제를 실행하면 "분식집"이라고 표시된 pop-up 창이 뜨며, "분식집" 버튼을 누르면 다음과 같이 메뉴가 펼쳐지게 된다.

Checkbutton

이번에는 옵션에 대해 다중 선택을 받아 처리할 수 있는 Checkbutton에 대하여 알아보기로 하자. 13-6은 짬뽕 주문에 Checkbutton을 활용한 예이다. 3개의 추가 선택을 입력받도록 구성되어 있으며, Checkbutton이 선택되었을 때 그 값들을 기억하고 있다가, 주문이 들어올 때 그 값들을 적용하여 주문을 완성하는 프로그램이다. Checkbutton을 선택한 후 "주문" 버튼을 누른 실행 결과는 다음과 같다.

예제 13-6

```
1 """
2 파이선 입문
3 예제 13-6 Checkbutton
4 """
5
6 from tkinter import *
7 import tkinter
8 from tkinter import messagebox
9
10 window = Tk()
11
12 def clickMe():
13         str = ''
14         if cbVar1.get() == 1:
15                 str = str + '밥으로 변경 / '
16         if cbVar2.get() == 1:
17                 str = str + '곱배기 주문 / '
18         if cbVar3.get() == 1:
19                 str = str + '굴짬뽕 선택 / '
20         if str == '':
21                 str = "기본으로 주문하셨습니다."
22         messagebox.showinfo("짬뽕 주문 상황", str)
23
24 cbVar1 = IntVar()
25 cb1 = Checkbutton(window, text="밥", variable = cbVar1)
26 cb1.grid (column=0, row=0)
27 cbVar2 = IntVar()
```

컴퓨팅 사고를 위한 파이선 입문

```
28 cb2 = Checkbutton(window, text="곱배기", variable = cbVar2)
29 cb2.grid (column=1, row=0)
30 cbVar3 = IntVar()
31 cb3 = Checkbutton(window, text="굴짬뽕", variable = cbVar3)
32 cb3.grid (column=2, row=0)
33 order = Button(window, text="주문", command=clickMe)
34 order.grid (column=0, row=1, columnspan = 3)
35 window.mainloop()
```

13-6 예제의 24, 27, 30 줄에서 Checkbutton에서 사용할 변수를 생성하였고, 25,
28, 31 줄에서 실제적으로 Checkbutton이 선택되었을 때 위젯이 생성된다. 주문
이 선택되면 14, 16, 18줄과 같이 Checkbutton을 통하여 생성된 변수가 존재하면,
변수에 알맞은 처리를 실행한다. 변수의 값을 1로 비교한 것은 생성되어 True 상
황을 의미한다. grid는 위치를 나타내며, column 값을 증가시켜 하나씩 옆으로 이
동하였으며, row 값을 증가시켜 하나 아래로 이동한 것을 알 수 있을 것이다. 이
와 같이 원하는 위치에 Checkbutton을 표시한 후 선택된 버튼의 상황에 따라 프
로그램을 처리할 수 있다.

실습 13-3 : Button

GUI를 활용하여 구구단 공부를 할 수 있는 프로그램을 작성해 보세요. 화면에 2~9까지의
임의의 수 2개의 곱셈식을 표시하고, Entry를 활용하여 정답을 입력받도록 구성해 보세요.
Entry의 문법은 다음과 같습니다.

　변수명 = Entry (윈도우창)

창에 입력한 값이 변수명에 문자열 자료형으로 저장됩니다. 답을 입력한 후 제출 Button
을 선택하면, 입력된 답에 대하여 정답 여부를 확인하여 주세요.

　입력: 제시된 곱셈 문제의 답
　처리: 2~9까지 2개의 임의의 수를 생성하여 수식을 Label을 활용하여 화면에 표

시하고, GUI를 활용하여 답을 입력 받은 후 제출 버튼이 선택되면 정답 여부 확인

출력: 문제 풀이의 결과를 화면에 표시

사고력

- ✔ 구구단 프로그램 구성에 대한 추상화 사고력
- ✔ random 수를 생성할 수 있는 경험적 추론 사고력
- ✔ 수식을 문자열로 처리할 수 있는 변환적 사고력
- ✔ 제시된 Entry 문법을 활용할 수 있는 창의적 사고력
- ✔ Button을 활용하여 함수를 실행하는 command 규칙을 이해할 수 있는 패턴 매칭 사고력
- ✔ get( )메소드를 이해하고 적용할 수 있는 논리적 사고력
- ✔ 입력된 결과에 따라 적절한 확인 문자열을 표시할 수 있는 알고리즘적 사고력

결과 화면 [답을 입력한 후 제출 버튼 클릭]

실습 13-3

```
1 # -*- coding: utf-8 -*-
2 """
3 파이선 입문
4
5 실습 13-3 Button
6 """
7
8 from tkinter import *
9 import tkinter
10 from tkinter import messagebox
11 import random
12
13 def check_answer ( ):
14     if answer.get ( ) == str( x* y ) :
15         messagebox.showinfo ( "결과", "정답입니다!" )
```

```
16    else :
17        messagebox.showinfo ( "결과", "틀렸네요~" )
18
19 window = Tk()
20 x = random.randrange(2,10)
21 y = random.randrange(2,10)
22 problem = str(x) + ' X ' + str(y)
23 show_problem = Label (window, text = problem)
24 show_problem.pack ( )
25
26 answer = Entry (window)
27 answer.pack ( )
28
29 button =  Button ( window, text="제출", command = check_answer )
30 button.pack ( )
31 window.mainloop()
```

1. GUI를 활용하여 이름, 연락처, '신청 과정'을 입력 받아 튜플 자료형으로 구성한 후 복수의 입력을 리스트로 저장하는 프로그램을 작성해 보세요. '신청 과정'은 Radiobutton으로 구성하여 하나의 값을 선택하도록 하고, '신청 과정'의 값은 '초급', '중급', '고급', '전문가' 4개의 값으로 구성해 보세요.

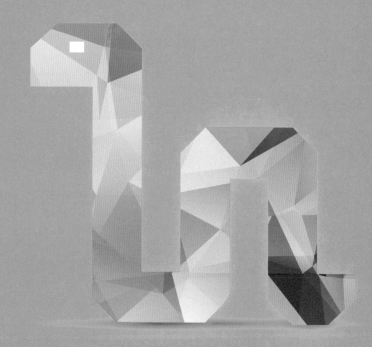

14장

파일 입출력

01 파일 입력

키보드로 입력하는 것을 표준 입력, 모니터로 출력하는 것을 표준 출력이라 하며, 표준 입출력 함수에는 input( ) 함수와 print( ) 함수가 있다. 키보드를 통한 입력 대신에 기존에 저장된 파일에서 입력 자료를 가져오는 경우 read( ), readline( ), readlines( )의 함수를 사용하고, 모니터로 출력하지 않고 파일로 출력 결과를 저장하는 경우 write( ) 또는 writelines( ) 함수를 사용할 수 있다.

파일을 대상으로 하는 입력과 출력을 위해서는 3단계의 작업이 필요하다. 3단계 개념은 아래와 같다.

1단계는 파일 열기의 단계이며, open( ) 함수에서 파일명을 지정하고, 파일 사용 용도가 읽기용 또는 쓰기용에 해당하는지 목적을 지정한다. 파이선 open() 함수의 문법은 다음과 같다.

```
open ( file_name,  file_open_type )
```

file_name은 파일명에 해당하며, 읽기 목적으로 파일을 여는 경우는 존재하는 파일명을 제시해야 한다. 쓰기 목적으로 파일을 여는 경우는 존재하는 파일의 뒤에 내용을 추가하는 방식과 새로운 파일을 생성하는 두 가지 방식이 있으며, 추가하는 경우는 존재하는 파일의 이름을 입력하고, 새로운 파일을 만드는 경우는 원하는 파일명을 입력하면 된다. 파일을 열 때 주의해야 하는 것은 파일을 여는 내용을 처리하는 파이선 프로그램과 같은 폴더 안에 존재하지 않는 파일을 여는 경우 파일이 있는 정확한 경로를 명시해야 하는 것이다. 파일 사용이 익숙하지 않은 사용자는 가급적 파이선 파일과 사용한 자료 파일을 같은 폴더에 저장하여 사용하는 것을 권장한다. file_open_type의 내용은 다음과 같다.

타입	용도
생략	읽기
r	read: 읽기
w	write: 쓰기, 파일이 이미 존재하는 경우 덮어쓰기
r+	read & write: 읽기 및 쓰기
a	append: 이어쓰기
t	text: 파일의 내용이 텍스트로 구성
b	binary: 파일의 내용이 바이너리 코드로 구성

2단계에서는 파일 처리에 해당하며, 파일에 데이터를 쓰거나 파일로부터 데이터를 읽어올 수 있는 상태에 해당한다. 마지막 3단계는 사용한 파일을 닫는 과정에 해당하며, 문법은 다음과 같다.

```
open_file_변수명.close (   )
```

존재하는 파일의 내용을 입력 자료로 활용하는 함수 가운데 readline()은 파일로부터 한 행씩 읽어 들이며 입력 자료로 사용한다. 텍스트 파일을 입력 자료로 사용하는 경우 텍스트 자료가 UTF-8 형식으로 저장되어 있어야 파이선에서 한글이 깨지지 않고 처리되는 것은 유념해야 한다. 텍스트 파일을 입력한 후 파일을 열어서 입력 자료로 적용하는 과정을 살펴보기로 하자.

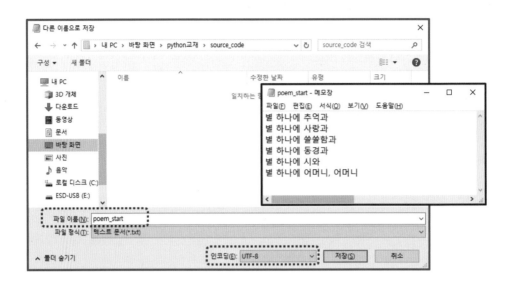

주어진 텍스트 파일에서 한 줄을 읽어서 출력하는 프로그램을 readline()을 활용하여 셸 창에서 처리하는 내용은 다음과 같다.

```
>>> fp = open ( 'poem_start.txt', 'r', encoding = 'utf-8' )
>>> data = fp.readline()    # open한 파일에서 한 줄 읽기
>>> print( data )
별 하나에 추억과
```

앞의 결과물을 셸 창에서 확인하면 줄바꿈이 두 번 발생된 것을 볼 수 있을 것이다. 시를 입력할 때 첫 줄을 입력하고 엔터키를 입력했으므로 파일 첫줄의 맨 끝에 엔터키가 입력된 것을 출력한 것이며, print() 함수의 end는 기본이 줄바꿈이므로 두 번의 줄바꿈이 적용된 것이다. 두 번의 줄바꿈을 생략하고 싶은 경우에는 아래와 같이 end= ' ' 를 명시하면 된다.

컴퓨팅 사고를 위한 파이선 입문

```
 1 # -*- coding: utf-8 -*-
 2 """
 3 파이선 입문
 4
 5 예제 14-1 파일 입력 : readline()
 6 """
 7
 8 #입력 자료에 해당하는 파일 열기
 9 fp = open ("poem_start.txt", "r", encoding="utf-8")
10
11 for i in range(6):      #시의 내용이 6줄이므로 6번 반복
12     data=fp.readline()      #한줄씩 읽기
13     print(data, end=' ')    #한 줄바꿈을 출력
14
15 fp.close()      #open한 파일 닫기
```

위의 경우는 시의 내용이 6줄로 구성된 것을 알고 있는 상황이므로 for i in range(6)라고 명령하였다. 이것은 주어진 예제에서만 적용 가능한 코드이다. 만약 몇 개의 줄로 구성되어 있는지 전혀 모르는 경우는 다음과 같이 반복 횟수를 지정하는 11줄부터의 내용을 수정해야 한다. 반복의 횟수를 모르므로 무한 반복을 실행할 수 있는 while True를 실행하고, 반복을 종료할 수 있는 상황 즉, 더 이상의 자료가 없는 상황이 발생될 때 반복을 종료하도록 코딩하면 된다.

```
11 while True:      #무한 반복
12     data=fp.readline()      #한줄씩 읽기
13     if data:      #읽은 내용이 존재하는 경우
14         print(data, end=' ')      #한 줄바꿈으로 출력
15     else:      #읽은 내용이 없는 경우
16         break      # 반복 종료
17
18 fp.close()      #open한 파일 닫기
```

반면, 한 번에 모두 읽어 들이기 위하여 read( ) 함수를 사용할 수 있으며, 파일의 내용을 통으로 저장하여 처리한다. 아래의 예를 통하여 쉘 창에서 실행한 read( )를 확인할 수 있다.

```
>>> fp = open ( 'poem_start.txt', 'r', encoding = 'utf-8' )
>>> data = fp.read()     # open한 파일에서 전체 읽기
>>> print( data )
별 하나에 추억과
별 하나에 사랑과
별 하나에 쓸쓸함과
별 하나에 동경과
별 하나에 시와
별 하나에 어머니, 어머니
```

입력 파일의 내용을 파이선의 리스트 자료로 저장하기 위해서는 readlines() 함수를 사용한다. 아래의 예를 통하여 쉘 창에서 실행한 readlines()를 확인할 수 있다.

```
>>> fp = open ( 'poem_start.txt', 'r', encoding = 'utf-8' )
>>> data = fp.readlines()    # readlines 적용
>>> print( data )
['₩ufeff별 하나에 추억과₩n', '별 하나에 사랑과₩n', '별 하나에 쓸쓸함
과₩n', '별 하나에 동경과₩n', '별 하나에 시와₩n', '별 하나에 어머니, 어
머니']
```

입력 자료의 내용을 위와 같이 확인하고 싶은 경우는 매우 드물 것이다. 그러므로 한 줄씩 구분하여 출력할 수 있는 방법을 알고 있어야 한다. readlines() 함수를 통하여 입력 자료 전체를 리스트로 저장한 경우 한 줄씩 구분하여 출력하고 싶은 경우 다음의 코드를 참고하면 된다.

컴퓨팅 사고를 위한 파이선 입문

```
 1 # -*- coding: utf-8 -*-
 2 """
 3 파이선 입문
 4
 5 예제 14-1B 파일 입력 : readlines()
 6 """
 7
 8 #입력 자료에 해당하는 파일 열기
 9 fp = open ("poem_start.txt", "r", encoding="utf-8")
10
11 data=fp.readlines()    #파일 내용 전체 읽기
12 for line in data:     #data에 내용이 있는 동안 반복
13     print(line, end=' ')
14
15 fp.close()     #open한 파일 닫기
```

11줄에서 확인할 수 있듯이 readlines() 함수를 이용하여 입력 자료를 저장하였고, 여러 줄의 자료가 존재하는 경우 한 줄씩 구분하여 처리하기 위하여 12줄의 반복문 처리를 하였다. 13줄에서 print()문은 이전에는 print(data)를 실행하였으나, data의 내용을 12줄에서 한 줄씩 line 변수에 저장하였으므로 print(line)을 적용하였다.

만약 존재하지 않는 파일을 읽어오려고 하는 경우 다음과 같이 오류가 발생된다.

```
>>> fp = open ( 'poem_start.txt', 'r', encoding = 'utf-8' )
Traceback (most recent call last):
  File "<pyshell#23>", line 1, in <module>
    fp = open ( 'poem_start.txt', 'r', encoding = 'utf-8' )
FileNotFoundError: [Errno 2] No such file or directory: 'poem_start.
txt'
```

오류 발생을 프로그램으로 처리하여 프로그램 종료를 막는 방법은 다음과 같다.

```
예제 14-1C
 1 # -*- coding: utf-8 -*-
 2 """
 3 파이선 입문
 4
 5 예제 14-1C 파일 열기 오류 처리
 6 """
 7
 8 import os
 9
10 file_name = input("파일명을 입력하세요: ")
11
12 if  os.path.exists(file_name):    # 파일이 존재하는 경우
13     fp = open (file_name, "r", encoding="utf-8")
14
15     data=fp.readlines()    #파일 내용 전체 읽기
16     for line in data:      #data에 내용이 있는 동안 반복
17         print(line, end=' ')
18
19     fp.close()    #open한 파일 닫기
20
21 else:    # 파일이 존재하지 않는 경우
22     print("%s는 존재하지 않는 파일입니다."%file_name)
```

8줄에서 명시된 것과 같이 os 모듈을 재사용하여 파일 열기 오류를 처리할 수 있다. 12줄의 내용을 보면 입력된 파일명이 존재하는지 확인할 수 있는 메소드가 os 모듈에 포함되어 있다. 만약 파일이 존재하는 경우 True 값을 가지며, 존재하지 않는 경우는 False 값을 가지게 된다. 존재하는 경우는 이전에 처리하였던 파일을 열기와 출력 처리를 하면 되고, 존재하지 않는 경우에는 오류 메시지를 출력하여 사용자에게 파일명이 잘못되었음을 알려주면 된다. 위의 프로그램 실행 결과는 다음과 같다.

```
파일명을 입력하세요: poem_start.txt
 별 하나에 추억과
 별 하나에 사랑과
 별 하나에 쓸쓸함과
 별 하나에 동경과
 별 하나에 시와
 별 하나에 어머니, 어머니
>>>
```

```
파일명을 입력하세요: poem.txt
poem.txt는 존재하지 않는 파일입니다.
>>>
```

실습 14-1 : 파일 입력 readlines()

윤동주 시인의 「별 헤는 밤」의 내용 중 일부를 한국어와 영어로 각각 저장한 후, 입력 파일로 사용하여 내용을 한 줄씩 번갈아 출력하는 프로그램을 작성해 보세요.

입력: 한국어와 영어로 작성된 각각의 텍스트 파일
처리: 파일을 이용하여 한 줄씩 번갈아가며 새로운 내용으로 구성하기
출력: 한글 내용과 그에 대한 영문 내용을 화면에 출력

사고력

✔ 프로그램이 요구하는 내용을 이해하는 추상적 사고력

✔ 입력 자료의 내용을 확인할 수 있는 분해적 사고력

✔ 분해한 내용을 해석하여 매칭하는 언어적 사고력

✔ 한 줄씩 반복하여 전체를 처리하는 반복적 사고력

✔ 프로그램을 구성하는 알고리즘적 사고력

✔ 오류 처리를 이해하는 예외적 사고력

결과 화면

```
====== RESTART: C:/Users/Han/
>>>
 별 하나에 추억과
 memory with a star
 별 하나에 사랑과
 love with a star
 별 하나에 쓸쓸함과
 loneliness  with a star
 별 하나에 동경과
 yearning with a star
 별 하나에 시와
 poetry with a star
 별 하나에 어머니, 어머니
 mother, mother with a star
>>>
```

실습 14-1

```python
1 # -*- coding: utf-8 -*-
2 """
3 파이선 입문
4
5 실습 14-1 파일 입력 : readline()과 readlines()
6 """
7
8 import os
9
10 file_name1 = "poem_ko.txt"
11 file_name2 = "poem_eng.txt"
12
13 if  os.path.exists(file_name1) :    # 한국어 파일이 존재하는 경우
14     fp1 = open (file_name1, "r", encoding="utf-8")  # 파일 열기
15     data1=fp1.readlines()    #파일 내용 전체 읽기
16
17     if  os.path.exists(file_name2) :   # 영어 파일이 존재하는 경우
18         fp2 = open (file_name2, "r", encoding="utf-8")  # 파일 열기
19
20         for line in data1:    #한 줄씩 출력
21             print(line, end=' ')        #한국어 출력
22             data2=fp2.readline()    #영어 파일 내용 한 줄 읽기
23             print(data2, end=' ')    #영어 출력
24
25         fp2.close()    #영어 파일 닫기
26
27     else: # 영어 파일이 존재하지 않는 경우
28         print("%s는 존재하지 않는 파일입니다."%file_name2)
29
30     fp1.close()
31 else: # 한국어 파일이 존재하지 않는 경우
32     print("%s는 존재하지 않는 파일입니다."%file_name1)
```

02 파일 출력

컴퓨터 프로그램이 처리한 결과 내용을 모니터와 같은 표준 출력 디바이스로 출력하는 것이 기본 출력 방식이며, 또한 특정 파일로 출력하여 저장하는 것도 가

컴퓨팅 사고를 위한 파이선 입문

능하다. 즉, 컴퓨터가 처리한 내용을 입력 받아 지정한 파일에 저장할 수 있는 것이다. 또한 파일 복사의 개념으로 이미 저장된 파일의 내용을 읽어서 새로운 파일로 그 내용을 출력하는 것도 가능하다. 파일에 출력 내용을 기록하기 위해서는 write()와 writelines() 함수를 활용할 수 있다. writelines()의 사용 방법은 다음과 같다.

```
fp.writelines( '출력 내용' )
```

위에서 fp는 open() 함수를 활용하여 파일 열기를 한 변수명이다. 사용 예는 다음과 같다.

```
>>> fp = open ( 'test.txt', 'w' )
>>> fp.writelines( 'This is a test line.\nThis is the second line.' )
>>> fp.close()
>>> infp = open ( 'test.txt', 'r' )
>>> print( infp.read() )
This is a test line.
This is the second line.
```

writelines() 대신에 write()를 적용한 예는 다음과 같다.

```
 1 # -*- coding: utf-8 -*-
 2 """
 3 파이선 입문
 4
 5 예제 14-2 파일 출력: write()
 6 """
 7
 8 fp=open("test.txt", 'w')
 9 fp.write("This is a test line.\nThis is the second line.")
10 fp.close()
11 infp=open('test.txt', 'r')
12 print(infp.read())
```

위의 내용을 실행한 결과는 다음과 같다.

```
=============== RESTART:
This is a test line.
This is the second line.
>>>
```

이 경우는 write()와 writelines()의 차이를 확인할 수 없다. 그러나 만일 여러 개의
문자열을 가지고 있는 경우에는 writelines()를 사용하지 않으면 오류가 발생된다.

```
>>> fp = open ( 'test.txt', 'w' )
>>> buffer = [ 'This is a test line.', 'This is the second line.', ₩
          'This is the third line.' ]
>>> fp.write( buffer )
Traceback (most recent call last):
  File "<pyshell#30>", line 1, in <module>
    fp.write( buffer )
TypeError: write() argument must be str, not list
```

아래와 같이 여러 개의 문자열로 구성된 내용은 12줄과 같이 writelines()를 사용
하여 저장하여야 한다.

```
 1 # -*- coding: utf-8 -*-
 2 """
 3 파이선 입문
 4
 5 예제 14-2A 파일 출력: writelines()
 6 """
 7
 8 fp = open("test.txt", 'w')
 9 buffer = ["This is a test line.\n", \
10          "This is the second line.\n", \
11          "This is the third line."]
12 fp.writelines(buffer)
13 fp.close()
14 infp = open('test.txt', 'r')
15 print(infp.read())
```

위의 코드에서 9~11줄이 입력될 내용에 해당하며, 이 경우 파이선의 리스트 자료
로 여러 줄을 구성한 예에 해당한다. 위의 코드를 실행한 결과는 아래와 같다.

```
============== RESTART:
This is a test line.
This is the second line.
This is the third line.
>>>
```

파일을 열 때 'w'의 경우 기존의 자료를 삭제하며, 기존의 자료 뒤에 추가하려
는 경우는 'a'를 적용한다.

실습 14-2 : 파일 출력 writelines()

버켓 리스트를 입력 받아 파일로 저장하는 프로그램을 작성해 보세요. 기존의 작성된 내용에 추가하여 버켓 리스트를 저장하는 방식으로 처리하세요.

입력: 죽기 전에 하고 싶은 일들을 입력
처리: 반복하여 입력 받은 후 입력 받은 자료를 파일로 저장
출력: 저장된 파일의 내용을 출력하여 확인

사고력
✔ 자료를 입력 받아 처리할 수 있는 논리적 사고력
✔ 파일 저장 방식 적용을 위한 추상화
✔ 복수개의 입력 처리를 위한 반복적 사고력

결과 화면

```
=============== RESTART: D:/Book/python/source_code
죽기 전에 하고 싶은 일은? 아이돌 댄스 도전
 >> 계속 입력하기 원합니까? (Y/N) Y
죽기 전에 하고 싶은 일은? 번지 점프하기
 >> 계속 입력하기 원합니까? (Y/N) Y
죽기 전에 하고 싶은 일은? 대형 버스 운전 면허 따기
 >> 계속 입력하기 원합니까? (Y/N) N
아이돌 댄스 도전
번지 점프하기
대형 버스 운전 면허 따기

>>>
=============== RESTART: D:/Book/python/source_code
죽기 전에 하고 싶은 일은? 걸어서 국토 대장정
 >> 계속 입력하기 원합니까? (Y/N) N
아이돌 댄스 도전
번지 점프하기
대형 버스 운전 면허 따기
걸어서 국토 대장정
```

실습 14-2

```python
1 # -*- coding: utf-8 -*-
2 """
3 파이썬 입문
4
5 실습 14-2 파일 출력: writelines()
6 """
7
8 fp=open("bucket_list.txt", 'a')  # 죽기 전에 하고 싶은 일들 추가
9 bucket_list=[]   # 복수개의 입력 저장할 리스트
10
11 while True:  # 반복하여 입력 받기
12     wish = input("죽기 전에 하고 싶은 일은? ")+'\n'
13     bucket_list.append(wish)     # 리스트에 추가하기
14     more=input(" >> 계속 입력하기 원합니까? (Y/N) ")
15     if more == "Y":    # 계속 입력하는 경우
16         continue   # 반복하기
17     else:    # 입력 종료
18         fp.writelines(bucket_list)
19         break   # 반복 종료
20 fp.close()
21
22 infp=open("bucket_list.txt", 'r')   # 저장된 파일 내용 확인
23 print(infp.read())
24 infp.close()
```

1. 다음은 '반짝 반짝 작은 별'의 영문과 한글 노래 가사이다.

   Twinkle, twinkle, little star

   반짝 반짝 작은 별

   How I wonder what you are

   아름답게 비치네

   Up above the world so high

   서쪽 하늘에서도

   Like a diamond in the sky

   동쪽 하늘에서도

   Twinkle, twinkle little star

   반짝 반짝 작은 별

   How I wonder what you are

   아름답게 비치네

   앞의 내용을 little_star.txt에 저장한 후 한글을 원하는지 영문을 원하는지 확인하여 영문을 원하면 홀수 줄만 화면에 표시하고, 한글을 원하면 짝수 줄만 화면에 표시하는 프로그램을 작성하세요.

2. 이름과 전화번호로 구성된 전화번호부를 표준 입력 함수 input()을 사용하여 입력 받은 후 write() 함수를 사용하여 phone_number.txt로 저장하는 프로그램을 작성해 보세요.

Jupyter Notebook으로
예제와 실습
무작정 따라하기

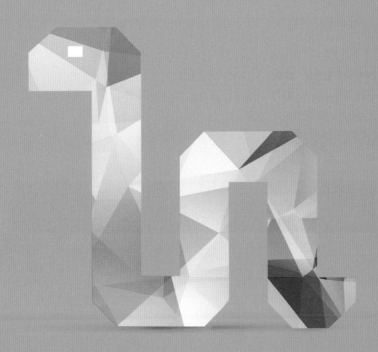

Jupyter Notebook 사용법

01 jupyter notebook이란?

- 웹 브라우저에서 파이선 코드를 작성하고 실행까지 한 번에!
- 파이선, R, Julia, Scala 등 데이터 사이언스 분야의 40여 종의 프로그래밍 언어를 지원
- 실시간으로 interactive하게 데이터를 조작 가능
- 이메일, 드롭박스, 깃허브 등을 통하여 공유 가능

02 jupyter notebook 설치하기

- 일반적으로 Anaconda 설치를 권장
- Anaconda는 데이터 사이언스를 위한 라이브러리들을 대부분 모아 놓은 종합 선물 세트
- Anaconda 설치 방법
  - 64bit와 32bit 두 가지 버전 설치 가능
  - 본인 PC 사양에 맞는 버전 설치
  - https://www.anaconda.com/distribution/ 연결

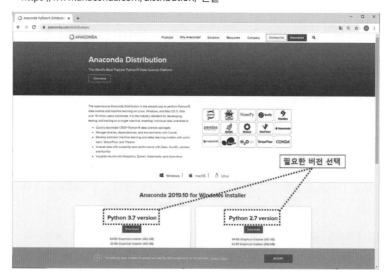

컴퓨팅 사고를 위한 파이선 입문

• Download를 선택하면 아래의 화면 표시

• Next 버튼을 선택하여 설치 시작

• 라이센스 동의 후 진행

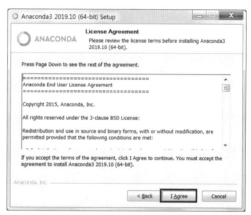

• 사용자 범위 지정

• Just Me 권장

• 설치 위치 지정

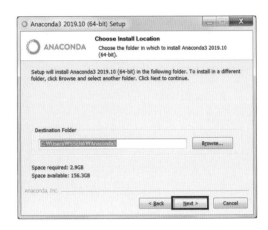

• 고급 설정
• 기본 파이선 환경으로 등록

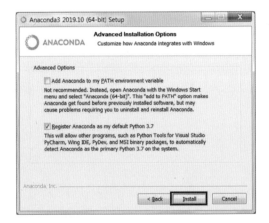

• 설치 진행 과정 확인

컴퓨팅 사고를 위한 파이선 입문

• 설치 완료 후 계속 진행

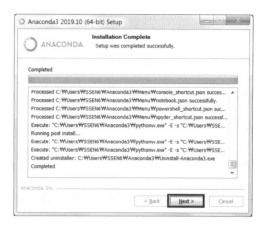

• PyCharm 연동 화면 확인
• 기본 환경으로 지정하므로
  Next 버튼 선택하여 계속 진행

• 설치 완료

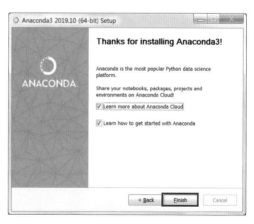

03 jupyter notebook 실행하기

○ 시작 버튼에서 **Anaconda3**
　폴더에서 **Jupyter Notebook**
　선택하여 실행

• 검은색 콘솔창이 뜨고 난 후 웹 브라우저에 jupyter notebook이 표시

• jupyter notebook 시작화면
• 기본 지정 폴더의 내용이 화면 표시

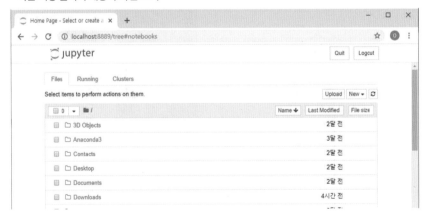

○ 또는 Anaconda3 메뉴에서
Anaconda Prompt 선택 후
jupyter notebook 입력하여
실행

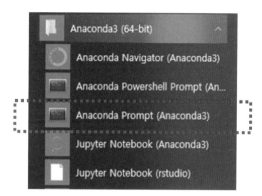

· 검은 색 prompt 창에서 jupyter notebook 입력하여 실행

· 지정한 path의 정보가 웹 브라우저 화면에 표시되며 jupyter notebook 시작

jupyter notebook에서 파일 생성

- 화면 우측 상단의 [New] 버튼을 선택한 후 Python 3 선택

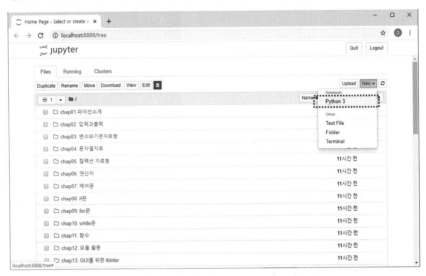

• 입력 칸이 생성되며 파이선 코드 입력 준비 완료

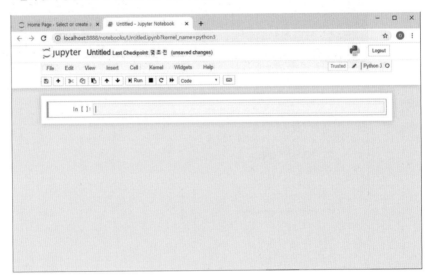

• 내용을 입력한 후 Shift + Enter를 동시에 누르면 결과가 표시됨
• 또는 명령문을 입력 후 [Run]을 클릭하여 결과 확인
• 실행 결과를 Out[ ] 이후에 표시하고, 새로운 입력 칸을 제공

컴퓨팅 사고를 위한 파이선 입문

• 이때 파일 이름이 Untitled.ipynb로 저장되므로 원하는 파일명으로 저장

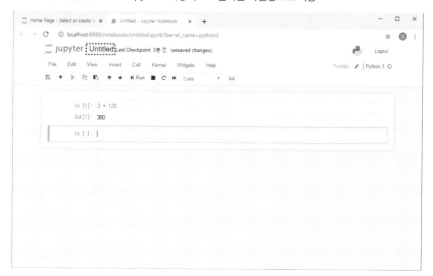

• Untitled 를 클릭하면 아래와 같인 파일명을 입력할 수 있는 창이 나타남

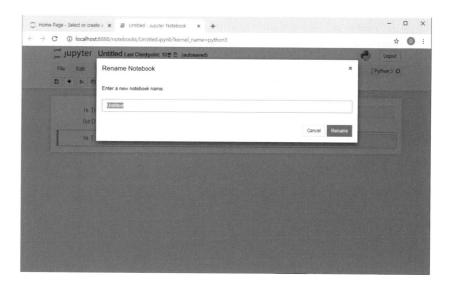

• 파일 이름을 입력하고 [Rename]을 선택하면 Untitled 대신 입력한 파일명이 화면에 표시

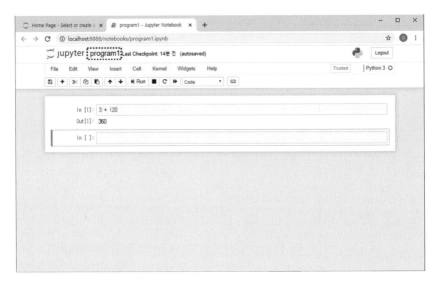

• 파이선 파일 생성 완료
• 새로운 코드 추가 및 수정이 가능
• 전체를 다시 실행하고자 하는 경우 [Cell] 메뉴에서 [Run All] 선택

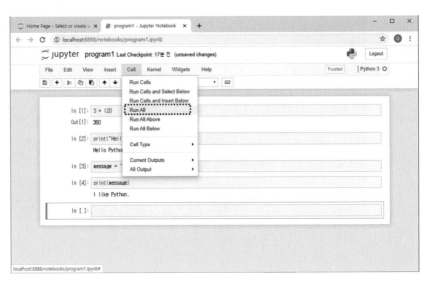

• In 뒤에 [ ]의 번호가 바뀌었음을 확인할 수 있음

컴퓨팅 사고를 위한 파이선 입문

• 번호는 커널에서 실행되는 순서를 나타내며, * 이 표시되는 것은 현재 진행되고 있는 셀을 의미

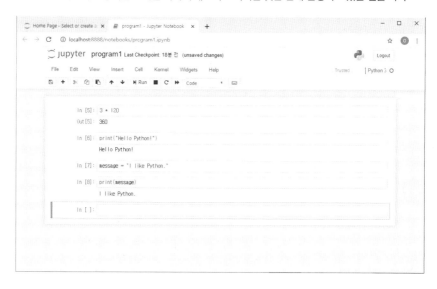

Chapter 1 파이선 소개

01 파이선이란?

프로그래밍 언어

02 파이선 설치하기

jupyter notebook을 위하여 Anaconda를 설치하면서 파이선 설치

03 파이선 실행하기

jupyter notebook을 실행하면 바로 파이선 명령 입력 가능

들여쓰기

```
In [1]: if True :
            print("True")              #일반적으로 4칸 자동 들여쓰기 적용
        else :
          print ("False")              #임의로 2칸 들여쓰기
           print ("3칸 들여쓰기")        #들여쓰기 불일치 경우 오류 발생

          File "<ipython-input-3-3c3761186146>", line 5
            print ("3칸 들여쓰기")       #들여쓰기 불일치 경우 오류 발생
                ^
        IndentationError: unexpected indent
```

 ## 파이선 문법

파이선 예약어

```
In [2]: import keyword
```

```
In [3]: print(keyword.kwlist)

['False', 'None', 'True', 'and', 'as', 'assert', 'async', 'await', 'break',
'class', 'continue', 'def', 'del', 'elif', 'else', 'except', 'finally', 'for',
'from', 'global', 'if', 'import', 'in', 'is', 'lambda', 'nonlocal', 'not',
'or', 'pass', 'raise', 'return', 'try', 'while', 'with', 'yield']
```

복수 줄 명령어

1) backslash

```
In [4]: item_1 = 'I '
        item_2 = 'Love '
        item_3 = 'Python'
```

```
In [5]: # 하나의 명령문을 여러개의 줄로 구성하여 작성할때 ₩ 글자 또는 영문인 경우 backslash
        total = item_1 + \
        item_2 + \
        item_3
        print(total)

        I Love Python
```

2) 동일한 한 줄 명령어

```
In [6]: total = item_1 + item_2 + item_3
```

```
In [7]: print(total)

        I Love Python
```

3) [ ]안에서의 경우

```
In [8]: days = [ 'Sunday', 'Monday', 'Tuesday', 'Wednesday',
                 'Thursday', 'Friday', 'Saturday']
```

```
In [9]: print(days)
```

```
['Sunday', 'Monday', 'Tuesday', 'Wednesday', 'Thursday', 'Friday', 'Saturday']
```

4) 한 줄에 복수 명령어

```
In [10]: # ; 으로 명령어를 연속 입력 가능
         x = 5; y = 3; z = x + y; print(z)
```

```
8
```

05 파이선 프로그램 구조

재사용 선언

```
In [11]: import turtle
```

함수 정의

```
In [12]: # 앞으로 50픽셀 나가며 그리기
         def up():
             t.forward(50)

         # 오른쪽으로 90도 돌기
         def turn_right():
             t.right(90)

         # 왼쪽으로 90도 돌기
         def turn_left():
             t.left(90)
```

```
In [13]:   # 그리기
           t = turtle.Pen()
```

```
In [14]:   # up 방향키를 누른 경우
           turtle.onkeypress(up, 'Up')

           # 오른쪽 방향키 누른 경우
           turtle.onkeypress(turn_right, 'Right')

           # 왼쪽 방향키 누른 경우
           turtle.onkeypress(turn_left, 'Left')
```

```
In [15]:   #키보드 감지하기
           turtle.listen()
```

06 파이선의 능력

무엇을 상상하던 그 이상!

Chapter 2 입력과 출력

01 표준 입력 함수 input( )

```
In [1]:    input( "화면에 표시할 문구" )
```
화면에 표시할 문구즐거운 파이선 공부

```
Out[1]:    '즐거운 파이선 공부'
```

입력 자료 저장하여 사용

```
In [2]:    name = input( '이름: ' )
```
이름: 파이선

```
In [3]:    print(name)
```
파이선

입력 자료의 형 변환

1) 문자열을 실수 값으로 변환

```
In [4]:  radius = int( input( '반지름 값을 입력하세요: ' ) )
```
반지름 값을 입력하세요: **5**

```
In [5]:  pi = float( input( '원주율 값을 입력하세요: ' ) )
```
원주율 값을 입력하세요: **3.14**

```
In [6]:  area = pi * radius**2
```

```
In [7]:  print(area)
```
78.5

2) 문자열을 계산하는 경우

```
In [8]:  radius = input( '반지름 값을 입력하세요: ' )
```
반지름 값을 입력하세요: **5**

```
In [9]:  pi = input( '원주율 값을 입력하세요: ' )
```
원주율 값을 입력하세요: **3.14**

```
In [10]:  area = pi * radius**2
```
```
---------------------------------------------------------------
TypeError                         Traceback (most recent call last)
<ipython-input-11-387185804ad8> in <module>
----> 1 area = pi * radius**2

TypeError: unsupported operand type(s) for ** or pow(): 'str' and 'int'
```

실습 2-1: input() 활용

```
In [11]:  x = int( input( "첫번째 숫자 값을 입력하세요: " ) )
```
첫번째 숫자 값을 입력하세요: **5**

```
In [12]:  y = int( input( "두번째 숫자 값을 입력하세요: " ) )
```
두번째 숫자 값을 입력하세요: **3**

```
In [13]:    print( "사칙연산의 결과는 다음과 같습니다." )
            print( x, "+", y, "=", x+y )
            print( x, "-", y, "=", x-y )
            print( x, "*", y, "=", x*y )
            print( x, "/", y, "=", x/y )
```

사칙연산의 결과는 다음과 같습니다.
5 + 3 = 8
5 - 3 = 2
5 * 3 = 15
5 / 3 = 1.6666666666666667

02 표준 출력 함수 print( )

1) 콤마로 연결하여 여러 자료 출력

```
In [1]:    x = 5
```

```
In [2]:    operator = '나누기'
```

```
In [3]:    y = 5/2
```

```
In [4]:    print( x, operator, '2 =', y )
```

5 나누기 2 = 2.5

2) % 사용 출력

```
In [5]:    x = 5
```

```
In [6]:    operator = '나누기'
```

```
In [7]:    y = 5/2
```

```
In [8]:    print( "%d %s 2 = %f"%(x, operator, y) )
```

5 나누기 2 = 2.500000

3) 소수점 이하 2자리 표현

```
In [9]:    print( "%d %s 2 = %.2f"%(x, operator, y) )
```

5 나누기 2 = 2.50

컴퓨팅 사고를 위한 파이썬 입문

4) 입력 받은 후 포맷 코드 적용

```
In [10]: name = input( '가장 친한 친구의 이름은? ' )
         가장 친한 친구의 이름은? 박나래
```

```
In [11]: print( '베프의 이름은 %s'% name )
         베프의 이름은 박나래
```

5) 입력 받은 자료 콤마로 연결

```
In [12]: print( '베프의 이름은', name )
         베프의 이름은 박나래
```

6) 수식에 포맷 코드 적용

```
In [13]: x = 28
```

```
In [14]: y = 30
```

```
In [15]: print( '%d X %d = %d' % ( x, y, x*y ) )
         28 X 30 = 840
```

7) 수식을 콤마로 연결

```
In [16]: print( x, 'X', y, '=', x*y )
         28 X 30 = 840
```

8) 수식 출력

```
In [17]: print( '10을 3으로 나눈 결과는', 10/3 )
         10을 3으로 나눈 결과는 3.3333333333333335
```

9) 수식에 포맷 코드와 자릿 수 지정 출력

```
In [18]: print( '10을 3으로 나눈 결과는 %4.2f' % (10/3) )
         10을 3으로 나눈 결과는 3.33
```

```
In [19]: print( '10을 3으로 나눈 결과는 %.3f' % (10/3) )
         10을 3으로 나눈 결과는 3.333
```

format( ) 활용 출력

1) 순차적 인덱스 번호

```
In [20]: x = 28; y = 30
```

```
In [21]: print( '{0} X {1} = {2}'.format(x, y, x*y) )
```
```
28 X 30 = 840
```

2) 인덱스 번호 생략

```
In [22]: x = 28; y = 30
```

```
In [23]: print( '{} X {} = {}'.format(x, y, x*y) )
```
```
28 X 30 = 840
```

3) 인덱스 번호 not in order

```
In [24]: print( '{1} 수도는 {0}이다'.format('서울', '대한민국') )
```
```
대한민국 수도는 서울이다
```

4) 중복 인덱스 번호 적용

```
In [25]: print( '{0} {0} {1} {2}'.format('반짝', '작은', '별') )
```
```
반짝 반짝 작은 별
```

5) 변수명 사용

```
In [26]: print( '{nation}의 수도는 {capital}이다'.format \
             ( nation = '대한민국', capital = '서울' ))
```
```
대한민국의 수도는 서울이다
```

줄 구분자

```
In [27]: print( 'a' ); print( 'b' ); print( 'c' )
```
```
a
b
c
```

```
In [28]:   # 줄바꿈 대신 한 칸 띄기 적용
           print( 'a', end=' ' ); print( 'b', end=' ' ); print( 'c', end=' ' )

           a b c
```

```
In [29]:   # 줄바꿈 대신 '그리고' 로 연결
           print( '100', end='그리고' ); print( '200', end='그리고' ); print( '300' )

           100그리고200그리고300
```

실습 2-2 표준 출력 함수: Print()

```
In [30]:   target = input( "고백하고 싶은 대상은 누구입니까? " )
           expression = input( "대상을 한마디로 표현한다면? " )
           feeling = input( "대상에 대한 감정은 무엇인가요? " )

           고백하고 싶은 대상은 누구입니까? 어머님
           대상을 한마디로 표현한다면? 사랑하는
           대상에 대한 감정은 무엇인가요? 존경
```

```
In [31]:   print( "="*40 )
           print( "*"*10, " 나의 비밀스런 고백 ", "*"*7 )
           print( "나의 %s %s!"%(expression, target) )
           print( "나의 {0}하는 마음을 받아주세요!".format(feeling) )
           print( "="*40 )

           ========================================
           **********  나의 비밀스런 고백  *******
           나의 사랑하는 어머님!
           나의 존경하는 마음을 받아주세요!
           ========================================
```

Chapter 3   변수와 기본 자료형

01 변수 이해하기

실습 3-1: 변수 이해하기

```
In [1]:    sum = 0
           count = 10
```

```
In [2]: for i in range(1,11):
            msg = str(i)+"번째 값을 입력하세요: "
            x = int(input(msg))
            sum = sum+x

        1번째 값을 입력하세요: 1
        2번째 값을 입력하세요: 2
        3번째 값을 입력하세요: 3
        4번째 값을 입력하세요: 4
        5번째 값을 입력하세요: 5
        6번째 값을 입력하세요: 6
        7번째 값을 입력하세요: 7
        8번째 값을 입력하세요: 8
        9번째 값을 입력하세요: 9
        10번째 값을 입력하세요: 10
```

```
In [3]: avg = sum/count
```

```
In [4]: print("=====\n입력받은 10개 값의 합은 %d 이며\
        평균은 %.2f입니다.\n====="%(sum, avg))

        =====
        입력받은 10개 값의 합은 55 이며평균은 5.50입니다.
        =====
```

02 기본 자료형

```
In [1]: # 문자형
        word = "pitcher"
```

```
In [2]: type(word)
```
```
Out[2]: str
```

```
In [3]: # 정수형
        x = 124
```

```
In [4]: type(x)
```
```
Out[4]: int
```

```
In [5]: # 실수형
        pi = 3.14
```

```
In [6]: type(pi)
```
```
Out[6]: float
```

```
In [7]: # Bool(불)형
        flag = True
```

```
In [8]: type(flag)
```
```
Out[8]: bool
```

컴퓨팅 사고를 위한 파이선 입문

자료형 변환

```
In [9]:  # 16진법의 80을 10진법으로: 16*8
         int('0x80', 16)
```

```
Out[9]:  128
```

```
In [10]: # 8진법의 200을 10진법으로: 64*2
         int('0o200', 8)
```

```
Out[10]: 128
```

```
In [11]: # 2진법의 10000000을 10진법으로: 2**7
         int('0b10000000', 2)
```

```
Out[11]: 128
```

```
In [12]: # 이진법 수의 오류로 변환 시도
         int('128', 2)
         ---------------------------------------------------------------------------
         ValueError                                Traceback (most recent call last)
         <ipython-input-12-661fc7d26136> in <module>
         ----> 1 int('128', 2)

         ValueError: invalid literal for int() with base 2: '128'
```

```
In [13]: # 10진법의 15을 2진법으로 변환
         bin(15)
```

```
Out[13]: '0b1111'
```

```
In [14]: # 10진법의 15을 8진법으로 변환
         oct(15)
```

```
Out[14]: '0o17'
```

```
In [15]: # 10진법의 15을 16진법으로 변환
         hex(15)
```

```
Out[15]: '0xf'
```

실수형 자료 표현법

```
In [16]: x = 1.23e5
```

```
In [17]: type(x)
```

```
Out[17]: float
```

```
In [18]: print(x)

         123000.0
```

```
In [19]:  x = 1.23e-5
```

```
In [20]:  print('%.7f'%x)
```
     0.0000123

불(bool)자료형

```
In [21]:  x = (100 == 200)
```

```
In [22]:  print(x)
```
     False

문자형을 불(bool)자료형으로 적용한 예

```
In [23]:  buffer = ''
```

```
In [24]:  type(buffer)
```
Out[24]: str

```
In [25]:  if buffer:
              print("문자열 존재함")
          else:
              print("내용 없음")
```
     내용 없음

실습 3-2: 자료형: 진법 변환

```
In [26]:  number_system = int(input("무슨 진법의 수를 입력하십니까? (2/8/16/10) "))
          number = input("진법에 해당하는 수를 입력하세요: ")
```
     무슨 진법의 수를 입력하십니까? (2/8/16/10) 10
     진법에 해당하는 수를 입력하세요: 15

```
In [27]:  if number_system == 16:
              number_10 = int(number, 16)
          if number_system == 10:
              number_10 = int(number)
          if number_system == 8:
              number_10 = int(number, 8)
          if number_system == 2:
              number_10 = int(number, 2)
```

```
In [28]:  print("=====\n입력한 %d진법의 수 %s"%(number_system, number))
          print("16진법 표현은 ", hex(number_10))
          print("10진법 표현은 ", number_10)
          print("8진법 표현은 ", oct(number_10))
          print("2진법 표현은 ", bin(number_10))
```

컴퓨팅 사고를 위한 파이선 입문

```
=====
입력한 10진법의 수 15
16진법 표현은  0xf
10진법 표현은  15
8진법 표현은  0o17
2진법 표현은  0b1111
```

03 변수 생성 및 삭제

변수 값 생성 : 예제 3-3

```
In [1]: variable1 = 100
        print(variable1)
```

```
100
```

```
In [2]: variable2 = variable1
        print(variable2)
```

```
100
```

```
In [3]: variable3 = 100+200
        print(variable3)
```

```
300
```

```
In [4]: variable4 = variable1 + variable3
        print(variable4)
```

```
400
```

```
In [5]: variable5 = variable4 + 300
        print(variable5)
```

```
700
```

```
In [6]: print(variable1)
        print(variable2)
        print(variable3)
        print(variable4)
        print(variable5)
```

```
100
100
300
400
700
```

연속 대입

```
In [7]: x = y = z = 100
```

```
In [8]: print(x, y, z)
```
```
100 100 100
```

복수 연산 선언

```
In [9]: x, y, z = 10, 20, 30
```

```
In [10]: print( x, y, z )
```
```
10 20 30
```

```
In [11]: # 변수명의 개수와 값의 개수가 동일하지 않으면 오류 발생
         a, b, c = 1, 2, 3, 4
```
```
--------------------------------
ValueErrorTraceback (most recent call last)
<ipython-input-5-cddfa131f1b1> in <module>
----> 1 a, b, c = 1, 2, 3, 4

ValueError: too many values to unpack (expected 3)
```

변수 값 교환

```
In [12]: x = 10
```

```
In [13]: y = 100
```

```
In [14]: x, y = y, x
```

```
In [15]: print("x = %d, y = %d" % (x, y))
```
```
x = 100, y = 10
```

변수 삭제

```
In [16]: x = 10
```

```
In [17]: del x
```

```
In [18]: #삭제 후 출력 시 오류 발생
         print(x)
```
```
--------------------------------
NameErrorTraceback (most recent call last)
<ipython-input-12-fc17d851ef81> in <module>
----> 1 print(x)
```

```
NameError: name 'x' is not defined
```

복수개의 변수 삭제

In [19]:
```
x = 10; y = 100
```

In [20]:
```
del x, y
```

In [21]:
```
#삭제 후 출력
print(x)
```

```
-------------------------------
NameErrorTraceback (most recent call last)
<ipython-input-15-fc17d851ef81> in <module>
----> 1 print(x)

NameError: name 'x' is not defined
```

In [22]:
```
#삭제 후 출력
print(y)
```

```
-------------------------------
NameErrorTraceback (most recent call last)
<ipython-input-16-d9183e048de3> in <module>
----> 1 print(y)

NameError: name 'y' is not defined
```

01 문자열 자료형

문자열 생성

```
In [1]:   # 더블 따옴표
          "반갑다 파이선"

Out[1]:   '반갑다 파이선'
```

```
In [2]:   # 싱글 따옴표
          '반갑다 파이선'

Out[2]:   '반갑다 파이선'
```

```
In [3]:   # 3개의 연속 더블 따옴표
          """파이선으로 코딩 완전 정복"""

Out[3]:   '파이선으로 코딩 완전 정복'
```

```
In [4]:   # 3개의 연속 싱글 따옴표
          '''내 친구 파이선'''

Out[4]:   '내 친구 파이선'
```

```
In [5]:   # 싱글 따옴표를 문자열 안에 포함하는 경우
          "Han's Python Class"

Out[5]:   "Han's Python Class"
```

```
In [6]:   # 더블 따옴표를 문자열 안에 포함하는 경우
          '"파이선은 정말 재미있네!"라고 말하였다'

Out[6]:   '"파이선은 정말 재미있네!"라고 말하였다'
```

이스케이프 코드 활용

```
In [7]:   # 싱글 따옴표와 더블 따옴표 모두 문자열 안에 포함하는 경우
          my_str = " Han's Clss의 외침! \"파이선 짱!\" "
```

```
In [8]:   print(my_str)

           Han's Clss의 외침! "파이선 짱!"
```

```
In [9]:   # print()문이 아닌 경우라면?
          my_str

Out[9]:   ' Han\'s Clss의 외침! "파이선 짱!" '
```

여러 줄로 구성된 문자열 생성

```
In [10]: message = '''안녕하세요?
         제 이름은 파이선입니다.
         친하게 지내요!'''
```

```
In [11]: print( message )
```

```
안녕하세요?
제 이름은 파이선입니다.
친하게 지내요!
```

```
In [12]: message = '안녕하세요?\n제 이름은 파이선입니다.\n친하게 지내요!'
```

```
In [13]: print( message )
```

```
안녕하세요?
제 이름은 파이선입니다.
친하게 지내요!
```

문자열 연결

```
In [14]: head = '친구야~'
```

```
In [15]: tail = ' 반갑다!'
```

```
In [16]: # + 기호로 연결
         head + tail
```

```
Out [16]: '친구야~ 반갑다!'
```

문자열 반복

```
In [17]: msg = ' 축하해! '
```

```
In [18]: # *로 반복횟수 지정
         msg * 3
```

```
Out[18]: ' 축하해!  축하해!  축하해! '
```

```
In [19]: print('='*22, '\n \t My Program\n', '='*22)
```

```
======================
         My Program
 ======================
```

실습 4-1 문자열 생성

In [20]:
```python
print("="*10, "스케줄 입력", "="*15)
schedule = ""
while True:
    time = input("시간을 입력하세요. (예-19:30) ")
    to_do = input("해야할 일을 입력하세요. (한줄로 작성) ")
    text = time + "\t" + to_do + "\n"
    schedule = schedule + text
    more = input("스케줄을 더 추가하십니까? (Y/N)")
    if more == "y" or more == "Y":
        continue
    else:
        print("="*10, "오늘의 스케줄", "="*15)
        print(schedule)
        break
```

```
========== 스케줄 입력 ===============
시간을 입력하세요. (예-19:30) 07:00
해야할 일을 입력하세요. (한줄로 작성) 기상스터디
스케줄을 더 추가하십니까? (Y/N)Y
시간을 입력하세요. (예-19:30) 10:00
해야할 일을 입력하세요. (한줄로 작성) 미팅
스케줄을 더 추가하십니까? (Y/N)Y
시간을 입력하세요. (예-19:30) 12:00
해야할 일을 입력하세요. (한줄로 작성) 점심식사
스케줄을 더 추가하십니까? (Y/N)N
========== 오늘의 스케줄 ===============
07:00    기상스터디
10:00    미팅
12:00    점심식사
```

02 인덱싱과 슬라이싱

In [1]:
```python
title = "Han's Python Class"
```

In [2]:
```python
# 0부터 시작하여 앞에서부터 순차적으로 인덱스 번호 부여
title[4]
```

Out[2]: 's'

문자열 인덱싱

In [3]:
```python
title = "Han's Python Class"
```

In [4]:
```python
title[0]
```

Out[4]: 'H'

컴퓨팅 사고를 위한 파이선 입문

```
In [5]:  title[17]
```

```
Out[5]:  's'
```

```
In [6]:  title[-1]
```

```
Out[6]:  's'
```

```
In [7]:  title[-3]
```

```
Out[7]:  'a'
```

```
In [8]:  title[-0]
```

```
Out[8]:  'H'
```

문자열 슬라이싱

```
In [9]:  title = "Han's Python Class"
```

```
In [10]:  # 0 ~ (3-1) 즉 2 인덱스 번호 선택
          title[0:3]
```

```
Out[10]:  'Han'
```

```
In [11]:  title[0] + title[1] + title[2]
```

```
Out[11]:  'Han'
```

```
In [12]:  title = "Han's Python Class"
```

```
In [13]:  # 0~4까지
          title[:5]
```

```
Out[13]:  "Han's"
```

```
In [14]:  # 6~끝까지
          title[6:]
```

```
Out[14]:  'Python Class'
```

```
In [15]:  # 처음부터 끝까지
          title[:]
```

```
Out[15]:  "Han's Python Class"
```

```
In [16]:  # 음수는 뒤에서부터 카운트 즉,6~뒤에서 -6
          title[6:-6]
```

```
Out[16]:  'Python'
```

```
In [17]:  string = "20190401172311"
```

```
In [18]:  year = string[:4]
```

```
In [19]:   month = string[4:6]
```

```
In [20]:   day = string[6:8]
```

```
In [21]:   hour = string[8:10]
```

```
In [22]:   minute = string[10:12]
```

```
In [23]:   temperature = string[12:]
```

```
In [24]:   # 문자열을 쪼개서 재구성
           print( '%s년 %s월 %s일 %s시 %s분의 온도 : %s '\
               %(year, month, day, hour, minute, temperature))
```

2019년 04월 01일 17시 23분의 온도 : 11

실습 4-2 문자열 인덱싱

암호 문자열

```
In [25]:   string = "3봄일이시오청나앞보정네오요"
```

문자열 변수명 생성

```
In [26]:   message = ''
```

```
In [27]:   for i in range(len(string)): #문자열의 길이만큼 반복
               if (i%2) == 0: #문자열 인덱스 번호가 짝수인 경우
                   message = message + string[i]
               else: #무의미한 문자
                   pass #아무 처리 안함
```

```
In [28]:   print("추출한 문자열은 '%s' 입니다."%message)
```

추출한 문자열은 '3일시청앞정오' 입니다.

컴퓨팅 사고를 위한 파이선 입문

03 문자열 수정

```
In [1]: string = "Pithon"
```

```
In [2]: # 인덱스 번호로 수정 불가 - 오류 발생
        string[1] = 'y'
        ----------------------------------------------------------------
        TypeError                                   Traceback (most recent call last)
        <ipython-input-2-61070833c01d> in <module>
        ----> 1 string[1] = 'y'

        TypeError: 'str' object does not support item assignment
```

```
In [3]: string = "Pithon"
```

```
In [4]: # 인덱싱과 + 를 사용하여 수정 가능
        fix_string = string[:1] + 'y' + string[2:]
```

```
In [5]: print(fix_string)

        Python
```

실습 4-3 문자열 수정

```
In [6]: string = "파이썬을 사랑하는 한옥영님! 힘내세요!" #원본 문자열
        print("원본 문자열: %s"%string)

        원본 문자열: 파이썬을 사랑하는 한옥영님! 힘내세요!
```

```
In [7]: start = int(input("이름의 시작 인덱스 번호를 입력하세요 (0부터 시작) : "))
        finish = int(input("이름의 마지막 인덱스 번호를 입력하세요 (0부터 시작) : "))

        이름의 시작 인덱스 번호를 입력하세요 (0부터 시작) : 10
        이름의 마지막 인덱스 번호를 입력하세요 (0부터 시작) : 12
```

```
In [8]: name = input("새롭게 작성될 문자열에 넣을 이름을 입력하세요 : ")

        새롭게 작성될 문자열에 넣을 이름을 입력하세요 : 홍길동
```

```
In [9]: new_string = string[:start] + name + string[finish+1:]
```

```
In [10]: print("="*10, new_string)

        ========== 파이썬을 사랑하는 홍길동님! 힘내세요!
```

04 문자열 포맷팅

문자열 대입

```
In [1]:  string = "파이선을 사랑하는 %s님! 힘내세요!"%"한옥영"
```

```
In [2]:  print(string)
```
         파이선을 사랑하는 한옥영님! 힘내세요!

변수로 대입

```
In [3]:  name = "홍길동"
```

```
In [4]:  string = "파이선을 사랑하는 %s님! 힘내세요!"%name
```

```
In [5]:  print( string )
```
         파이선을 사랑하는 홍길동님! 힘내세요!

숫자 대입

```
In [6]:  string = "파이선 공부 시작한지 %d개월 되었습니다"%3
```

```
In [7]:  print( string )
```
         파이선 공부 시작한지 3개월 되었습니다

```
In [8]:  month = 8
```

```
In [9]:  string = "파이선 공부 시작한지 %d개월 되었습니다"%month
```

```
In [10]:  print( string )
```
         파이선 공부 시작한지 8개월 되었습니다

복수개의 포맷 코드

```
In [11]:  string = "%s님은 파이선 공부 시작한지 %d개월 되었습니다!"\
          %("한옥영", 36)
```

```
In [12]:  print( string )
```
         한옥영님은 파이선 공부 시작한지 36개월 되었습니다!

```
In [13]:  name = "홍길동"; month = 6
```

```
In [14]:   string = "%s님은 파이선 공부 시작한지 %d개월 되었습니다!"\
           %(name, month)
```

```
In [15]:   print( string )
```

홍길동님은 파이선 공부 시작한지 6개월 되었습니다!

너비 지정 포맷팅

```
In [16]:   string = "즐거운 %10s 경험"%'파이선'  #오른쪽 정렬
```

```
In [17]:   print( string )
```

즐거운   파이선 경험

```
In [18]:   string = "즐거운 %-10s 경험"%'파이선'  #왼쪽 정렬
```

```
In [19]:   print( string )
```

즐거운 파이선   경험

```
In [20]:   string = "즐거운 %10s 경험"%'파이선'.center(10)
```

```
In [21]:   print( string )
```

즐거운   파이선   경험

format 활용

```
In [22]:   string = "즐거운 {0:>10} 경험".format('파이선')  #오른쪽 정렬
```

```
In [23]:   print( string )
```

즐거운   파이선 경험

```
In [24]:   string = "즐거운 {0:<10} 경험".format('파이선')  #왼쪽 정렬
```

```
In [25]:   print( string )
```

즐거운 파이선   경험

```
In [26]:   string = "즐거운 {0:^10} 경험".format('파이선')  #가운데 정렬
```

```
In [27]:   print( string )
```

즐거운   파이선   경험

```
In [28]:   string = "즐거운 {0:=^10} 경험".format('파이선')  #가운데 정렬
```

```
In [29]:   print( string )
```

즐거운 ===파이선==== 경험

실습 4-4 문자열 포맷팅

```
In [30]: receiver = input("생일을 맞이한 사람의 이름은? ")
         old = input("몇번째 생일인가요? ")
         sender = input("보내는 사람의 이름을 입력하세요: ")

         생일을 맞이한 사람의 이름은? 홍길동
         몇번째 생일인가요? 240
         보내는 사람의 이름을 입력하세요: 한옥영
```

```
In [31]: text = "생일 축하합니다!"
         song = "%s 사랑하는 %s님 %s"%(text*2, receiver, text)
```

```
In [32]: message = "%s님의 %s번째 생일을 진심으로 축하합니다!\n%s 보냄"\
         %(receiver, old, sender)
```

```
In [33]: print(song, '\n', '='*30)
         print(message)

         생일 축하합니다!생일 축하합니다! 사랑하는 홍길동님 생일 축하합니다!
         ==============================
         홍길동님의 240번째 생일을 진심으로 축하합니다!
         한옥영 보냄
```

Chapter 5 컬렉션 자료형

  리스트

리스트 생성

```
In [1]: list_1 = list()
```

```
In [2]: type( list_1 )
```

```
Out[2]: list
```

리스크 값 추가

```
In [3]: # 리스트 생성 방법
        mylist = []
```

```
In [4]: mylist.append('가')
```

```
In [5]:  print( mylist )

         ['가']
```

리스트 안에 리스트를 append

```
In [6]:  mylist = ['가', '나', '다', '라']

In [7]:  mylist.append(['마', '바', '사'])

In [8]:  print( mylist )

         ['가', '나', '다', '라', ['마', '바', '사']]
```

리스트의 인덱싱

```
In [9]:   mylist = ['가', '나', '다', '라']

In [10]:  mylist[0]

Out[10]:  '가'

In [11]:  mylist[1]*3

Out[11]:  '나나나'

In [12]:  mylist[2] + mylist[3]

Out[12]:  '다라'

In [13]:  # 가장 마지막 요소 값
          mylist[-1]

Out[13]:  '라'

In [14]:  mylist[-2]*3

Out[14]:  '다다다'

In [15]:  mylist[-3] + mylist[-4]

Out[15]:  '나가'
```

리스트 안의 리스트 인덱싱 방법

```
In [16]: mylist = [ '가','나', [ 'A','B', [ 1,2,3 ] ]]
```

```
In [17]: mylist[2]
```
```
Out[17]: ['A', 'B', [1, 2, 3]]
```

```
In [18]: mylist[2][0]
```
```
Out[18]: 'A'
```

```
In [19]: mylist[2][2]
```
```
Out[19]: [1, 2, 3]
```

```
In [20]: mylist[2][2][2]
```
```
Out[20]: 3
```

```
In [21]: mylist[-1][-1][-1]
```
```
Out[21]: 3
```

리스트의 슬라이싱

```
In [22]: mylist = ['가','나','다', [ 'A','B','C','D' ], '라','마' ]
```

```
In [23]: mylist[2:5] #범위는 2 <= index <5
```
```
Out[23]: ['다', ['A', 'B', 'C', 'D'], '라']
```

```
In [24]: mylist[3][1:] #인덱스 번호 3은 리스트이며, index >=1
```
```
Out[24]: ['B', 'C', 'D']
```

```
In [25]: mylist[:4] #범위는 0 <= index < 4
```
```
Out[25]: ['가', '나', '다', ['A', 'B', 'C', 'D']]
```

리스트 연산자

```
In [26]: mylist1 = [ '가','나','다' ]
```

```
In [27]: mylist2 = [ 'A','B','C' ]
```

```
In [28]: # 리스트 합치기
         mylist1 + mylist2
```
```
Out[28]: ['가', '나', '다', 'A', 'B', 'C']
```

컴퓨팅 사고를 위한 파이선 입문

```
In [29]:   mylist = [ '가','나','다' ]
```

```
In [30]:   text = '한글 공부'
```

```
In [31]:   # 문자열 뒤에 리스트 연결은 오류 발생
           text + mylist
```

```
---------------------------------------------------------------------
TypeError                                 Traceback (most recent call last)
<ipython-input-41-09bd3b2f0cbb> in <module>
----> 1 text + mylist

TypeError: can only concatenate str (not "list") to str
```

```
In [32]:   # 리스트 뒤에 문자열 연결도 오류
           mylist + text
```

```
---------------------------------------------------------------------
TypeError                                 Traceback (most recent call last)
<ipython-input-42-75bc9305b601> in <module>
----> 1 mylist + text

TypeError: can only concatenate list (not "str") to list
```

문자열을 리스트로 변환하여 연결

```
In [33]:   mylist + list( text )
```
```
Out[33]:   ['가', '나', '다', '한', '글', ' ', '공', '부']
```

```
In [34]:   mylist.append(text)
```

```
In [35]:   print( mylist )

           ['가', '나', '다', '한글 공부']
```

리스트 중 하나의 문자 요소와 문자열 연결

```
In [36]:   mylist[0] + text
```
```
Out[36]:   '가한글 공부'
```

리스트 수정 및 삭제

```
In [37]:  mylist = [ 1,2,3,5 ]

In [38]:  mylist[3] = 4

In [39]:  print( mylist )
          [1, 2, 3, 4]

In [40]:  mylist = [ 1,2,3,4 ]

In [41]:  mylist[1] = [ 20,30,40 ]

In [42]:  print( mylist )
          [1, [20, 30, 40], 3, 4]

In [43]:  mylist = [ 1,2,3,4 ]

In [44]:  mylist[1:2]
Out[44]:  [2]

In [45]:  mylist[1:2] = [ 20,30,40 ]

In [46]:  print( mylist )
          [1, 20, 30, 40, 3, 4]

In [47]:  #삭제
          mylist = [ 1,2,3,4 ]

In [48]:  mylist[1:3] = []

In [49]:  print( mylist )
          [1, 4]

In [50]:  mylist = [ 1,2,3,4 ]

In [51]:  del mylist[2]

In [52]:  print( mylist )
          [1, 2, 4]

In [53]:  mylist = [ 1,2,3,4 ]

In [54]:  del mylist[1:3]

In [55]:  print( mylist )
          [1, 4]
```

컴퓨팅 사고를 위한 파이썬 입문

튜플

수정 불가

```
In [1]: mytuple = ( '가','나','다','라' )
```

```
In [2]: # 튜플의 일부를 삭제하고자 하면 오류 발생
        del mytuple[2]
```

```
---------------------------------------------------------------------
TypeError                                   Traceback (most recent call last)
<ipython-input-2-a11102320a0e> in <module>
----> 1 del mytuple[2]

TypeError: 'tuple' object doesn't support item deletion
```

```
In [3]: # 튜플 자체를 삭제
        del mytuple
```

```
In [4]: # 삭제 완료 후 데이터 존재하지 않으므로 출력 시도 시 오류 발생
        mytuple
```

```
---------------------------------------------------------------------
NameError                                   Traceback (most recent call last)
<ipython-input-4-c6c21778968d> in <module>
----> 1 mytuple

NameError: name 'mytuple' is not defined
```

리스트로 변환 후 삭제 가능

```
In [5]: mytuple = ( '가','나','다','라' )
```

```
In [6]: temp = list( mytuple )
```

```
In [7]: del temp[2]
```

```
In [8]: # 다시 튜플로 자료형 변환
        mytuple = tuple( temp )
```

```
In [9]: print( mytuple )

        ('가', '나', '라')
```

튜플 연산

```
In [10]: mytuple1 = ( '가','나','다' )
```

```
In [11]: mytuple2 = ( 'A','B','C' )
```

```
In [12]: # 튜플 합치기
         mytuple1 + mytuple2
```

```
Out[12]: ('가', '나', '다', 'A', 'B', 'C')
```

```
In [13]: mytuple = ( '가','나','다' )
```

```
In [14]: # 튜플 반복
         mytuple*3
```

```
Out[14]: ('가', '나', '다', '가', '나', '다', '가', '나', '다')
```

튜플 비교하기

```
In [15]: tuple1 = ( 1,3,5 )
```

```
In [16]: tuple2 = ( 1,2,100 )
```

```
In [17]: tuple1 < tuple2
```

```
Out[17]: False
```

```
In [18]: tuple3 = ( 0,10,20 )
```

```
In [19]: tuple1 > tuple3
```

```
Out[19]: True
```

실습 5-2 튜플

튜플 자료형 생성

```
In [20]: mytuple = ()
```

```
In [21]: while True:
             value = input( "튜플의 요소 값을 입력하세요 (Q: 끝내기) : ")
             if value == 'Q':
                 break
             new_tuple = (value, )
             mytuple = mytuple + new_tuple

         튜플의 요소 값을 입력하세요 (Q: 끝내기) : 1
         튜플의 요소 값을 입력하세요 (Q: 끝내기) : 2
         튜플의 요소 값을 입력하세요 (Q: 끝내기) : 3
         튜플의 요소 값을 입력하세요 (Q: 끝내기) : 4
         튜플의 요소 값을 입력하세요 (Q: 끝내기) : 5
         튜플의 요소 값을 입력하세요 (Q: 끝내기) : Q
```

컴퓨팅 사고를 위한 파이선 입문

```
In [22]:    print( mytuple )

            ('1', '2', '3', '4', '5')
```

03 딕셔너리

딕셔너리 생성

Key : value로 구성

```
In [1]:    dic = { 'name':'길동', 'phone':'01012345678', 'birth':'0707' }
```

```
In [2]:    dic = { 1:'한국어', 2:'영어', 3:'중국어' }
```

```
In [3]:    # key 값으로 리스트 자료형 불가 - 오류 발생
           dic = { ['name','phone'] : ['길동','01012345678'] }
           -----------------------------------------------------------------
           TypeError                       Traceback (most recent call last)
           <ipython-input-3-052ca9e4f04b> in <module>
           ----> 1 dic = { ['name','phone'] : ['길동','01012345678'] }

           TypeError: unhashable type: 'list'
```

```
In [4]:    # value 값은 리스트 자료형 가능
           dic = { 'fruit' : ['사과', '바나나', '딸기', '토마토'] }
```

```
In [5]:    dic = { 1:'한국어', 1:'영어' }
```

```
In [6]:    # 중복 key 값 중 하나는 무시됨
           dic
```

```
Out[6]:    {1: '영어'}
```

요소 추가하기

```
In [7]:    dic = { 'fruit' : ['사과', '바나나', '딸기', '토마토'] }
```

```
In [8]:    # 인덱스 값이 아닌 key 값으로 추가 생성
           dic['vegetable'] = '오이'
```

```
In [9]:    dic
```

```
Out[9]:    {'fruit': ['사과', '바나나', '딸기', '토마토'], 'vegetable': '오이'}
```

요소 삭제하기

```
In [10]:  print( dic )

          {'fruit': ['사과', '바나나', '딸기', '토마토'], 'vegetable': '오이'}

In [11]:  del dic['fruit']

In [12]:  dic

Out[12]:  {'vegetable': '오이'}
```

Value 검색

```
In [13]:  print( dic )

          {'fruit': ['사과', '바나나', '딸기', '토마토'], 'vegetable': '오이'}

In [14]:  dic['fruit']

Out[14]:  ['사과', '바나나', '딸기', '토마토']

In [15]:  dic['vegetable']

Out[15]:  '오이'
```

key 리스트 생성

```
In [16]:  dic = { 1:'한국어', 2:'영어', 3:'중국어' }

In [17]:  dic.keys()

Out[17]:  dict_keys([1, 2, 3])

In [18]:  for i in dic.keys():
              print(i)

          1
          2
          3

In [19]:  list( dic.keys() )

Out[19]:  [1, 2, 3]
```

value 리스트 생성

```
In [20]:  dic = { 1:'한국어', 2:'영어', 3:'중국어' }

In [21]:  dic.values()

Out[21]:  dict_values(['한국어', '영어', '중국어'])
```

key 존재 확인

```
In [22]: 1 in dic

Out[22]: True
```

```
In [23]: '한국어' in dic

Out[23]: False
```

요소 삭제

```
In [24]: dic = { 1:'한국어', 2:'영어', 3:'중국어' }
```

```
In [25]: dic

Out[25]: {1: '한국어', 2: '영어', 3: '중국어'}
```

```
In [26]: dic.clear()
```

```
In [27]: dic

Out[27]: {}
```

실습 5-3 딕셔너리

```
In [28]: my_dict = {}
```

```
In [29]: while True:
             print("="*12, "딕셔너리 생성", "="*12)
             new_key = input( "새로운 key를 입력하세요: " )
             if new_key in my_dict:
                 print("### %s: 이미 존재하는 key 값입니다."%new_key)
                 continue
             message = "%s에 해당하는 value값을 입력하세요 : "%new_key
             value = input(message)
             my_dict[new_key] = value
             more = input( "입력을 계속하기 원하나요? (Y/N) " )
             if more == 'N' or more == 'n':
                 break

         ============ 딕셔너리 생성 ============
         새로운 key를 입력하세요: 다리
         다리에 해당하는 value값을 입력하세요 : leg
         입력을 계속하기 원하나요? (Y/N) y
         ============ 딕셔너리 생성 ============
         새로운 key를 입력하세요: 다리
         ### 다리: 이미 존재하는 key 값입니다.
         ============ 딕셔너리 생성 ============
         새로운 key를 입력하세요: 교각
         교각에 해당하는 value값을 입력하세요 : bridge
         입력을 계속하기 원하나요? (Y/N) y
         ============ 딕셔너리 생성 ============
         새로운 key를 입력하세요: 책상
         책상에 해당하는 value값을 입력하세요 : desk
         입력을 계속하기 원하나요? (Y/N) n
```

```
In [30]: key_list = list(my_dict.keys())
         value_list = list(my_dict.values())
```

```
In [31]: for i in range(len(key_list)):
             print(key_list[i],':',value_list[i])
```

```
다리 : leg
교각 : bridge
책상 : desk
```

Chapter 6 연산자

01 산술 연산자

```
In [1]: # 정의되지 않은 값의 연산 적용은 오류 발생
        z = x+y
```

```
---------------------------------------------------------------------------
NameError                                 Traceback (most recent call last)
<ipython-input-1-3d3e56cc2a74> in <module>
----> 1 z = x+y

NameError: name 'x' is not defined
```

리스트 자료형 요소를 활용한 산술 연산식

```
In [2]: num_list = [ 22,15,33,10,3,12,5,8 ]
```

```
In [3]: num_list[0] = num_list[0] + 30
```

```
In [4]: num_list[1] = num_list[1] - 8
```

```
In [5]: num_list[2] = num_list[2] * 3
```

```
In [6]: num_list[3] = num_list[3] / 3
```

```
In [7]: num_list[4] = num_list[4] // 2
```

```
In [8]: num_list[5] = num_list[5] % 10
```

```
In [9]:  num_list[6] = num_list[2] ** num_list[7]
```

```
In [10]:  num_list[7] = 0
```

```
In [11]:  print( num_list )
```

```
[52, 7, 99, 3.3333333333333335, 1, 2, 9227446944279201, 0]
```

```
In [12]:  num_list = [ 5,10,15 ]
```

```
In [13]:  print( num_list[1]+34 )
```

```
44
```

```
In [14]:  print( num_list )
```

```
[5, 10, 15]
```

복합 대입 연산자

```
In [15]:  num_list = [ 5,10,15 ]
```

```
In [16]:  # num_list[1] = num_list[1] + 34의 또 다른 표현식
          num_list[1] += 34
```

```
In [17]:  print( num_list )
```

```
[5, 44, 15]
```

여러 개의 산술 연산자 활용

```
In [18]:  F = int(input("화씨 온도를 입력하세요: "))
```

```
화씨 온도를 입력하세요: 24
```

```
In [19]:  C = (F-32) * 5 / 9
```

```
In [20]:  print("화씨 %d도의 섭씨온도는 %d도 입니다."% (F, C))
```

```
화씨 24도의 섭씨온도는 -4도 입니다.
```

기타 산술 연산

```
In [21]: abs( -128 )
```

Out[21]: **128**

```
In [22]: round ( 3.5 )
```

Out[22]: **4**

```
In [23]: import math
```

```
In [24]: math.sqrt(25)
```

Out[24]: **5.0**

```
In [25]: math.trunc(3.9)
```

Out[25]: **3**

```
In [26]: math.factorial(5)
```

Out[26]: **120**

실습 6-1 산술연산자

```
In [27]: amount = int( input( "받아야할 금액을 입력하세요: " ) )
         paid = int( input( "지불한 금액을 입력하세요: " ) )
```

받아야할 금액을 입력하세요: **47530**
지불한 금액을 입력하세요: **100000**

```
In [28]: if paid < amount:
             print("돈이 모자릅니다!")
         elif paid == amount:
             print("정확한 액수를 지불하셨습니다!\n감사합니다!")
         else:
             print("="*30)
             change = paid-amount

             #5만원권
             c50000 = change // 50000 #5만원권 거스름
             if c50000: #5만원의 거스름이 있는 경우
                 print("5만원권: %d 장"% c50000)
             change %= 50000 #5만원권 거스름 제외

             #1만원권
             c10000 = change // 10000 #1만원권 거스름
             if c10000: #1만원의 거스름이 있는 경우
                 print("1만원권: %d 장"% c10000)
             change %= 10000 #1만원권 거스름 제외

             #5천원권
             c5000 = change // 5000 #5천원권 거스름
             if c5000: #5천원의 거스름이 있는 경우
                 print("5천원권: %d 장"% c5000)
             change %= 5000 #5천원권 거스름 제외
```

컴퓨팅 사고를 위한 파이선 입문

```
#1천원권
c1000 = change // 1000 #1천원권 거스름
if c1000: #1천원의 거스름이 있는 경우
    print("1천원권: %d 장"% c1000)
change %= 1000 #1천원권 거스름 제외

#5백원권
c500 = change // 500 #5백원권 거스름
if c500: #5백원의 거스름이 있는 경우
    print("5백원권: %d 장"% c500)
change %= 500 #5백원권 거스름 제외

#1백원권
c100 = change // 100 #1백원권 거스름
if c100: #1백원의 거스름이 있는 경우
    print("1백원권: %d 장"% c100)
change %= 100 #1백원권 거스름 제외

#5십원권
c50 = change // 50 #5십원권 거스름
if c50: #5십원의 거스름이 있는 경우
    print("5십원권: %d 장"% c50)
change %= 50 #5십원권 거스름 제외

#1십원권
c10 = change // 10 #1십원권 거스름
if c10: #1십원의 거스름이 있는 경우
    print("1십원권: %d 장"% c10)
change %= 10 #1십원권 거스름 제외
```

```
=============================
5만원권: 1 장
1천원권: 2 장
1백원권: 4 장
5십원권: 1 장
1십원권: 2 장
```

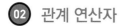

관계 연산자

값을 비교할 때 사용

In [1]:
```
a = 3; b = 10
```

In [2]:
```
# 두 개의 값이 같은가를 확인
a == b
```

Out[2]: False

In [3]:
```
a < b
```

Out[3]: True

선택문을 위한 관계 연산자

예제 6-2 관계 연산자: 선택문

In [4]:
```python
age = int( input( "만 나이를 입력하세요: " ) )
```
만 나이를 입력하세요: 15

In [5]:
```python
if age >= 19:
    print( "투표하실 수 있습니다! " )
else:
    print( "%d년 후부터 투표 가능합니다!"%(19-age) )
```
4년 후부터 투표 가능합니다!

반복문을 위한 관계 연산자

예제 6-2A 관계 연산자: 반복문

In [6]:
```python
time = 0
```

In [7]:
```python
while time < 10:
    time = time + 1
    print( "%d번 반복했습니다!"%time )

print("====반복 완료====")
```
1번 반복했습니다!
2번 반복했습니다!
3번 반복했습니다!
4번 반복했습니다!
5번 반복했습니다!
6번 반복했습니다!
7번 반복했습니다!
8번 반복했습니다!
9번 반복했습니다!
10번 반복했습니다!
====반복 완료====

In [8]:
```python
for i in range(1,11):
    print("%d번 반복했습니다!"%i)
```
1번 반복했습니다!
2번 반복했습니다!
3번 반복했습니다!
4번 반복했습니다!
5번 반복했습니다!
6번 반복했습니다!
7번 반복했습니다!
8번 반복했습니다!
9번 반복했습니다!
10번 반복했습니다!

컴퓨팅 사고를 위한 파이선 입문

실습 6-2 관계 연산자

In [9]:
```
score = int( input( "100점 만점으로 계산된 점수를 입력하세요: " ) )
```

100점 만점으로 계산된 점수를 입력하세요: 91

In [10]:
```
if score >= 90:
    grade = 'A'
elif score >= 80:
    grade = 'B'
elif score >= 70:
    grade = 'C'
elif score>= 60:
    grade = 'D'
else:
    grade = 'F'
```

In [11]:
```
print("%d에 대한 학점은 %s 입니다."%( score, grade ))
```

91에 대한 학점은 A 입니다.

03 논리 연산자

- 논리곱: **and** (모두가 참일 때 참)
- 논리합: **or** (하나만 참이어도 참)
- 논리부정: **not** (논리 값 변환: 참 -> 거짓, 거짓 -> 참)

실습 6-3 논리 연산자

In [1]:
```
num_list1 = []
num_list2 = []
num_list3 = []
```

In [2]:
```
for i in range(1,51): #1~5까지의 수
    if ( i % 2 == 0 ) and ( i % 3 == 0 ): #짝수이면서 3의 배수
        num_list1.append(i)
    if ( i % 3 == 0 ) or ( i % 7 == 0 ): #3의 배수이거나 7의 배수
        num_list2.append(i)
    if not ( i % 5 == 0 ): #5의 배수가 아닌 수
        num_list3.append(i)
```

In [3]:
```
print("50까지의 수에서 짝수이면서 3의 배수는: \n", num_list1)
print("50까지의 수에서 3의 배수이거나 7의 배수는: \n", num_list2)
print("50까지의 수에서 5의 배수가 아닌 수는: \n", num_list3)
```

50까지의 수에서 짝수이면서 3의 배수는:
[6, 12, 18, 24, 30, 36, 42, 48]
50까지의 수에서 3의 배수이거나 7의 배수는:
[3, 6, 7, 9, 12, 14, 15, 18, 21, 24, 27, 28, 30, 33, 35, 36, 39, 42, 45, 48, 49]

50까지의 수에서 5의 배수가 아닌 수는:
 [1, 2, 3, 4, 6, 7, 8, 9, 11, 12, 13, 14, 16, 17, 18, 19, 21, 22, 23, 24, 26, 27,
 2, 43, 44, 46, 47, 48, 49]

Chapter 7 제어문

제어문의 종류

- 순차문
- 선택문
- 반복문

01 순차문

연속된 단순 명령문

실습 7-1 순차문 예시

```
In [1]: x = int( input( "x의 값을 입력하세요: " ) )

x의 값을 입력하세요: 3
```

```
In [2]: y = int( input( "y의 값을 입력하세요: " ) )

y의 값을 입력하세요: 4
```

```
In [3]: print( "x + y = %d "%(x+y) )

x + y = 7
```

02 선택문

조건식의 결과에 따라 다음 단계 결정

실습 7-2 선택문 예시

```
In [1]: x = int( input( "x의 값을 입력하세요: " ) )

x의 값을 입력하세요: 17
```

컴퓨팅 사고를 위한 파이선 입문

```
In [2]: if ( x % 2 == 0 ):
            buffer = "짝수"
        else:
            buffer = "홀수"
```

```
In [3]: print( " x는 %s입니다. "%buffer )
```

x는 홀수입니다.

실습 7-2 제어문 - 선택문

```
In [4]: height = int( input( "사각형의 세로 길이를 입력하세요: " ) )
        width = int( input( "사각형의 가로 길이를 입력하세요: " ) )
        angle = input( "사각형의 모든 내각은 90도입니까? (Y/N) " )
```

사각형의 세로 길이를 입력하세요: 20
사각형의 가로 길이를 입력하세요: 40
사각형의 모든 내각은 90도입니까? (Y/N) n

```
In [5]: if ( height == width ) and ( angle in ['Y', 'y'] ):
            print("*** 입력하신 조건의 사각형은 정사각형에 해당합니다.")

        if ( height != width ) and ( angle in ['Y', 'y'] ):
            print("*** 입력하신 조건의 사각형은 직사각형에 해당합니다.")

        if angle not in ['Y', 'y']:
            print("*** 입력하신 조건의 사각형은 사다리꼴에 해당합니다.")
```

*** 입력하신 조건의 사각형은 사다리꼴에 해당합니다.

03 반복문

반복 조건에 따라 명령문 실행

실습 7-3A 반복문 예시 : while문 활용

```
In [1]: SUM = 0
        count = 1
```

```
In [2]: while count <= 10:
            SUM = SUM + count
            count = count + 1
```

```
In [3]: print("1부터 10까지의 합은 %d입니다."%SUM)
```

1부터 10까지의 합은 55입니다.

실습 7-3 반복문 예시 : for문 활용

In [4]:
```
SUM = 0
```

In [5]:
```
for count in range(1,11):
    SUM = SUM + count
```

In [6]:
```
print("1부터 10까지의 합은 %d입니다."%SUM)
```
1부터 10까지의 합은 55입니다.

실습 7-3 제어문 - 반복문

In [7]:
```
while True:
    value = input("구구단을 확인하고 싶은 수를 입력하세요. (종료: Q) ")
    if value == 'Q' or value == 'q':
        break
    for i in range(1,10):
        print(" %3d X %3d = %5d "%( int(value), i, int(value)*i ))
```
```
구구단을 확인하고 싶은 수를 입력하세요. (종료: Q) 13
    13 X    1 =     13
    13 X    2 =     26
    13 X    3 =     39
    13 X    4 =     52
    13 X    5 =     65
    13 X    6 =     78
    13 X    7 =     91
    13 X    8 =    104
    13 X    9 =    117
구구단을 확인하고 싶은 수를 입력하세요. (종료: Q) Q
```

컴퓨팅 사고를 위한 파이선 입문

01 단순 if문

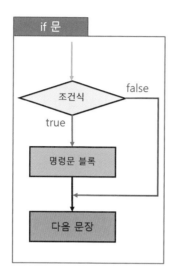

예제 8-1 단순 if문

```
In [1]:  age = int( input( "만 나이를 입력하세요: " ) )
```

만 나이를 입력하세요: 21

```
In [2]:  if age >= 19:
             print("투표하실 수 있습니다!")
         print("소중한 한 표를 공정하게 행사하시기 바랍니다!")
```

투표하실 수 있습니다!
소중한 한 표를 공정하게 행사하시기 바랍니다!

조건식 만들기

```
In [3]:  # 조건식에 사용하는 변수가 정의되지 않았다면 오류 발생
         if height < 130:
             print("프룸라이드를 사용할 수 없습니다.")
```

```
---------------------------------------------------------------------------
NameError                                 Traceback (most recent call last)
<ipython-input-4-362739e1f6e9> in <module>
----> 1 if height < 130:
      2     print("프룸라이드를 사용할 수 없습니다.")

NameError: name 'height' is not defined
```

In [4]:
```
month = 7
day = 22
```

In [5]:
```
if month == 7 and day <= 22:
    zodiac_sign = "게자리"
```

예외적 조건

In [6]:
```
# 1은 언제나  True
if 1: print("참")
```
참

In [7]:
```
# 0 이외의 모든 정수는 True
if -1: print("참")
```
참

In [8]:
```
# 0의 값은 False
if 0: print("참")
```

In [9]:
```
# 한 개 이상의 문자는 True
if "a": print("참")
```
참

In [10]:
```
# 값이 없는 문자열은 False
if "": print("참")
```

In [11]:
```
if [1]: print("참") #1개의 값을 갖는 리스트
```
참

In [12]:
```
if []: print("참") #값을 갖지 않은 리스트
```

In [13]:
```
if (1,): print("참") #1개의 값을 갖는 튜플
```
참

In [14]:
```
if (): print("참") #값을 갖지 않은 튜플
```

In [15]:
```
if {1:"가"}: print("참") #1개의 값을 갖는 딕셔너리
```
참

In [16]:
```
if {}: print("참") #값을 갖지 않은 딕셔너리
```

컴퓨팅 사고를 위한 파이선 입문

in과 not in

```
In [17]:  if (1 in [1,2,3]) : print("참")
```
참

```
In [18]:  if (1 not in [1,2,3]) : print("참")
```

```
In [19]:  if ("가" in ("가","나","다")) : print("참")
```
참

```
In [20]:  if ("가" not in ("가","나","다")) : print("참")
```

```
In [21]:  if ("가" in "선택문") : print("참")
```

```
In [22]:  if ("가" not in "선택문") : print("참")
```
참

실습 8-1 단순 if문

```
In [23]:  check = "white"
          column = int( input( "열 번호를 입력하세요: " ) )
          row = int( input("행 번호를 입력하세요: ") )
```
열 번호를 입력하세요: 3
행 번호를 입력하세요: 6

```
In [24]:  if ( column%2 == 0 ) and ( row%2 != 0 ): #열 번호가 짝수이며, 행 번호가 홀수
              check = "black"

          if ( column%2 != 0 ) and ( row%2 == 0 ): #열 번호가 홀수이며, 행 번호가 짝수
              check = "black"

          if check == "black": #색의 확인을 위한 변수 값이 black으로 저장된 경우
              print("입력하신 위치의 색은 검은색 입니다!")
```
입력하신 위치의 색은 검은색 입니다!

조건식이 개선된 코드

실습 8-1A 단순 if문

```
In [25]:  column = int( input( "열 번호를 입력하세요: " ) )
          row = int( input("행 번호를 입력하세요: ") )
```
열 번호를 입력하세요: 3
행 번호를 입력하세요: 6

```
In [26]:  if (( column%2 == 0 ) and ( row%2 != 0 )) or \
             (( column%2 != 0 ) and ( row%2 == 0 )):
              print("입력하신 위치의 색은 검은색 입니다!")
```
입력하신 위치의 색은 검은색 입니다!

02 if ~ else문

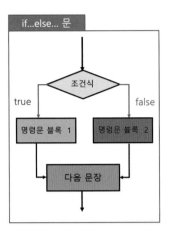

if...else... 문

조건식

true / false

명령문 블록 1 / 명령문 블록 2

다음 문장

예제 8-2 if ~ else 문

```
In [1]: import random
```

1~10에서 임의의 수를 생성

```
In [2]: lucky_number = random.randrange( 1,11 )
```

```
In [3]: number = int( input( "행운의 숫자를 맞춰보세요! (1~10): " ) )

        if lucky_number == number: #행운의 숫자를 맞춘 경우
            print("축하 드립니다! 행운의 숫자를 맞추셨습니다!")
        else:
            print("아쉽네요! 행운의 숫자는 %d 이였습니다!"%lucky_number)
```

행운의 숫자를 맞춰보세요! (1~10): 3
아쉽네요! 행운의 숫자는 1 이였습니다!

예제 8-2A if ~ else 문

```
In [4]: check = input( "등록 하셨습니까? (Y/N) " )
```

등록 하셨습니까? (Y/N) N

```
In [5]: if check in ['Y', 'y']:
            pass
        else:
            print("등록해 주시기 바랍니다!")

        print("등록해 주셔서 감사합니다.")
```

등록해 주시기 바랍니다!
등록해 주셔서 감사합니다.

컴퓨팅 사고를 위한 파이선 입문

03 if ~ elif문

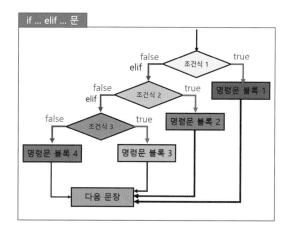

예제 8-3 if ~ elif 문

```
In [1]: x = int( input( "첫 번째 수를 입력하세요: " ) )
        operator = input( "원하는 연산자는? ( +,-,*,/ ): " )
        y = int( input( "두 번째 수를 입력하세요: " ) )
```

첫 번째 수를 입력하세요: 3
원하는 연산자는? (+,-,*,/): *
두 번째 수를 입력하세요: 4

```
In [2]: if operator == '+':
            print("원하는 연산식 결과: %d + %d = %d "%( x, y, x+y ))
        elif operator == '-':
            print("원하는 연산식 결과: %d - %d = %d "%( x, y, x-y ))
        elif operator == '*':
            print("원하는 연산식 결과: %d * %d = %d "%( x, y, x*y ))
        elif operator == '/':
            print("원하는 연산식 결과: %d / %d = %.2f "%( x, y, x/y ))
        else:
            print("연산자를 잘못 입력하셨습니다!")
```

원하는 연산식 결과: 3 * 4 = 12

실습 8-3 if ~ elif 문

```
In [3]: distance = int( input( "배송 거리를 km단위로 입력히세요: " ) )
```

배송 거리를 km단위로 입력하세요: 28

```
In [4]: if distance < 50:
            cost = 3500
        elif distance >= 50 and distance < 100:
            cost = 4000
        elif distance >= 100 and distance < 300:
            cost = 4500
        elif distance >= 300 and distance < 500:
            cost = 5000
        else:
            cost = 6000
```

```
In [5]: print("%dkm에 해당하는 배송비는 %d원 입니다."%( distance, cost ))

28km에 해당하는 배송비는 3500원 입니다.
```

04 중첩 if문

```
if <조건식 1> :
    if <조건식 2> :
        명령문 블록 1
    else :
        명령문 블록 2
else :
    명령문 블록 3
다음 문장
```

실습 8-4 중첩 if문

```
In [1]: import random
```

```
In [2]: computer = random.randrange( 1,4 )
```

```
In [3]: if computer == 1: computer = '가위'
        elif computer == 2: computer = '바위'
        else: computer = '보'
```

```
In [4]: name = input( "PLAYER의 이름을 입력하세요: " )
        message = "가위 바위 보 중 %s의 선택은? "%name
        player = input( message )

        PLAYER의 이름을 입력하세요: 한옥영
        가위 바위 보 중 한옥영의 선택은? 바위
```

```
In [5]: print("컴퓨터의 선택은 %s입니다."%computer)
        if player == '가위':
            if computer == '가위':
                print("무승부")
            elif computer == '바위':
                print("컴퓨터 승")
            elif computer == '보':
                print(name, "승")
```

컴퓨팅 사고를 위한 파이선 입문

```
elif player == '바위':
    if computer == '가위':
        print(name, "승")
    elif computer == '바위':
        print("무승부")
    elif computer == '보':
        print("컴퓨터 승")

elif player == '보':
    if computer == '가위':
        print("컴퓨터 승")
    elif computer == '바위':
        print(name, "승")
    elif computer == '보':
        print("무승부")
```

```
컴퓨터의 선택은 가위입니다.
한옥영 승
```

Chapter 9 for문

01 for문 문법

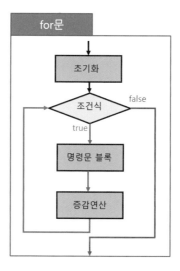

문법 표현

> for 변수명 in [sequence 변수] :
>
> > 명령문 블록

In [1]:
```python
num_list = [ 10,20,30 ]
```

In [2]:
```python
for x in num_list:
    print(x)
```
```
10
20
30
```

In [3]:
```python
char_tuple = ( '가','나','다','라' )
```

In [4]:
```python
for x in char_tuple:
    print(x, end=' ')
```
```
가 나 다 라
```

In [5]:
```python
for c in "python":
    print(c, end='/')
```
```
p/y/t/h/o/n/
```

> for 변수명 in range(범위) :
>
> > 명령문 블록

In [6]:
```python
# 범위 : 갯수
for i in range(3):
    print(i)
```
```
0
1
2
```

In [7]:
```python
# 범위 : 시작 ~ 끝-1
for i in range(1,4):
    print(i)
```
```
1
2
3
```

컴퓨팅 사고를 위한 파이선 입문

```
In [8]:  # 범위 : 시작, 끝, 증감값
         for i in range(10,0,-2):
             print(i)

         10
         8
         6
         4
         2
```

복수의 변수 적용

```
In [9]:  test_score = [ (77,82,100), (80,71,98) ]
```

```
In [10]: for ( test1, test2, test3 ) in test_score:
             print("평균 점수: %.2f"%((test1 + test2 + test3)/3))

         평균 점수: 86.33
         평균 점수: 83.00
```

리스트 안의 for문

> [표현식 for 변수명 in 리스트변수명 if 조건문]

```
In [11]: value = [ 32,530,899,90 ]
```

```
In [12]: percent = [ x*0.01 for x in value if x > 100]
```

```
In [13]: print( percent )

         [5.3, 8.99]
```

동일한 일반적 표현

```
In [14]: value = [ 32,530,899,90 ]
```

```
In [15]: percent = []
```

```
In [16]: for x in value:
             if x > 100:
                 percent.append(x*0.01)
```

```
In [17]: print( percent )

         [5.3, 8.99]
```

실습 9-1 for문 문법

```
In [18]:  member = []
```

```
In [19]:  num = int( input( "회원수를 입력하세요: " ) )
```
회원수를 입력하세요: 3

```
In [20]:  for i in range(num):
              print( "="*5, i+1, "번째 회원 정보 입력", ">"*5 )
              name = input( "회원 이름을 입력하세요: " )
              phone = input( "전화번호를 입력하세요: " )
              email = input( "이메일을 입력하세요: " )
              member.append( (name, phone, email) )
```
```
===== 1 번째 회원 정보 입력 >>>>>
회원 이름을 입력하세요: 홍길동
전화번호를 입력하세요: 010-111-2222
이메일을 입력하세요: email1@email.com
===== 2 번째 회원 정보 입력 >>>>>
회원 이름을 입력하세요: 임꺽정
전화번호를 입력하세요: 010-222-3333
이메일을 입력하세요: email2@email.com
===== 3 번째 회원 정보 입력 >>>>>
회원 이름을 입력하세요: 황진이
전화번호를 입력하세요: 010-333-4444
이메일을 입력하세요: email3@email.com
```

```
In [21]:  print( "#"*10, "입력 회원 정보", "#"*10 )

          for info in member:
              print( "이름: %-10s 연락처: %s"%( info[0], info[1] ) )
```
```
########## 입력 회원 정보 ##########
이름: 홍길동          연락처: 010-111-2222
이름: 임꺽정          연락처: 010-222-3333
이름: 황진이          연락처: 010-333-4444
```

02 continue문

예제 9-2 continue문

```
In [1]:  for x in range( 1,21 ):
             if x % 2 != 0:
                 continue
             print( x*2, end = ' ' )
```
4 8 12 16 20 24 28 32 36 40

실습 9-2 continue문

```
In [2]: for i in range(1, 101):
            if i % 3 == 0:
                continue
            if '3' in str(i):
                continue
            print( i, end = ', ')
```

1, 2, 4, 5, 7, 8, 10, 11, 14, 16, 17, 19, 20, 22, 25, 26, 28, 29, 40, 41, 44, 46, 47, 49, 50, 52, 55, 56, 58, 59, 61, 62, 64, 65, 67, 68, 70, 71, 74, 76, 77, 79, 80, 82, 85, 86, 88, 89, 91, 92, 94, 95, 97, 98, 100,

03 break문

예제 9-3 break문

```
In [1]: var_list = [1,8,10,21,25,27,28,30,35,38,40, \
                44,52,76,91,112,118,119,121,127,131,141, \
                141,144,156,171,186,191,199]

        new_list = []
```

```
In [2]: for i in range(len(var_list)):
            if var_list[i] > 100:
                break
            new_list.append( var_list[i] )
```

```
In [3]: print( new_list )
```

```
[1, 8, 10, 21, 25, 27, 28, 30, 35, 38, 40, 44, 52, 76, 91]
```

실습 9-3 break문

```
In [4]: prime_number = []
```

```
In [5]: for chk_p_num in range(1,201):
            if chk_p_num <= 200:
                for i in range(2, chk_p_num):
                    if( chk_p_num % i ) == 0:
                        break
                else:
                    prime_number.append( chk_p_num )
```

```
In [6]: print("1~200까지의 소수 (prime) 리스트: ")
        print(prime_number)
```

1~200까지의 소수 (prime) 리스트:
[1, 2, 3, 5, 7, 11, 13, 17, 19, 23, 29, 31, 37, 41, 43, 47, 53, 59, 61, 67, 71, 73, 79, 83, 89, 97, 101, 103, 107, 109, 113, 127, 131, 137, 139, 149, 151, 157, 163, 167, 173, 179, 181, 191, 193, 197, 199]

04 중첩 for문

문법

for 변수명1 in sequece1 :

    for 변수명2 in sequece2 :

        inner for 블록 명령문

    outer for 블록 명령문

예제 9-4 중첩 for문

```
In [1]: for i in range(2,10):
            for j in range(1,10): #마지막 값+1 기억하세요!
                print( "%d X %d = %2d" %(i,j,i*j) )
            print("="*7)
```

```
2 X 1 =  2
2 X 2 =  4
2 X 3 =  6
2 X 4 =  8
2 X 5 = 10
2 X 6 = 12
2 X 7 = 14
2 X 8 = 16
2 X 9 = 18
=======
3 X 1 =  3
3 X 2 =  6
3 X 3 =  9
3 X 4 = 12
3 X 5 = 15
3 X 6 = 18
3 X 7 = 21
3 X 8 = 24
3 X 9 = 27
=======
4 X 1 =  4
4 X 2 =  8
4 X 3 = 12
4 X 4 = 16
4 X 5 = 20
```

```
4 X 6 = 24
4 X 7 = 28
4 X 8 = 32
4 X 9 = 36
=======
5 X 1 =  5
5 X 2 = 10
5 X 3 = 15
5 X 4 = 20
5 X 5 = 25
5 X 6 = 30
5 X 7 = 35
5 X 8 = 40
5 X 9 = 45
=======
6 X 1 =  6
6 X 2 = 12
6 X 3 = 18
6 X 4 = 24
6 X 5 = 30
6 X 6 = 36
6 X 7 = 42
6 X 8 = 48
6 X 9 = 54
=======
7 X 1 =  7
7 X 2 = 14
7 X 3 = 21
7 X 4 = 28
7 X 5 = 35
7 X 6 = 42
7 X 7 = 49
7 X 8 = 56
7 X 9 = 63
=======
8 X 1 =  8
8 X 2 = 16
8 X 3 = 24
8 X 4 = 32
8 X 5 = 40
8 X 6 = 48
8 X 7 = 56
8 X 8 = 64
8 X 9 = 72
=======
9 X 1 =  9
9 X 2 = 18
9 X 3 = 27
9 X 4 = 36
```

```
9 X 5 = 45
9 X 6 = 54
9 X 7 = 63
9 X 8 = 72
9 X 9 = 81
======
```

예제 9-4A 중첩 for문을 적용하지 않는 경우

In [3]:
```python
for j in range(1,10):
    print( "2 X %d = %2d" %(j,2*j), end = '\t' )
    print( "3 X %d = %2d" %(j,3*j), end = '\t' )
    print( "4 X %d = %2d" %(j,4*j), end = '\t' )
    print( "5 X %d = %2d" %(j,5*j) )

print("="*45)
```

```
2 X 1 =  2      3 X 1 =  3      4 X 1 =  4      5 X 1 =  5
2 X 2 =  4      3 X 2 =  6      4 X 2 =  8      5 X 2 = 10
2 X 3 =  6      3 X 3 =  9      4 X 3 = 12      5 X 3 = 15
2 X 4 =  8      3 X 4 = 12      4 X 4 = 16      5 X 4 = 20
2 X 5 = 10      3 X 5 = 15      4 X 5 = 20      5 X 5 = 25
2 X 6 = 12      3 X 6 = 18      4 X 6 = 24      5 X 6 = 30
2 X 7 = 14      3 X 7 = 21      4 X 7 = 28      5 X 7 = 35
2 X 8 = 16      3 X 8 = 24      4 X 8 = 32      5 X 8 = 40
2 X 9 = 18      3 X 9 = 27      4 X 9 = 36      5 X 9 = 45
=============================================
```

예제 9-4B 중첩 for문: 명령문 블록 (잘못된 들여쓰기)

In [4]:
```python
for i in range(2,10):
    for j in range(1,10):
        print(i, "단 출력")
    print( "%d X %d = %2d" %(i,j,i*j) )

print("="*7)
```

```
2 단 출력
2 단 출력
2 단 출력
2 단 출력
2 단 출력
2 단 출력
2 단 출력
2 단 출력
2 단 출력
2 X 9 = 18
3 단 출력
3 단 출력
```

컴퓨팅 사고를 위한 파이선 입문

```
3 단 출력
3 단 출력
3 단 출력
3 단 출력
3 단 출력
3 단 출력
3 X 9 = 27
4 단 출력
4 단 출력
4 단 출력
4 단 출력
4 단 출력
4 단 출력
4 단 출력
4 X 9 = 36
5 단 출력
5 단 출력
5 단 출력
5 단 출력
5 단 출력
5 단 출력
5 단 출력
5 X 9 = 45
6 단 출력
6 단 출력
6 단 출력
6 단 출력
6 단 출력
6 단 출력
6 단 출력
6 단 출력
6 X 9 = 54
7 단 출력
7 단 출력
7 단 출력
7 단 출력
7 단 출력
7 단 출력
7 단 출력
7 X 9 = 63
8 단 출력
```

8 단 출력
8 단 출력
8 단 출력
8 단 출력
8 단 출력
8 단 출력
8 단 출력
8 X 9 = 72
9 단 출력
9 단 출력
9 단 출력
9 단 출력
9 단 출력
9 단 출력
9 단 출력
9 단 출력
9 X 9 = 81
=======

예제 9-4C 중첩 for문: 수정된 명령문 블록

In [5]:
```python
for i in range(2,10):
    print(i, "단 출력")
    for j in range(1,10):
        print( "%d X %d = %2d" %(i,j,i*j) )
    print("="*7)
```

2 단 출력
2 X 1 = 2
2 X 2 = 4
2 X 3 = 6
2 X 4 = 8
2 X 5 = 10
2 X 6 = 12
2 X 7 = 14
2 X 8 = 16
2 X 9 = 18
=======
3 단 출력
3 X 1 = 3
3 X 2 = 6
3 X 3 = 9
3 X 4 = 12
3 X 5 = 15
3 X 6 = 18
3 X 7 = 21
3 X 8 = 24

컴퓨팅 사고를 위한 파이선 입문

```
3 X 9 = 27
=======
4 단 출력
4 X 1 =  4
4 X 2 =  8
4 X 3 = 12
4 X 4 = 16
4 X 5 = 20
4 X 6 = 24
4 X 7 = 28
4 X 8 = 32
4 X 9 = 36
=======
5 단 출력
5 X 1 =  5
5 X 2 = 10
5 X 3 = 15
5 X 4 = 20
5 X 5 = 25
5 X 6 = 30
5 X 7 = 35
5 X 8 = 40
5 X 9 = 45
=======
6 단 출력
6 X 1 =  6
6 X 2 = 12
6 X 3 = 18
6 X 4 = 24
6 X 5 = 30
6 X 6 = 36
6 X 7 = 42
6 X 8 = 48
6 X 9 = 54
=======
7 단 출력
7 X 1 =  7
7 X 2 = 14
7 X 3 = 21
7 X 4 = 28
7 X 5 = 35
7 X 6 = 42
7 X 7 = 49
7 X 8 = 56
7 X 9 = 63
=======
8 단 출력
8 X 1 =  8
8 X 2 = 16
```

```
8 X 3 = 24
8 X 4 = 32
8 X 5 = 40
8 X 6 = 48
8 X 7 = 56
8 X 8 = 64
8 X 9 = 72
=======
9 단 출력
9 X 1 =  9
9 X 2 = 18
9 X 3 = 27
9 X 4 = 36
9 X 5 = 45
9 X 6 = 54
9 X 7 = 63
9 X 8 = 72
9 X 9 = 81
=======
```

Chapter 10   while문

01 while문 문법

조건식 기준으로 반복

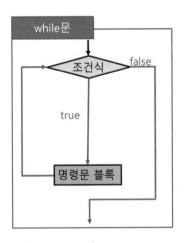

컴퓨팅 사고를 위한 파이선 입문

```
In [1]:  choice = 'Y'
```

```
In [2]:  while choice == 'Y':
             choice = input( "계속하시기 원하십니까? (Y/N) ")
```

계속하시기 원하십니까? (Y/N) Y
계속하시기 원하십니까? (Y/N) Y
계속하시기 원하십니까? (Y/N) N

다양한 조건식의 구성

```
In [3]:  num_list = [ 10,20,30 ] #리스트 자료 사용
```

```
In [4]:  while num_list: #num_list에 값이 있는 동안 반복
             print(num_list.pop()) #뒤에서부터 하나씩 꺼내며 삭제
```

30
20
10

```
In [5]:  print(num_list)
```

[]

```
In [6]:  x = 5
```

```
In [7]:  while x < 50:
             x = x*2
             print(x, end = ' ')
```

10 20 40 80

예제 10-1C while문의 else문

```
In [8]:  z = 0
         n1 = 0
         n2 = 1
```

0 1

```
In [9]:  print(n1, end = ' ')
         print(n2, end = ' ')

         while z < 50:
             z = n1 + n2
             print(z, end = ' ')
             n1 = n2
             n2 = z
         else:
             print("피보나치 수열이 50보다 큰 값이 되었습니다.")

         print("다음 문장 실행")
```

0 1 1 2 3 5 8 13 21 34 55 피보나치 수열이 50보다 큰 값이 되었습니다.
다음 문장 실행

02 무한 반복

while True의 명령문은 언제나 참이므로 무한 반복

아래 명령문은 반드시 키보드 **Ctrl-C**로 중단시켜야 함.

```
In [1]:  # Ctrl-C로 취소해야 끝남
         while True:
             print("할 수 있다!!")
```

```
/usr/local/lib/python3.7/site-packages/zmq/sugar/socket.py in send(self, data, flags, copy, track, routing_
id, group)
    398                                copy_threshold=self.copy_threshold)
    399            data.group = group
--> 400        return super(Socket, self).send(data, flags=flags, copy=copy, track=track)
    401
    402    def send_multipart(self, msg_parts, flags=0, copy=True, track=False, **kwargs):

zmq/backend/cython/socket.pyx in zmq.backend.cython.socket.Socket.send()

zmq/backend/cython/socket.pyx in zmq.backend.cython.socket.Socket.send()

zmq/backend/cython/socket.pyx in zmq.backend.cython.socket._send_copy()

/usr/local/lib/python3.7/site-packages/zmq/backend/cython/checkrc.pxd in zmq.backend.cython.checkrc._check_
rc()

KeyboardInterrupt:
```

```
In [1]:  # 명령문 블록 안에 조건식을 포함하여 반복문 종료
         while True:
             print("난 오늘도 최선을 다 했어!")
             q = input( "꿈을 이루셨나요?" )
             if q == 'Y' or q == 'y':
                 break
```

```
난 오늘도 최선을 다 했어!
꿈을 이루셨나요?N
난 오늘도 최선을 다 했어!
꿈을 이루셨나요?N
난 오늘도 최선을 다 했어!
꿈을 이루셨나요?N
난 오늘도 최선을 다 했어!
꿈을 이루셨나요?Y
```

실습 10-2 무한 반복

```
In [2]:  import random
```

```
In [3]:  user_win = computer_win = 0
```

```
In [4]:  while True:
             choice = input( "주사위 게임을 종료할까요? (Y/N): " )
             if choice == 'Y' or choice == 'y':
                 print( "주사위 게임을 종료합니다! " )
                 break
```

컴퓨팅 사고를 위한 파이선 입문

```
    user = random.randrange(1,7)
    computer = random.randrange(1,7)
    if user > computer:
        user_win += 1
        print("사용자 = %d, 컴퓨터 = %d: 사용자 승!"%(user, computer))
    elif user < computer:
        computer_win += 1
        print("사용자 = %d, 컴퓨터 = %d: 컴퓨터 승!"%(user, computer))
    else:
        print("사용자 = %d, 컴퓨터 = %d: 무승부!"%(user, computer))
```

```
주사위 게임을 종료할까요? (Y/N): N
사용자 = 4, 컴퓨터 = 1: 사용자 승!
주사위 게임을 종료할까요? (Y/N): N
사용자 = 3, 컴퓨터 = 4: 컴퓨터 승!
주사위 게임을 종료할까요? (Y/N): N
사용자 = 1, 컴퓨터 = 1: 무승부!
주사위 게임을 종료할까요? (Y/N): Y
주사위 게임을 종료합니다!
```

In [5]:
```
print("사용자는 %d번 이겼으며, 컴퓨터는 %d번 이겼습니다!"\
      %(user_win, computer_win))
```

사용자는 1번 이겼으며, 컴퓨터는 1번 이겼습니다!

03 ## while ~ else

문법

while 조건식 :

　　명령문 블록1

else : # while문 조건식이 거짓이 된 경우

　　명령문 블록2

예제 10-3 while ~ else문

In [1]:
```
more = True
total = 0
```

In [2]:
```
while more:
    x = input( '수를 입력하시오 (Q to quit): ' )
    if x == 'Q': #사용자가 종료 선택
        more = False
    else:
        total = total + int(x) #total에 입력 받은 값 더함
        if total >= 100: #total이 100보다 커지면 반복 종료
            print( '입력 받은 수의 합이 100을 초과하였습니다.' )
            break
else: #Q를 입력받아 종료된 경우
    print("사용자에 의하여 종료되었습니다!")
```
```
수를 입력하시오 (Q to quit): 2
수를 입력하시오 (Q to quit): 3
수를 입력하시오 (Q to quit): 5
수를 입력하시오 (Q to quit): Q
사용자에 의하여 종료되었습니다!
```

04 중첩 while문

문법

while 조건식1 :

    while 조건식2 :

        inner 명령문 블록1 # 조건식2에 종속된 명령문

    outer 명령문 블록2 # 조건식1에 종속된 명령문

컴퓨팅 사고를 위한 파이선 입문

예제 10-4 중첩 while문

```
In [1]: current_line = 1
        line = int( input( "몇 줄을 반복하기 원하나요? " ) )

        몇 줄을 반복하기 원하나요? 10
```

```
In [2]: while current_line <= line:
            value = 1

            while value <= current_line: #한줄 안에서의 반복 출력
                print(value, end = ' ')
                value = value+1
            else:
                print()

            current_line += 1

        1
        1 2
        1 2 3
        1 2 3 4
        1 2 3 4 5
        1 2 3 4 5 6
        1 2 3 4 5 6 7
        1 2 3 4 5 6 7 8
        1 2 3 4 5 6 7 8 9
        1 2 3 4 5 6 7 8 9 10
```

예제 10-4A 중첩 while문 (for문 적용)

```
In [3]: line = int( input( "몇 줄을 반복하기 원하나요? " ) )

        몇 줄을 반복하기 원하나요? 10
```

```
In [4]: for current_line in range(1, line+1):
            for value in range(1, current_line+1):
                print(value, end = ' ')
            print()

        1
        1 2
        1 2 3
        1 2 3 4
        1 2 3 4 5
        1 2 3 4 5 6
        1 2 3 4 5 6 7
        1 2 3 4 5 6 7 8
        1 2 3 4 5 6 7 8 9
        1 2 3 4 5 6 7 8 9 10
```

실습 10-4 중첩 while문

In [5]:
```
category = []
genre = []
total_list = []
```

In [6]:
```
while True:
    c_value = input( "분류 항목을 입력하세요 (Q to quit): " )
    if c_value == "Q":
        break
    category.append(c_value)
```

분류 항목을 입력하세요 (Q to quit): 웹툰
분류 항목을 입력하세요 (Q to quit): 드라마
분류 항목을 입력하세요 (Q to quit): 영화
분류 항목을 입력하세요 (Q to quit): 단막극
분류 항목을 입력하세요 (Q to quit): Q

In [7]:
```
while True:
    g_value = input( "장르를 입력하세요 (Q to quit): " )
    if g_value == "Q":
        break
    genre.append(g_value)
```

장르를 입력하세요 (Q to quit): SF
장르를 입력하세요 (Q to quit): 공포
장르를 입력하세요 (Q to quit): 액션
장르를 입력하세요 (Q to quit): 코믹
장르를 입력하세요 (Q to quit): 로맨스
장르를 입력하세요 (Q to quit): 형사물
장르를 입력하세요 (Q to quit): Q

In [8]:
```
while category:
    word = category.pop()
    i = 0
    while True:
        if i < len(genre):
            entry = genre[i] + word
            total_list.append(entry)
            i += 1
        else:
            break
    print( "%s 관련 분야 생성 완료!"%word )
```

단막극 관련 분야 생성 완료!
영화 관련 분야 생성 완료!
드라마 관련 분야 생성 완료!
웹툰 관련 분야 생성 완료!

In [9]:
```
print ("통합리스트 결과: ", total_list)
```

통합리스트 결과: ['SF단막극', '공포단막극', '액션단막극', '코믹단막극', '로맨스단막극', '형사물단막극', 'SF영화', '공포영화', '액션영화', '코믹영화', '로맨스영화', '형사물영화', 'SF드라마', '공포드라마', '액션드라마', '코믹드라마', '로맨스드라마', '형사물드라마', 'SF웹툰', '공포웹툰', '액션웹툰', '코믹웹툰', '로맨스웹툰', '형사물웹툰']

컴퓨팅 사고를 위한 파이선 입문

01 함수 이해하기

예제 11-1 함수 이해하기 (함수 미사용)

```
In [1]: # 함수 사용 없이 반복된 내용 중복 표현
        for i in range(2,10):
            print(" 2 X %d = %3d "%(i, 2*i) )

        print("="*10)
        for i in range(2,10):
            print(" 4 X %d = %3d "%(i, 4*i) )

        print("="*10)
        for i in range(2,10):
            print(" 8 X %d = %3d "%(i, 8*i) )
```

```
2 X 2 =   4
2 X 3 =   6
2 X 4 =   8
2 X 5 =  10
2 X 6 =  12
2 X 7 =  14
2 X 8 =  16
2 X 9 =  18
==========
4 X 2 =   8
4 X 3 =  12
4 X 4 =  16
4 X 5 =  20
4 X 6 =  24
4 X 7 =  28
4 X 8 =  32
4 X 9 =  36
==========
8 X 2 =  16
8 X 3 =  24
8 X 4 =  32
8 X 5 =  40
8 X 6 =  48
8 X 7 =  56
8 X 8 =  64
8 X 9 =  72
```

예제 11-1A 함수 이해하기

```
In [2]:  def gugudan(num):
             for i in range(2,10):
                 print(" %d X %d = %3d "%(num, i, num*i) )
```

```
In [3]:  gugudan(2)
```

```
2 X 2 =   4
2 X 3 =   6
2 X 4 =   8
2 X 5 =  10
2 X 6 =  12
2 X 7 =  14
2 X 8 =  16
2 X 9 =  18
```

```
In [4]:  gugudan(4)
```

```
4 X 2 =   8
4 X 3 =  12
4 X 4 =  16
4 X 5 =  20
4 X 6 =  24
4 X 7 =  28
4 X 8 =  32
4 X 9 =  36
```

```
In [5]:  gugudan(8)
```

```
8 X 2 =  16
8 X 3 =  24
8 X 4 =  32
8 X 5 =  40
8 X 6 =  48
8 X 7 =  56
8 X 8 =  64
8 X 9 =  72
```

함수의 문법

def 함수_이름 (입력 인수) : # 함수 정의

　　명령문 블록1

함수_이름 (값) # 함수 호출

반환 값이 없는 함수

```
In [6]:  def diff(x,y):
             print("%d & %d의 차는 %d입니다."
                   %( x,y,abs(x-y)))
```

```
In [7]:  diff(4,10)
```

4 & 10의 차는 6입니다.

반환 값이 있는 함수 : return 사용

```
In [8]:  def diff(x,y):
             return abs(x - y)
```

```
In [9]:  a = int( input( "첫번째 수를 입력하세요: " ) )
```

첫번째 수를 입력하세요: 5

```
In [10]:  b = int( input( "두번째 수를 입력하세요: " ) )
```

두번째 수를 입력하세요: 10

```
In [11]:  # 함수의 결과 값을 answer에 저장
          answer = diff(a,b)
```

```
In [12]:  print(answer)
```

5

복수개의 반환 값

```
In [13]:  def my_calculator(x,y):
              return x+y, x-y, x*y, x/y
```

```
In [14]:  my_calculator(30, 50)
```

```
Out[14]:  (80, -20, 1500, 0.6)
```

```
In [15]:  # 반환되는 값의 수 만큼 좌측에 변수명 지정
          a,b,c,d = my_calculator(30, 50)
```

```
In [16]:  print( "덧셈의 결과는 %d 이다."%a )
```

덧셈의 결과는 80 이다.

```
In [17]:  print( "뺄셈의 결과는 %d 이다."%b )
```

뺄셈의 결과는 -20 이다.

```
In [18]:  print( "곱셈의 결과는 %d 이다."%c )
```

곱셈의 결과는 1500 이다.

```
In [19]:  print( "나눗셈의 결과는 %.2f 이다."%d )

          나눗셈의 결과는 0.60 이다.
```

함수의 인수

정의된 인수에 필요한 값 제공

```
In [1]:  def week_earn(hours): #hours를 인수로 정의한 함수
             return hours*10000 #주근무 시간에 따른 주급 계산
```

```
In [2]:  week_earn(35)     # hours에 35 값 제공
```
```
Out[2]:  350000
```

필요한 인수 값을 제공하지 않으면 오류 발생

```
In [3]:  week_earn()
         ---------------------------------------------------------------------
         TypeError                             Traceback (most recent call last)
         <ipython-input-3-fabaa11b68e3> in <module>
         ----> 1 week_earn()

         TypeError: week_earn() missing 1 required positional argument: 'hours'
```

기본 값 제공

```
In [4]:  def week_earn(hours = 40): #hours를 40으로 정함
             return hours*10000 #주근무 시간에 따른 주급 계산
```

```
In [5]:  # 인수 값을 제공하지 않아도 기본 값을 적용하므로 오류 발생하지 않음
         week_earn()
```
```
Out[5]:  400000
```

```
In [6]:  week_earn(50)
```
```
Out[6]:  500000
```

컴퓨팅 사고를 위한 파이선 입문

필수 인수와 옵션 인수

```
In [7]: def product_info(name, p_code, quantity = 20, country = 'Korea'):
            print("상품명: ", name)
            print("상품코드: ", p_code)
            print("수량: ", quantity)
            print("제조국: ", country)
```

```
In [8]: product_info("삼성 TV", "SS-65OLED")
```

```
상품명:  삼성 TV
상품코드:  SS-65OLED
수량:  20
제조국:  Korea
```

```
In [9]: product_info("삼성공기 청정기", "SS-AF32", 50)
```

```
상품명:  삼성공기 청정기
상품코드:  SS-AF32
수량:  50
제조국:  Korea
```

```
In [10]: product_info("아이폰", "iPhone XS", country = "USA")
```

```
상품명:  아이폰
상품코드:  iPhone XS
수량:  20
제조국:  USA
```

```
In [11]: product_info("아이폰", "iPhone XS", "USA")
```

```
상품명:  아이폰
상품코드:  iPhone XS
수량:  USA
제조국:  Korea
```

```
In [12]: product_info(country = "USA", quantity = 25,\
                      p_code = "iPhone XS", name = "아이폰")
```

```
상품명:  아이폰
상품코드:  iPhone XS
수량:  25
제조국:  USA
```

```
In [13]: # 필수 인수 값이 제공되지 않은 경우 오류 발생
         product_info()
```

```
---------------------------------------------------------------------------
TypeError                                 Traceback (most recent call last)
<ipython-input-16-bd0a76af4dab> in <module>
----> 1 product_info()

TypeError: product_info() missing 2 required positional arguments: 'name' and 'p_c
```

```
In [14]: # 인수로 정의되지 않은 값을 제공하는 경우 오류 발생
         product_info("Volvo", "XC90", nation = "스웨덴")
```

```
--------------------------------------------------------------------------
TypeError                                 Traceback (most recent call last)
<ipython-input-17-32eeb37f91c6> in <module>
----> 1 product_info("Volvo", "XC90", nation = "스웨덴")

TypeError: product_info() got an unexpected keyword argument 'nation'
```

인수의 개수를 모르는 경우

In [15]:
```python
# 인수명 앞에 * 을 표시하여 사용
def guest_list(*guest):
    for name in guest:
        print("%s님이 초대되었습니다. "%name)
```

In [16]:
```python
guest_list("임꺽정", "홍길동", "김선달", "황진이")
```

임꺽정님이 초대되었습니다.
홍길동님이 초대되었습니다.
김선달님이 초대되었습니다.
황진이님이 초대되었습니다.

In [17]:
```python
guest_list("베토벤", "모짜르트")
```

베토벤님이 초대되었습니다.
모짜르트님이 초대되었습니다.

In [18]:
```python
# 2개의 인수를 사용할때 뒤의 인수 개수가 다중인 경우
def guest_list(date, *guest):
    for name in guest:
        print("%s %s님이 초대되었습니다. "%(date, name))
```

In [19]:
```python
guest_list("12월 25일", "메리", "크리스", "해피")
```

12월 25일 메리님이 초대되었습니다.
12월 25일 크리스님이 초대되었습니다.
12월 25일 해피님이 초대되었습니다.

인수가 없는 경우

In [20]:
```python
def greeting():
    print("어서 오세요! 파이선 나라에 오신 것을 환영합니다.")
    print("즐거운 파이선 경험이 되시길 바랍니다!")
```

In [21]:
```python
greeting()
```

어서 오세요! 파이선 나라에 오신 것을 환영합니다.
즐거운 파이선 경험이 되시길 바랍니다!

실습 11-2 입력 인수

In [22]:
```python
member = []
```

컴퓨팅 사고를 위한 파이선 입문

```
In [23]:  def add_member(name, email, club = '파이썬 동아리', status = '정규'):
              member.append( [ name, email, club, status ] )
```

```
In [24]:  print("="*5, "동아리 회원관리 프로그램", "="*5)

          while True:
              name = input( "이름을 입력하세요: " )
              email = input( "이메일 주소를 입력하세요: " )
              chk_club = input( "파이썬 동아리 가입을 원하십니까? (Y/N): " )
              if chk_club == 'N':
                  club = input("가입을 원하는 동아리명을 입력하세요: ")
              chk_status = input("정규 회원 가입을 희망하십니까? (Y/N): ")
              if chk_status == 'N':
                  temp_status = "임시"

              if chk_club == 'Y' and chk_status == 'Y':
                  add_member( name, email )
              elif chk_club == 'N' and chk_status == 'Y':
                  add_member( name, email, club )
              elif chk_club == 'Y' and chk_status == 'N':
                  add_member( name, email, status = temp_status )
              else:
                  add_member( name, email, club, status = temp_status )

              more = input( "계속 입력하기 원하십니까? (Y/N): ")
              if more == 'N':
                  break
```

```
          ===== 동아리 회원관리 프로그램 =====
          이름을 입력하세요: 홍길동
          이메일 주소를 입력하세요: hong@python
          파이썬 동아리 가입을 원하십니까? (Y/N): Y
          정규 회원 가입을 희망하십니까? (Y/N): Y
          계속 입력하기 원하십니까? (Y/N): Y
          이름을 입력하세요: 임꺽정
          이메일 주소를 입력하세요: lim@python
          파이썬 동아리 가입을 원하십니까? (Y/N): Y
          정규 회원 가입을 희망하십니까? (Y/N): N
          계속 입력하기 원하십니까? (Y/N): Y
          이름을 입력하세요: 황진이
          이메일 주소를 입력하세요: whang@python
          파이썬 동아리 가입을 원하십니까? (Y/N): N
          가입을 원하는 동아리명을 입력하세요: 가야금
          정규 회원 가입을 희망하십니까? (Y/N): Y
          계속 입력하기 원하십니까? (Y/N): Y
          이름을 입력하세요: 장보고
          이메일 주소를 입력하세요: chang@python
          파이썬 동아리 가입을 원하십니까? (Y/N): N
          가입을 원하는 동아리명을 입력하세요: 해양스포츠
          정규 회원 가입을 희망하십니까? (Y/N): N
          계속 입력하기 원하십니까? (Y/N): N
```

```
In [25]:  print("="*5, "회원 명단 출력","="*5)
          for i in member:
              print(i)
```

```
          ===== 회원 명단 출력 =====
          ['홍길동', 'hong@python', '파이썬 동아리', '정규']
          ['임꺽정', 'lim@python', '파이썬 동아리', '임시']
          ['황진이', 'whang@python', '가야금', '정규']
          ['장보고', 'chang@python', '해양스포츠', '임시']
```

③ lambda 함수

문법

> lambda 입력_인수 : 표현식

```
In [1]:  y = lambda x : x**2
```

```
In [2]:  print( y(10) )
```
100

```
In [3]:  print( y(8) )
```
64

```
In [4]:  y(9)
```
Out[4]: 81

map

```
In [5]:  my_list = [ 1,3,5,7,9 ]
```

```
In [6]:  # 리스트 안의 각 값에 표현식 적용
         new_list = list( map( lambda x : x ** 2, my_list ) )
```

```
In [7]:  print( new_list )
```
[1, 9, 25, 49, 81]

```
In [8]:  my_list1 = [ 1,3,5,7,9 ]
```

```
In [9]:  my_list2 = [ 2,4,6,8,10 ]
```

```
In [10]: new_list = list( map( lambda x,y : x + y, my_list1, my_list2 ) )
```

```
In [11]: print( new_list )
```
[3, 7, 11, 15, 19]

map은 단순히 매칭 작업만 실행

```
In [12]: new_list = map( lambda x, y: x + y, my_list1, my_list2 )
```

```
In [13]: # 리스트가 생성된 것이 아님을 유의
         print( new_list )
```
<map object at 0x10a299310>

컴퓨팅 사고를 위한 파이선 입문

filter

In [14]:
```python
num_list = [ 2,7,9,13,15,27,32,35,39,43,45,72,88,98 ]
```

In [15]:
```python
# 리스트 값 중에서 표현식을 만족하는 값만 선택
new_list = list( filter( lambda x : x % 3 == 0, num_list ) )
```

In [16]:
```python
print( new_list )
```

```
[9, 15, 27, 39, 45, 72]
```

실습 11-3 lambda 함수

In [17]:
```python
min_val = ( lambda num1, num2: num1 if num1 < num2 else num2 )
max_val = ( lambda num1, num2: num1 if num1 > num2 else num2 )
```

In [18]:
```python
while True:
    num1 = eval( input( "첫번째 수식을 입력하세요: " ) )
    num2 = eval( input( "두번째 수식을 입력하세요: " ) )
    print( "작은 값은 %d이고, 큰 값은 %d이다."\
          %( min_val( num1,num2 ), max_val( num1,num2 )) )
    flag = input( "계속하시겠습니까? (Y/N): " )
    if flag in ["Y", "y"]:
        continue
    else:
        break
```

```
첫번째 수식을 입력하세요: 3+8*2-4
두번째 수식을 입력하세요: (3+8)*(2-4)
작은 값은 -22이고, 큰 값은 15이다.
계속하시겠습니까? (Y/N): Y
첫번째 수식을 입력하세요: 3000/5+42
두번째 수식을 입력하세요: 42/6*3
작은 값은 21이고, 큰 값은 642이다.
계속하시겠습니까? (Y/N): Y
첫번째 수식을 입력하세요: 50
두번째 수식을 입력하세요: 24
작은 값은 24이고, 큰 값은 50이다.
계속하시겠습니까? (Y/N): N
```

Chapter 12 │ 모듈 활용

01 │ 모듈 이해하기

존재하는 파일의 재사용

문법

> import 모듈명

또는

> from 모듈명 import *

또는

> import 모듈명 as 가명

예제 12-1 모듈 선언

아래의 두 함수를 my_message.py파일로 저장

```
In [1]: def hi (name) :
            print ( "안녕하세요 %s님! 반가워요!" %name )
            print ( "제 이름은 파이선입니다." )
            print ( "앞으로 친하게 지내요~" )
```

```
In [2]: def bye (name) :
            print ( "안녕히 가세요 %s님! 반가웠어요!" %name )
            print ( "오늘 남은 시간 행복하세요." )
            print ( "다음에 다시 만나요~" )
```

예제 12-2 모듈 활용

In [3]:
```
import my_message
```

In [4]:
```
name = "한옥영"
```

In [5]:
```
my_message.hi( name )
print( "="*30 )
my_message.bye( name )
```

안녕하세요 한옥영님! 반가워요!
제 이름은 파이선입니다.
앞으로 친하게 지내요~
==============================
안녕히 가세요 한옥영님! 반가웠어요!
오늘 남은 시간 행복하세요.
다음에 다시 만나요~

[방법 1] 앞에서 설명한 from을 사용하여 작성

In [6]:
```
from my_message import *
```

In [7]:
```
name = "한옥영"
```

In [8]:
```
hi( name )
print( "="*30 )
bye( name )
```

안녕하세요 한옥영님! 반가워요!
제 이름은 파이선입니다.
앞으로 친하게 지내요~
==============================
안녕히 가세요 한옥영님! 반가웠어요!
오늘 남은 시간 행복하세요.
다음에 다시 만나요~

[방법 2] 가명을 사용하여 작성

In [9]:
```
import my_message as mm
```

In [10]:
```
name = "한옥영"
```

In [11]:
```
mm.hi( name )
print( "="*30 )
mm.bye( name )
```

안녕하세요 한옥영님! 반가워요!
제 이름은 파이선입니다.
앞으로 친하게 지내요~
==============================
안녕히 가세요 한옥영님! 반가웠어요!
오늘 남은 시간 행복하세요.
다음에 다시 만나요~

실습 12-1 모듈 이해하기

In [1]:
```
import my_math as mmth
```

In [2]:
```
while True:
    op = input( "연산자를 선택하세요 [ + - * / ] : " )
    if op not in [ "+" , "-", "*", "/"]:
        print("연산자 입력이 잘못 되었습니다.")
        continue

    num = input( "숫자 값들을 빈칸으로 구분하여 입력하세요 : " )
    num_list = num.split()

    if op == '+':
        mmth.add( num_list )
    elif op == '-':
        mmth.subtract( num_list )
    elif op == '*':
        mmth.multiply( num_list )
    else:
        mmth.divide( num_list )

    more = input( "연산을 계속할까요? (Y/N) " )
    if more == "Y" or more == "y":
        continue
    else:
        break
```

```
연산자를 선택하세요 [ + - * / ] : =
연산자 입력이 잘못 되었습니다.
연산자를 선택하세요 [ + - * / ] : +
숫자 값들을 빈칸으로 구분하여 입력하세요 : 1 3 5 7 9
덧셈 연산 결과 값은  25
연산을 계속할까요? (Y/N) y
연산자를 선택하세요 [ + - * / ] : -
숫자 값들을 빈칸으로 구분하여 입력하세요 : 30 7 5 3
뺄셈 연산 결과 값은  15
연산을 계속할까요? (Y/N) y
연산자를 선택하세요 [ + - * / ] : *
숫자 값들을 빈칸으로 구분하여 입력하세요 : 2 4 6 8
곱셈 연산 결과 값은 384
연산을 계속할까요? (Y/N) y
연산자를 선택하세요 [ + - * / ] : /
숫자 값들을 빈칸으로 구분하여 입력하세요 : 100 5 4
나눗셈 연산 결과 값은  5.0
연산을 계속할까요? (Y/N) n
```

02 패키지 이해하기

○ 패키지의 개념은 모듈의 묶음

○ 패키지를 설치하여야 사용 가능

○ 윈도우 메뉴에서 **Anaconda Prompt**를 실행한 후

컴퓨팅 사고를 위한 파이선 입문

> pip install 패키지명

문법

> import 패키지명.모듈명

import된 모듈 안의 함수 사용 방법

> 패키지명.모듈명.함수( )

실습 matplitlib 활용

- ○ Anaconda는 matplotlib는 기본 제공
- ○ 별도 pip 필요 없음
- ○ 막대그래프 그리기

```python
In [1]: import matplotlib.pyplot as plt
```

```python
In [2]: data = []
```

```python
In [3]: while True:
            x = input( "값을 입력하세요 (종료값:q) " )
            if x=='q':
                break
            data.append( int(x) )
        값을 입력하세요 (종료값:q) 10
        값을 입력하세요 (종료값:q) 20
        값을 입력하세요 (종료값:q) 30
        값을 입력하세요 (종료값:q) 40
        값을 입력하세요 (종료값:q) 50
        값을 입력하세요 (종료값:q) q
```

```python
In [4]: order = input( "오름차순(A) / 내림차순(D) 를 선택하세요 : " )
        if order == "D":
            values = sorted( data, reverse = True )
        else:
            values = sorted( data )
        오름차순(A) / 내림차순(D) 를 선택하세요 : D
```

```
In [5]:  graph = input( "수직 막대 그래프 (V) / 수평 막대 그래프 (H) 를 선택하세요 : " )
         if graph == "H":
             plt.barh(range(len(values)), values)
         else:
             plt.bar(range(len(values)), values)
```

수직 막대 그래프 (V) / 수평 막대 그래프 (H) 를 선택하세요 : D

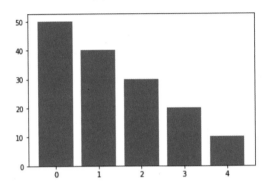

```
In [6]:  graph = input( "수직 막대 그래프 (V) / 수평 막대 그래프 (H) 를 선택하세요 : " )
         if graph == "H":
             plt.barh(range(len(values)), values)
         else:
             plt.bar(range(len(values)), values)
```

수직 막대 그래프 (V) / 수평 막대 그래프 (H) 를 선택하세요 : H

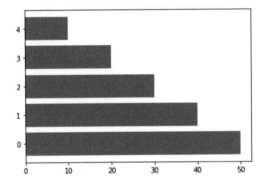

384

컴퓨팅 사고를 위한 파이선 입문

GUI 이해하기

Graphical User Interface

tkinter : Tool Kit Interface

In [1]:
```python
from tkinter import *
```

In [2]:
```python
window = Tk()
```

In [3]:
```python
window.mainloop()
```

아래의 pop-up창이 새로이 표시

윈도우 크기 지정

In [1]:
```python
from tkinter import *
```

In [2]:
```python
window = Tk()
```

In [3]:
```python
window.title("윈도우 크기 지정")
```
Out[3]: ''

In [4]:
```python
window.geometry("500x300")
```
Out[4]: ''

In [5]:
```python
# 마우스로 창의 크기 조정 불가
window.resizable(width = FALSE, height = FALSE)
```
Out[5]: ''

```
In [6]:  window.mainloop()
```

- mainloop()를 적용하면 pop-up 창이 뜨게됨

실습 13-1 tkinter 활용

```
In [7]:  from tkinter import *
```

```
In [8]:  window = Tk()
```

```
In [9]:  window.title("나의 첫번째 GUI 윈도우 창")
Out[9]:  ''
```

```
In [10]:  # text Label 활용
          message = Label(window, text="놀라운 GUI 세상에 오신 것을 환영합니다",\
                          bg = "red", fg = "white", width = 50, height = 5, anchor = NW)
```

```
In [11]:  message.pack()
```

```
In [12]:  window.mainloop()
```

- 결과 창

02 이미지 Label

- 이미지 파일 지정 방법
- 이미지 파일은 반드시 **png** 또는 **gif** 형식의 파일

  변수명 = PhotoImage (file = "이미지파일명.gif")

- **Label표시 명령어**

  Label (윈도우명, image = 변수명)

예제 13-3 이미지 Label

```
In [1]:  from tkinter import *
```

```
In [2]:  window = Tk()
```

```
In [3]:  window.title("이미지 Label")
```
```
Out[3]:  ''
```

```
In [4]:  photo = PhotoImage(file = "mountain.png")
```

```
In [5]:  my_image = Label(window, image=photo)
```

```
In [6]:  my_image.pack()
```

```
In [7]:  window.mainloop()
```

- 결과 창

실습 13-2 이미지 Label

In [8]:
```python
from tkinter import *

window = Tk( )
window.title ( "사계절 이미지" )
choice = input ("원하는 계절을 선택하세요 [1:봄, 2:여름, 3:가을, 4:겨울] : ")
if int(choice) == 1:
    image_file = "spring.png"
elif int(choice) == 2:
    image_file = "summer.png"
elif int(choice) == 3:
    image_file = "fall.png"
elif int(choice) == 4:
    image_file = "winter.png"
else :
    print ("계절 선택이 잘못 되었습니다. 봄을 보여드리겠습니다.")

photo = PhotoImage (file = image_file)
my_season = Label (window, image = photo)
my_season.pack ( )

window.mainloop ( )
```
원하는 계절을 선택하세요 [1:봄, 2:여름, 3:가을, 4:겨울] : 1

- 결과 창

03 Button

o 사용 명령어

Button (윈도우명, 파라미터1, 파라미터2, 파라미터3, …)

컴퓨팅 사고를 위한 파이선 입문

예제 13-4 Button

```
In [1]: from tkinter import *

        def spring_button ( ):
            window = Toplevel(root )
            photo = PhotoImage (file = "spring.png")
            my_season = Label (window, image = photo)
            my_season.pack ( );  window.mainloop( )

        def summer_button ( ):
            window = Toplevel(root )
            photo = PhotoImage (file = "summer.png")
            my_season = Label (window, image = photo)
            my_season.pack ( );  window.mainloop( )

        def fall_button ( ):
            window = Toplevel(root )
            photo = PhotoImage (file = "fall.png")
            my_season = Label (window, image = photo)
            my_season.pack ( );  window.mainloop( )

        def winter_button ( ):
            window = Toplevel(root )
            photo = PhotoImage (file = "winter.png")
            my_season = Label (window, image = photo)
            my_season.pack ( )
            window.mainloop( )

        root = Tk( )
        root.title ( "사계절 이미지" )
        root.geometry ("300x100+150+150")

        button1 = Button (root, text = "spring", padx = 15, bg = 'green', command =
        spring_button)
        button1.pack ( side = LEFT )
        button2 = Button (root, text = "summer", padx = 15, bg = 'blue', command =
        summer_button)
        button2.pack ( side = LEFT )
        button3 = Button (root, text = "fall", padx = 25, bg = 'brown', command =
        fall_button)
        button3.pack ( side = LEFT )
        button4 = Button (root, text = "winter", padx = 15, bg = 'white', command =
        winter_button)
        button4.pack ( side = LEFT )

        root.mainloop ( )
```

- 결과 창

summer 버튼을 선택하는 경우

Menubutton

예제 13-5 Menubutton

In [1]:
```python
from tkinter import *
import tkinter
```

In [2]:
```python
window = Tk()
```

In [3]:
```python
my_menu = Menubutton( window, text = "분식집", relief = RAISED )
```

In [4]:
```python
my_menu.menu = Menu( my_menu, tearoff = 0 )
```

In [5]:
```python
my_menu["menu"] = my_menu.menu
```

In [6]:
```python
my_menu.menu.add_checkbutton( label = "김밥" )
my_menu.menu.add_checkbutton( label = "라면" )
my_menu.menu.add_checkbutton( label = "쫄면" )
my_menu.menu.add_checkbutton( label = "떡볶이" )
my_menu.menu.add_checkbutton( label = "비빔밥" )
my_menu.menu.add_checkbutton( label = "순대" )
```

In [7]:
```python
my_menu.pack()
```

In [8]:
```python
window.mainloop()
```

컴퓨팅 사고를 위한 파이선 입문

- 결과 창

분식 버튼을 누르는 경우

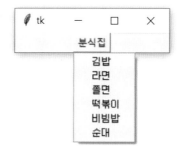

Checkbutton

예제| 13-6 Checkbutton

```
In [1]:  from tkinter import *
         import tkinter
         from tkinter import messagebox
```

```
In [2]:  window = Tk()
```

```
In [3]:  def clickMe():
             str = ''
             if cbVar1.get() == 1:
                 str = str + '밥으로 변경 / '
             if cbVar2.get() == 1:
                 str = str + '곱배기 주문 / '
             if cbVar3.get() == 1:
                 str = str + '굴짬뽕 선택 / '
             if str == '':
                 str = "기본으로 주문하셨습니다."
             messagebox.showinfo("짬뽕 주문 상황", str)
```

```
In [4]:  cbVar1 = IntVar()
         cb1 = Checkbutton(window, text = "밥", variable = cbVar1)
         cb1.grid(column = 0, row = 0)
```

```
In [5]:  cbVar2 = IntVar()
         cb2 = Checkbutton(window, text = "곱배기", variable = cbVar2)
         cb2.grid(column = 1, row = 0)
```

```
In [6]:  cbVar3 = IntVar()
         cb3 = Checkbutton(window, text = "굴짬뽕", variable = cbVar3)
         cb3.grid(column = 2, row = 0)
```

```
In [7]:  order = Button(window, text = "주문", command = clickMe)
```

```
In [8]:  order.grid(column = 0, row = 1, columnspan = 3)
```

```
In [9]:  window.mainloop()
```

- 결과 창

밥, 곱배기, 굴짬뽕 모두를 선택한 후 주문 버튼 클릭

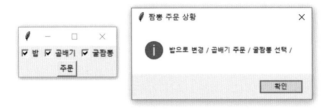

실습 13-3 Button

```
In [10]:  from tkinter import *
          import tkinter
          from tkinter import messagebox
          import random
```

```
In [11]:  def check_answer():
              if answer.get() == str( x*y ):
                  messagebox.showinfo( "결과", "정답입니다!" )
              else:
                  messagebox.showinfo( "결과", "틀렸네요~" )
```

```
In [12]:  window = Tk()
```

```
In [13]:  x = random.randrange(2, 10)
          y = random.randrange(2, 10)
```

```
In [14]:  problem = str(x) + 'X' + str(y)
```

```
In [15]:  show_problem = Label(window, text = problem)
          show_problem.pack()
```

```
In [16]:  answer = Entry(window)
          answer.pack()
```

```
In [17]:  button = Button(window, text = "제출", command = check_answer)
          button.pack()
```

```
In [18]:  window.mainloop()
```

- 결과 창

컴퓨팅 사고를 위한 파이선 입문

문제의 답을 입력한 후 제출 버튼 클릭

01 파일 입력

문법

> open (file_name, file_open_type)

```
In [1]: # 존재하는 파일명을 적용해야함
        fp = open( 'poem_start.txt', 'r', encoding = 'utf-8' )
```

```
In [2]: data = fp.readline() #open한 파일에서 한 줄 읽기
```

```
In [3]: print( data )
```

별 하나에 추억과

예제 14-1 파일 입력: readline()

```
In [4]:   fp = open( 'poem_start.txt', 'r', encoding = 'utf-8' ) #입력 자료에 해당하는 파일 열기
```

```
In [5]:   for i in range(6): #시의 내용이 6줄이므로 6번 반복
              data = fp.readline() #한줄씩 읽기
              print( data, end = '' ) #한 줄바꿈을 출력
```

별 하나에 추억과
별 하나에 사랑과
별 하나에 쓸쓸함과
별 하나에 동경과
별 하나에 시와
별 하나에 어머니, 어머니

```
In [6]:   fp. close() #open한 파일 닫기
```

읽을 내용이 있는 경우 무한 반복

```
In [7]:   fp = open( 'poem_start.txt', 'r', encoding = 'utf-8' ) #입력 자료에 해당하는 파일 열기
```

```
In [8]:   while True: #무한 반복
              data = fp.readline() #한줄씩 읽기
              if data: #읽은 내용이 존재하는 경우
                  print( data, end = '' ) #한 줄바꿈으로 출력
              else: #읽은 내용이 없는 경우
                  break #반복 종료
```

별 하나에 추억과
별 하나에 사랑과
별 하나에 쓸쓸함과
별 하나에 동경과
별 하나에 시와
별 하나에 어머니, 어머니

```
In [9]:   fp.close() #open한 파일 닫기
```

한 번에 모두 읽어들이기

read( ) 함수

```
In [10]:  fp = open( 'poem_start.txt', 'r', encoding = 'utf-8' )
```

```
In [11]:  data = fp.read() #open한 파일에서 전체 읽기
```

```
In [12]:  print( data )
```

별 하나에 추억과
별 하나에 사랑과
별 하나에 쓸쓸함과
별 하나에 동경과
별 하나에 시와
별 하나에 어머니, 어머니

컴퓨팅 사고를 위한 파이선 입문

readlines( ) 함수

줄 구분 없이 입력 처리

```
In [13]: fp = open( 'poem_start.txt', 'r', encoding = 'utf-8' )
```

```
In [14]: data = fp.readlines() #readlines 적용
```

```
In [15]: print( data )
```

['별 하나에 추억과\n', '별 하나에 사랑과\n', '별 하나에 쓸쓸함과\n', '별 하나에 동경과\n', '별 하나에 시와\n', '별 하나에 어머니, 어머니']

예제 14-1B 파일 입력: readlines( )

```
In [16]: fp = open( 'poem_start.txt', 'r', encoding = 'utf-8' ) #입력 자료에 해당하는 파일 열기
```

```
In [17]: data = fp.readlines() #파일 내용 전체 읽기
```

```
In [18]: for line in data: #data에 내용이 있는 동안 반복
             print( line, end = '' )
```
별 하나에 추억과
별 하나에 사랑과
별 하나에 쓸쓸함과
별 하나에 동경과
별 하나에 시와
별 하나에 어머니, 어머니

```
In [19]: fp.close() #open한 파일 닫기
```

존재하지 않는 파일을 open 하는 경우

오류 화면

```
In [20]: fp = open( 'poem_start.txt', 'r', encoding = 'utf-8' )
```

```
---------------------------------------------------------------------
FileNotFoundError                         Traceback (most recent call last)
<ipython-input-35-e93936c5ac48> in <module>
----> 1 fp = open( 'poem_start.txt', 'r', encoding = 'utf-8' )

FileNotFoundError: [Errno 2] No such file or directory: 'poem_start.txt'
```

예제 14-1C 파일 열기 오류 처리

```
In [21]: import os
```

```
In [22]: file_name = input( "파일명을 입력하세요: " )
```

파일명을 입력하세요: poem.txt

```
In [23]: if os.path.exists( file_name ): #파일이 존재하는 경우
             fp = open( file_name, 'r', encoding = 'utf-8' )

             data = fp.readlines() #파일 내용 전체 읽기
             for line in data: #data에 내용이 있는 동안 반복
                 print( line, end = '' )

             fp.close() #open한 파일 닫기

         else: #파일이 존재하지 않는 경우
             print( "%s는 존재하지 않는 파일입니다."% file_name )
```

poem.txt는 존재하지 않는 파일입니다.

실습 14-1 파일 입력: readline()과 readlines()

```
In [24]: import os
```

```
In [25]: file_name1 = "poem_ko.txt"
         file_name2 = "poem_eng.txt"
```

```
In [26]: if os.path.exists( file_name1 ): #한국어 파일이 존재하는 경우
             fp1 = open( file_name1, 'r', encoding = 'utf-8' ) #파일 열기
             data1 = fp1.readlines() #파일 내용 전체 읽기

             if os.path.exists( file_name2 ): #영어 파일이 존재하는 경우
                 fp2 = open( file_name2, 'r', encoding = 'utf-8' ) #파일 열기

                 for line in data1: #한 줄씩 출력
                     print( line, end = '' ) #한국어 출력
                     data2 = fp2.readline() #영어 파일 내용 한 줄 읽기
                     print( data2, end = '' ) #영어 출력

                 fp2.close() #영어 파일 닫기

             else: #영어 파일이 존재하지 않는 경우
                 print( "%s는 존재하지 않는 파일입니다."% file_name2 )

             fp1.close()

         else: #한국어 파일이 존재하지 않는 경우
             print( "%s는 존재하지 않는 파일입니다."% file_name1 )
```

컴퓨팅 사고를 위한 파이선 입문

별 하나에 추억과
memory with a star
별 하나에 사랑과
love with a star
별 하나에 쓸쓸함과
loneliness with a star
별 하나에 동경과
yearning with a star
별 하나에 시와
poetry with a star
별 하나에 어머니, 어머니mother, mother with a star

02 파일 출력

문법

> file_pointer = open (file_name, file_open_type)

> file_pointer.writelines ("출력 내용")

writelines()

```
In [1]:  fp = open( 'test.txt', 'w' )
         fp.writelines( "This is a test line.\nThis is the second line." )
         fp.close()
         infp = open( 'test.txt', 'r' )
         print( infp.read() )
```

```
This is a test line.
This is the second line.
```

예제 14-2 파일 출력: write()

```
In [1]:  fp = open( 'test.txt', 'w' )
```

```
In [2]:  fp.write( "This is a test line.\nThis is the second line." )
```
```
Out[2]:  45
```

```
In [3]:  fp.close()
```

```
In [4]:  infp = open( 'test.txt', 'r' )
```

```
In [5]:  print( infp.read() )
```

This is a test line.
This is the second line.

write() 오류

```
In [6]:  fp = open( 'test.txt', 'w' )
```

```
In [7]:  buffer = [ 'This is a test line.', 'This is the second line.',\
                'This is the third line.']
```

```
In [8]:  fp.write( buffer )
```

```
-------------------------------------------------------------------
TypeError                                    Traceback (most recent call last)
<ipython-input-8-160e4e493292> in <module>
----> 1 fp.write( buffer )

TypeError: write() argument must be str, not list
```


예제 14-2A 파일 출력: writelines()

```
In [9]:  fp = open( 'test.txt', 'w' )
```

```
In [10]:  buffer = [ 'This is a test line.\n', \
                 'This is the second line.\n',\
                 'This is the third line.']
```

```
In [11]:  fp.writelines( buffer )
```

```
In [12]:  fp.close()
```

```
In [13]:  infp = open( 'test.txt', 'r' )
```

```
In [14]:  print( infp.read() )
```

This is a test line.
This is the second line.
This is the third line.

실습 14-2 파일 출력: writelines()

```
In [1]: fp = open( "bucket_list.txt", 'a' ) #죽기 전에 하고 싶은 일을 추가
```

```
In [2]: bucket_list = [] #복수개의 입력 저장할 리스트
```

```
In [3]: while True: #반복하여 입력 받기
            wish = input( "죽기 전에 하고 싶은 일은?" ) + '\n'
            bucket_list.append( wish ) #리스트에 추가하기

            more = input( " >> 계속 입력하기 원합니까? (Y/N) " )
            if more == "Y": #계속 입력하는 경우
                continue #반복하기
            else: #입력 종료
                fp.writelines( bucket_list )
                break #반복 종료

        죽기 전에 하고 싶은 일은?아이돌 댄스 도전
         >> 계속 입력하기 원합니까? (Y/N) Y
        죽기 전에 하고 싶은 일은?번지 점프하기
         >> 계속 입력하기 원합니까? (Y/N) Y
        죽기 전에 하고 싶은 일은?대형 버스 운전 면허 따기
         >> 계속 입력하기 원합니까? (Y/N) Y
        죽기 전에 하고 싶은 일은?걸어서 국토 대장정
         >> 계속 입력하기 원합니까? (Y/N) N
```

```
In [4]: fp.close()
```

```
In [5]: infp = open("bucket_list.txt", 'r')
```

```
In [6]: print( infp.read() )

        아이돌 댄스 도전
        번지 점프하기
        대형 버스 운전 면허 따기
        걸어서 국토 대장정
```

```
In [7]: infp.close()
```

컴퓨팅 사고를 위한 파이선 입문

1판 1쇄 발행 2020년 3월 13일
1판 2쇄 발행 2021년 8월 20일

지은이 | 한옥영
펴낸이 | 신동렬
책임편집 | 구남희
외주디자인 | 심심거리프레스
편집 | 현상철·신철호
마케팅 | 박정수·김지현

펴낸곳 | 성균관대학교 출판부
등록 | 1975년 5월 21일 제1975-9호
주소 | 03063 서울특별시 종로구 성균관로 25-2
전화 | 02)760-1253~4
팩스 | 02)760-7452
홈페이지 | http://press.skku.edu